일본의 경제발전과 대외관계

임 천 석

청목출판사

머리말

한국은 2차 대전 이후 독립한 많은 나라 중 거의 유일하게 최빈국 상태에서 선진국 수준으로 성장하는 데 성공했다. 한국의 GNP규모, 무역규모는 최근 세계 10위 수준에 근접하고 있으며, 해방 직후 농업과 경공업 중심이었던 한국의 산업구조는 공업비중이 급속하게 증가하였다. 뿐만 아니라 최근에는 자동차, 전기전자, 조선, 철강, 기계 등 자본, 기술집약적인 산업이 한국수출의 중심을 차지하고 있다. 한국이 이와 같은 경제적 성공을 이룬 배경으로는 일본을 활용한 산업육성과 미국시장을 중심으로 해외에 시장을 구하는 수출지향형 경제성장 전략의 성공을 들 수 있다.

이와 같은 한국정부의 경제성장전략하에서 1965년의 한일국교정상화를 계기로 한국보다 먼저 산업화, 수출화를 이룩한 일본산업의 기술도입, 자본재, 부품의 수입이 적극 추진되었고, 기술, 무역, 인적교류 등 모든 면에서 일본과의 관계가 더욱 밀접해졌다.

한편, 지난 1990년대 이후 최근까지의 10여 년간 일본은 장기불황을 겪었다. 거의 같은 시기 한국은 IMF구제 금융으로 상징되는 외환 위기에서 촉발된 경기불황과 구조조정 과정을 겪었고, 글로벌 스탠다드로 포장된 미국식 경제제도, 경영방식이 많이 도입되었다. 그 과정에서 한때 각광을 받았던 일본식 경영으로 대표되는 일본경제에 대한 관심은 상당히 퇴색되었다. 특히 거의 같은 시기 중국경제의 급속한 발전, 한국의 수출에서 중국이 1위를 차지하고, 중국이 한국기업의 주요 해외생산지가 되면서 중국에 대한 관심은 크게 고조된 것과 대비된다.

그러면 실제로 한국경제에서 일본의 중요성이 최근 일본에 대한 관심의 퇴색만큼 감소한 것일까? 최근 많은 산업분야에서 중국의 추격이 빠르게 진행되고 있다. 미국 등 주요시장에서 중국의 점유율은 빠르게 증가하고 있는 반면, 한국의 점유율은 하락하고 있다. 한중무역에서도 한국의 대중무역흑자가 빠르게 축소하는 경향을 나타내고 있다. 또 한국기업의 중국으로의 기술, 생산이전이 빠르게 진행되면서 산업공동화 가능성도 강하게 제기되고 있다.

이 시점에서 지금까지 한국경제의 발전과정, 산업의 경쟁력 강화 메커니즘을 재검토하고 향후 한국경제의 나아갈 방향을 모색할 필요가 큰데, 여기서 일본과의 관계에 대한 재인식, 일본과의 관계개선이 대단히 중요하다. 특히 한국의 수출증대와 관련하여 그동안은 일본시장에 대한 관심을 크게 갖지 않았다. 그러나 일본시장은 미국 다음으로 큰 선진국 시장이기 때문에 관심을 가져야 할 것이다. 최근 일본시장에서 중국상품의 점유율이 크게 증가하고 있는 점에 주목할 때 일본시장에 대한 수출을 적극적으로 추진할 필요가 있다.

일본의 대외경제정책과 무역, 해외직접투자에 대해서도 많은 관심을 가져야 한다. 특히 최근 들어 강화되고 있는 일본의 FTA정책은 한국의 경쟁력, 해외전략과도 직, 간접적으로 관련을 가진다.

저자는 2007년부터 대학에서 일본경제론을 강의하고 있다. 수강학생들이 일본경제에 대해 단편적인 지식은 어느 정도 가지고 있지만 체계적인 공부는 처음인 학생이 대부분이었다. 그래서 일본경제를 폭넓게 이해할 수 있으면서도 경제, 경영학도로서 꼭 이해해야 할 일본의 기업, 산업, 시장, 일본의 대외관계, 그리고 한일관계가 강의내용으로 다루어져야 한다고 생각했다. 그런데 국내에서 발간된 일본경제 관련 입문서 중 이러한 내용들을 한 권에 적절히 담고 있는 것을 발견하기가 어려웠다. 첫해에는 강의 노트를 작성하여 학생들에게 배포하고, 적당한 자료들을 복사하여 진행했다. 첫 해의 강의 내용을 바탕으로 저자가 그동안 발표한 논문, 이미 발간되어 있는 연구책자, 보고서, 통계자료 등을 활용하여 한권의 개론서로 집필한 것이 본 책자이다.

이 책을 쓰게 된 직접적인 동기는 저자가 대학에서 일본경제론을 강의함에 있어서 적절한 교재가 필요해서였다. 그러나 본서에서 다루고 있는 주제나, 내용은 기업, 정부, 학계에서 일상적으로 일본과 관련된 업무를 하고 있는 분들에게도 일본경제에 대해 보다 정리된 정보, 시각을 얻는데 유용한 자료가 될 수 있을 것으로 확신한다. 아무쪼록 일본에 관심을 가지고 있는 많은 분에게 이 책이 유익한 자료로 활용되기를 기대하며, 많은 지적과 지도편달을 기대하는 바이다.

본서의 원고작성 과정에서 건국대학교 대학원 국제무역학과 석사과정의 정지영, 강연준 두 학생이 원고교정과 표 작성 등 손이 많이 가는 작업을 기꺼이 도와주었다. 이 자리를 빌어 고마운 마음을 전한다.

2009년 1월

엄동설한에 저자 씀

차 례

제1부

일본경제의 발전과 변화

제 1 부에서는 에도시대 이후 최근까지 일본경제의 발전과정을 시대 순에 따라 개략적으로 살펴본다. 일본역사의 시대구분은 아스카시대(593~710), 나라시대(710~794), 카마쿠라 및 무로마치 막부시대(1192~1467), 전국(戰國)시대(1467~1590), 에도시대(1600~1867), 메이지시대(1868~1912), 다이쇼시대(1912~1926), 쇼와시대(1926~1989), 헤이세이시대(1989~)로 나눌 수 있다. 본론에서는 에도시대 이후부터를 주요 분석의 대상으로 하며, 에도시대 경제상황의 이해를 돕기 위해 그 앞 시대의 특징을 간단히 설명한다.

1
chapter

에도시대 이전

먼저 아스카(飛鳥) 시대는 가야, 백제 등을 통해 일본에 한자(漢字), 유교(儒教), 각종 기술의 전래가 이루어졌다. 일본의 왕실은 가야, 백제계 왕실과 혈연관계에 있었고 상류층을 위시한 수많은 사람들이 한반도에서 일본으로 이주하였다.

성덕(性德)태자(574-622)는 불교의 도입에 크게 힘을 쏟아 백제에서 불교가 전래되었으며 나라(奈良)에 있는 법륭사(法隆寺)의 백제관음상(百濟觀音像)을 비롯하여 한반도에서 전래되었거나 영향을 받은 것으로 추정되는 많은 불상, 사원, 유적이 일본에 현존하고 있다.

663년 백제의 멸망으로, 왕족, 귀족 등을 비롯하여 많은 사람들이 일본으로 망명하였다. 고구려의 멸망 시에도 고구려 왕족이 일본으로 망명하여 현재의 사이타마현 고려향에 정착하였고, 현재도 코마(高麗)라는 성을 가진 사람들이 많이 살고 있으며, 고려 왕족을 제사지내는 코마진자(高麗神社)가 유명하다.

한국의 역사책에는 잘 등장하지 않으나 일본의 역사책에는 나당 연합군의 백제공격에 즈음하여 백제를 돕기 위해 일본이 많은 물자와 병력을 파견한 사실이 기록되어 있다(백강-현재의 금강-의 전투).

한편 백제와 고구려의 멸망으로 한반도에서는 676년 3국을 통일한 통일신라가 등장하게 되었으나, 일본과 한반도와의 관계는 적대적이며 소원한 관계로 변화하였다.

한편 일본은 630년에 제1회 견당사(遣唐使)를 파견, 894년 견당사 파견을 중지하기까지 십 수차례 견당사를 파견하였다(당 이전의 수왕조 시절에도 견수사 파견). 백제의 멸망 후 일본은 한반도의 영향에서 벗어나 독자성을 추구할 필요성이 커짐으로 한반도를 통한 선진 대륙문물의 흡수에서 변화하여 중국과의 직접적인관계 확대를 통해 이를 추구하는 정책이 나타나게 되었다. 그 좋은 예가 견당사의 파견인데, 사신의 파견 시에는 당시 지식인층에 속하는 승려들이 불경을 구하기 위해 동행하였다. 이에 관한 사례로는 엔닌(圓仁, 794-864)의 794-847년 약 10년에 걸친 여정을 기록한 입당구법순례기(入唐求法巡禮記)가 유명하며, 당시 일본은 항해술(선박제조 등의 해운업을 포함)의 미발달로, 중국과 일본 간의 해상무역 활동을 담당하던 재당신라인(장보고)의 무역선을 이용한 것은 잘 알려지지 않은 사실로 주목할 만하다.

663년 금강에서 벌어진 백촌강(白村江)전투에서의 패배는 일본에게 큰 충격을 주었으며, 당과 신라의 공격을 두려워하여 수도를 아스카(나라 근방)에서 오오미(近江, 현재의 시가현)로 옮겼다. 일본은 710년 나라로 천도하였으며, 794년에는 다시 쿄토(京都)로 천도하였다.

궁중이나 귀족의 호위를 하는 과정에서 중요한 세력으로 등장한 무사단은 점차 무인정권으로 발전하고, 쿄토의 왕실(귀족)과 무인정권이 양립, 병존하는 체제를 갖게 되었다.

카마쿠라(鎌倉)시대(1192-1333)의 중요사항으로서는 1274년, 1281년 몽고의 침략이 있었고, 이것이 카마쿠라 막부의 쇠퇴를 가져온 주요 원인이 되었다. 1976년 한국의 신안해저에서 고대 선박의 침몰선이 발견되었다. 이 선박은 1323년 6월 3일 이후 중국 절강성 닝보(寧波)를 출발하여 일본의 하카다(博多, 현재의 후쿠오카)로 항해 중 침몰한 것으로 이 선박에 적재된 물건들을 통해 당시 일본과 중국 간에 무역이 활발했던 것을 알 수 있다. 카마쿠라 막부와 큰 사찰이 무역의 주체였다.

전국(戰國)시대(1467-1590)에는 1543년 총이 일본에 전래되고, 각 다이묘(大名)는 이에 착목(着目)하여 일본에서 총의 생산이 확대되었다. 1549년 예수회 선교사가 카고시마(鹿兒島)에 도착하였다. 당시 유럽은 이미 아시아로 진출하여, 아시아와의 무역, 아시아의 식민지화가 진행되고 있었다.

일본은 16세기 말에 동남아시아를 거점으로 한 포르투갈, 스페인인과 무역을 하였으며, 나가사키(長崎)가 대외무역의 거점이었다.

1590년 토요토미 히데요시(豊臣秀吉)가 일본 전국을 통일하였다. 당시 일본(무사) 지도부는 아시아로의 세력 확대와 서양에 관한 관심이 컸으며, 서양세력의 유입에 따른 무역, 식민지 운영의 이익 등에 눈뜨게 되었던 것으로 생각된다.

1592년 토요토미는 조선침략(1598)을 단행하였다. 이 전쟁은 문화전쟁, 도자기 전쟁이라고도 불리며, 그 배후에는 대(大)상인과 권력자, 상품문화의 발달이 있었다.

고려 후기의 고려와 조선은 중국의 영향 하에서 대외관계, 대외(해상)무역이 크게 제한되어 있었던 반면, 일본은 중국의 직접적 간섭, 영향이 적었고 유럽과의 무역, 기술도입에 적극적이었다.

2
chapter

에도시대의 경제

2.1 시기 및 특징

에도시대는 1603년부터 1867년까지의 시기를 말한다. 그 이전의 12세기 말에서 16세기까지(일본의 시대연표 참조)는 사무라이(무사)에 의한 지배 시대였으나, 정치정세가 불안정하였으며 특히 15세기 말에서 16세기말에 이르는 전국시대(戰國時代, 1467-1590)에는 내전과 정권교대가 빈번히 발생하였다. 약 120여 년간의 전국시대는 도요토미 히데요시의 전국통일로 끝이 났으나, 1600년 세키가하라 전투에서 토쿠가와 군이 토요토미 군에게 승리함으로서 도쿠가와 이에야스(德川家康)가 일본 전국을 재통일하였다.

1603년에 도쿠가와 이에야스는 에도 江戶(현재의 동경)에 막부[1])를 수립하고, 초대 쇼군(장군)[2])이 되었으며, 그 이후 264년간 도쿠가와(德川)가의 15대 쇼군에 의해 일본이 통치되었다. 당시의 에도는 작은 어촌에 불과했으나 그 후 거대한 정치도시로 변모하였다.

전국시대에서 에도 초기에 걸친 주요 변화는 권력자와 농민 간에 개재

1) 최고 사령관의 숙영지. 후에 군사정권 그 자체를 가리킴
2) 통상 군사정권의 최고 위에 있는 사람을 가리킴

하고 있던 고대, 중세 이래의 여러 조직(사원, 莊園영주, 在地領主 등)이 일소되고, 다이묘(大名)[3]에 의한 영국(領國)의 직접일원 지배가 확립되었다는 점이다. 이는 오다(織田) 노부다가, 토요토미(豊臣) 히데요시 등 전국 다이묘들에 의한 일련의 정책, 예를 들면 반대세력의 토벌, 상업의 자유화, 지방관소의 철폐, 檢地(경작지 조사), 죠카마치(城下町) 건설, 무사의 죠카마치에 집단거주, 定期市를 죠카마치로 흡수하는 것 등에 의해 달성되었다.

그 뒤로 무사와 농민은 직분적, 거주적으로도 명확히 분리되었으며. 무사는 봉급생활자가 되었고, 다이묘가 영국의 토지, 농민, 가신(家臣)을 직접 통치하는 형태가 완성되었다.

2.2 막번(幕藩)체제

에도시대의 통치체제를 막번 체제라고 하며, 막번 체제의 특징은 다음과 같이 정리할 수 있다.

첫째, 일본전국은 도쿠가와 일족으로 이루어진 친번(親藩), 세키가하라 전투 이전부터 도쿠가와의 가신(家臣)이었던 후다이(譜代) 다이묘, 세키가하라 전투 이후 도쿠가와에게 복종하게 된 토자마(外様)다이묘의 3종류의 영주에 의해 통치되는 200여개의 소국가(번(藩)로 구성되었다. 각 소국가는 영주에 의해 통치되었고, 세습제(단 혈연에 의한 세습+의사혈연)가 이루어졌다. 각 번은 영주와 가신간의 강력한 주종관계가 성립되었으며, 그것이 그대로 각 소국가의 행정관료 체제, 경영체제가 되었다(〈표 2-1〉 참조).

둘째, 쇼군의 직할령은 약 700만石(직속가신의 영지를 포함)이었으며, 막부는 전국 쌀 생산고의 약 1/4을 지배하였다. 또 막부는 외교와 화폐주

3) 영국에 있어서의 사무라이 지배자. 에도시대에는 각번(지방정부)의 장을 의미.

조 권한을 독점하였다.

셋째, 정치권력은 중앙집권적이었다. 幕府(중앙)는 藩(지방)에 대해 생살여탈(生殺與奪)의 절대적인 권한을 장악하고 있었으며. 쇼군은 각 다이묘에게 영국을 분배하고, 각 다이묘는 이에 대한 대가로 막부에 대한 충성을 맹서하였으며, 막부에 대한 반항은 허용되지 않았다. 명령이나 규칙에 따르지 않는 번에 대해서는 이전, 축소, 심한 경우에는 다이묘의 할복(切腹), 가(家)의 단절 등을 포함한 엄한 처벌을 받았다.

〈표 2-1〉 에도 초기의 주요 다이묘 배치도(1664년)

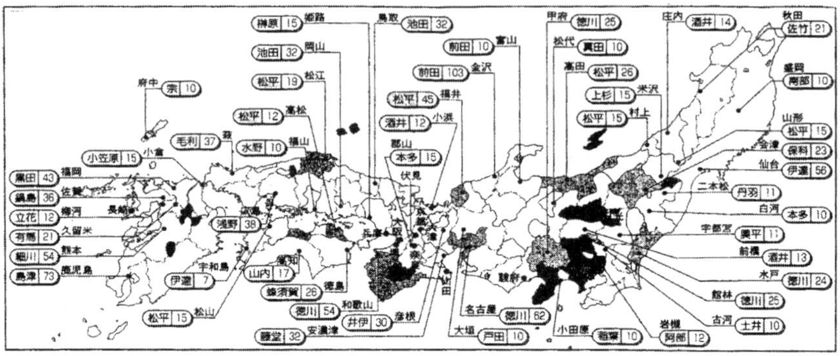

주: ▢ 주요 다이묘, ▢ 석(만석)

넷째, 경제활동은 보다 분권적이었다. 막부는 경제정책에서 그다지 일관적이지 않았으며 경제운영 전반에 대한 관심도 크지 않았다. 반면, 각 번은 막부의 금지사항에 저촉되지 않는 범위에서 영국내의 행정, 과세, 산업진흥, 여러 규제, 지폐발행 등의 권한이 부여되었다.

다섯째, 에도막부는 각 번을 통제하기 위해 다음과 같은 부담, 의무를 부과하였는데 이것이 각 번의 재정적 압박을 초래하였고. 이로 인해 막부에 대해 반기를 들기 위한 군사예산 확보를 곤란하게 했다.

(1) 참근교대(參勤交代): 번주는 격년으로 영국과 에도에서 생활하는 것이 의무로 되어 있었다. 따라서 양 지역을 매년 왕래해야 하였고 이때

는 많은 가신단이 함께 이동해야 했기 때문에 막대한 비용이 소요되었다.

(2) 막부가 명령한 공공사업: 성, 운하, 수로, 도로, 저수지, 상수도 등의 건설, 보수-이 각 번에 할당되었다.

(3) 이 외에도 부정기적으로 자의적인 과세, 기부가 요구되었다.[4)]

여섯째, 사농공상(士農工商)의 신분제도를 들 수 있다. 당시 일본은 무사(武士), 하꾸쇼(百姓), 쵸닌(町人)의 신분으로 구분되었다. 각 신분은 그 역할이 정해져 있었는데, 무사는 통치신분으로 이름과 칼을 소지할 수 있었고 죠카마치에서 생활하였으며, 주로 치안유지와 행정사무를 담당하였다. 하꾸쇼, 쵸닌은 생산, 가공, 유통을 담당하였는데, 이중 하꾸쇼는 주로 농촌에 거주하는 농민을 말한다. 쵸닌은 죠카마치에 살면서 무사계급을 주요 수요자로 하는 생산물의 가공, 유통에 종사하는 직인, 상인을 말한다.

2.3 농업의 발전

에도시대는 농경사회였다. 특히 에도시대 초기의 인구는 90%가 농민이었으며. 농민의 비중은 서서히 줄어들었다. 에도시대의 농민은 일반적으로 잘 조직되어 있었고, 자치권이 부여되었다. 연공(年貢)은 村 전체에 대해 부과되었으며. 촌역인(村役人: 그들 자신도 농민인 경우가 대부분)이 세 부담을 촌민 간에 배분하는 역할을 하였다. 반면 농민은 막부의 비합리적 정책이나 도리에 맞지 않는 관리에 대해서는 저항하기도 하였다.

연공을 정하는 방법은 검견법(檢見法)과 정면법(定免法)의 2가지가 있었다. 전자는 정부에서 파견한 검사관이 수확상황을 조사하여 정하는 방법으로 검사관의 자의적 의향에 좌우되기 쉬웠다. 후자는 과거 3-5년간의 평균수확에 의거 세 부담을 고정하는 제도로, 안정된 세수를 기대할 수

4) 大野建一(2005, 24)

있으며. 검사관의 비용도 절약할 수 있었다. 또 농민에게도 수확을 높이면 자기 수입이 증가하므로 이 방법을 선호하는 경향이 강했다.

에도시대의 농업생산은 15세기 중반에서 17세기 말에 걸쳐(戰國時代포함) 경작면적, 특히 水田면적이 비약적으로 확대되었다. 이는 에도시대에 들어와, 다이묘와 유력 농민에 의한 대규모 치수, 관개공사가 전국적으로 진행되어 경지면적이 크게 확대되었기 때문이며, 이로 인해 인구도 급격하게 증가하였다.

17세기 후반 이후, 경작지 확대는 일단락되었다. 이러한 경작지의 급격한 확대는 노동력 부족, 삼림파괴, 수해다발 등 부정적 결과를 초래하기도 하였다. 18세기 이후는 경지면적 및 인구가 안정된 반면, 생산성 향상으로 쌀 수확이 지속적으로 증가하였다. 증수(增收)를 가능하게 한 요인으로는 2모작, 품질개량, 비료(특히 말린 생선)의 투입, 신농구 보급 등을 들 수 있으며 효과적인 농사를 위한 서적도 다수 출판되었다.

에도 초기(17세기)에는 각 농민이 생산한 식량은 대부분이 자신의 소비에 충족되었으나 에도중기를 거쳐 생산성이 향상되면서 농업생산의 여분이 발생하게 되고, 이를 시장에 판매하게 되었다. 드디어는 전국적으로 통합된 농산물시장이 형성되고, 농업생산에서 판매를 위한 상품작물의 비중이 비약적으로 증가하였다.

19세기가 되면서 농민 간에도 빈부의 격차가 발생하였으며, 지주·소작관계가 나타나고, 세 부담에 대한 불만, 물가등귀, 기근, 정부정책에 대한 불만 등으로 농민반란도 발생하였다.[5]

2.4 도시화와 통일된 전국시장의 등장

유럽의 봉건제하에서는 영주 간에 또는 영주와 국왕간의 대립과 세력균형의 빈틈에서 도시가 성장하고 자치권을 행사하게 되었다. 이 소규모

5) 大野建一(2005, 28)

의 자치도시는 경제적, 사회적인 면에서 근대로 이행하는 중요한 기반이 되었다.[6] 이와 같은 점에서 에도시대에 죠카마치가 건설되면서 도시로의 인구집중이 진행되고, 오사카, 에도 등 대도시가 발달되었는 바, 이것이 상공업 발달에 긍정적인 역할을 한 것으로 볼 수 있다.

(1) 죠카마치(城下町)의 형성

오늘날에도 일본의 각 도시에는 성이 잘 보존되어 있다. 성은 政廳과 다이묘의 저택을 겸하게 되고, 무사를 집중적으로 통제하기 위한 수단으로 만들어졌으며, 무사를 성밖(城下)의 일정 지역에 살게 하였다. 무사계급의 소비수요가 확대하면서 상인, 수공업자인 직인을 강제적으로 죠카마치에 이주시켰다. 인구집중으로 성밖(혹은 지형적으로 성의 아래지역)은 도시가 되고, 농촌의 공산물과 농산물이 교환되고, 상품이 교환되는 체제가 만들어졌다.[7]

전국시대(戰國時代) 말기에서 에도시대 초기에 지방에 있던 시장기능은 정기시(定期市)가 담당하여 3일장, 6일장, 9일장 등이 영국(領國)의 각지에서 열리고 있었다. 그러나 이러한 정기시의 기능은 무사나 상공업자가 죠카마치에 집중함에 따라 죠카마치의 점포상업 속으로 흡수되었다. 정기시에서 활동하던 상인, 직인은 성 밖에 이주하여 죠카마치 상인이 되었다.[8] 죠카마치는 동업집거의 경향이 있었으며 상설점포를 열어 돈야(問屋), 나카가이(仲買), 코우리(小賣)로 분화하였다.[9]

18세기 초, 오카야마번에서는 영내의 서민인구 37만 여명 중 3만 여명이 죠카마치 오카야마의 거주자였으며, 오카야마 쵸닌중 상인이 57%, 직인이 17%, 그 외 교통업자, 의사, 미용사 등의 서비스업자가 24%였다.[10]

---

6) 이헌창(1999, 134)
7) 전게서, 124-132.
8) 미야모토 마타오 외(2001, 21)
9) 전게서, 22
10) 상게서, 22

(2) 대도시의 발달

근세초기(德川家康, 秀忠, 家光) 시대에 에도, 오사카 등 거대도시와 지방의 죠카마치 등이 계속적으로 건설되었다. 대도시에서 방대한 소비수요가 탄생하고 이것이 상공업의 발달을 촉진한다는 점에서 이 시기에 진행된 도시화, 대도시의 발달은 에도시대 상공업 발달에 중요한 의미를 가진다.[11)]

① 에도시대 전기에 일찍부터 번영한 것은 교토(京都)였다. 교토는 고대 이래 정권의 중심지로서 문화적 전통이 있었고, 기술, 기능의 축적(蓄積)과 상업기능의 집적(集積)이 있었다.

1638년에 교토의 한 여행 및 숙박업자가 작성한 자료에는 전국의 특산물이 기록되어 있는데, 기재되어 있는 품목 총 수 1,807중 기내(畿內)(교토에 가까운 5개국)산이 706개로 39%를 차지하였다. 그 중에서도 교토를 포함한 산성(山城)산이 437품목으로 큰 비중을 차지하였다. 교토가 생산상 우위를 가지고 있던 품목은 의료품, 가정용품, 미술공예품, 무기 등의 분야였다. 섬유에서도 특히 고급 견직물은 교토의 니시진(西陣)에서만 생산되었다.[12)]

17세기 후반 이후 교토의 고급섬유에 대한 수요가 증가하였다. 특히 고위급 무사가 많이 거주하는 에도로부터의 수요가 증대하면서 교토상인이 에도나 오사카에 지점을 갖는 일이 많아졌다.

② 17세기 후반이 되어 경제의 중심이 서서히 교토에서 오사카로 이동하였다. 오사카는 그 배후지 및 시중에 수공업 생산지대를 갖고 있었다. 또 오사카는 세토나이카이(瀨戶內海)등에 인접하여 교토보다 교통편이 좋았기 때문에 각 번(藩)들의 연공미(年貢米)가 판매되는 전국시장으로 대두되었다. 또 1619년에 오사카에서 에도로 목면, 기름, 술, 초, 간장 등을 배로 실어 보내는 항로, 오사카-이요(시코쿠(四國)의 에히메(愛媛)현),

11) 伊藤雅俊・網野善彦・齊藤善之, (2000, 109, 116-121)
12) 미야모토 마타오 외(2001, 22-23)

오사카-나가사키(長崎)간 항로 등이 발달하면서 오사카는 연안항로의 중심지로 발전하게 되었다. 특히 오사카는 참근교대(參勤交代)로 인해 에도에 각 번의 다이묘, 가신단이 대거 거주함에 따라 여기에 물자를 공급하는 기지의 역할을 하게 되었다.

상공업에 종사하여 부를 쌓은 오사카 상인은 금융업에도 진출하여, 에도 중기 이후에는 오사카가 금융도시로도 발전하였다.13)

③ 에도는 쇼군과 각국의 다이묘·가신단이 거주하는 정치도시로서 성립하였으나 후배지에 유력한 생산지를 갖지 못하였기 때문에 에도시대 전반기에는 대 소비도시의 성격이 강했다. 에도 중기까지는 무사 50만, 쵸닌 50만, 합계 100만명의 세계적인 도시로 성장했다. 교토·오미(현재의 시가현), 이세(현재의 미에현의 중북부), 오사카 상인들이 에도에 지점을 내는 일이 많았고, 에도 후반기가 되면서 에도 주변에도 생산지대가 성장하여 에도는 집산도시, 생산도시로서도 유력한 도시가 되었다.14)

(3) 통일된 전국시장의 등장

오다 노부나가 시대에 관소(關所)가 철폐되었다. 그후 토요토미 지배하에 검지(檢知)에 의한 번(藩)의 성립과 장원제 지배의 否定이 이루어졌다. 이 시대에 태각검지, 병농분리, 죠카마치 육성과 교통로의 정비가 추진되었는바 이를 토쿠가와 막부도 계승했다.

각 번은 전국시대의 번내(藩內) 좁은 시장에 한정된 경제활동에서 대도시를 시야에 넣은 전국시장 판매를 시행했다. 이에 따라 생산의 대량화, 특화, 기술력 향상 노력이 이루어졌고, 경쟁, 기업의 대규모화, 기업경영의 체계화가 촉진되었다. 국내물류는 거의 해운에 의존하게 되고, 전국요지에 산재하는 막부 직할지의 쌀 수송을 위해 500석 이상 적재 가능한 큰배(大船)의 건조가 추진되었다. 또 신항로의 개척이 추진되었고, 각 번도 쌀, 산물을 수송하는 루트로 이를 사용하였으며, 해상운송이 전국규모

---

13) 전게서, 24-25
14) 상게서, 25

의 시장경제화를 촉진하였다.

(4) 조선의 도시화와의 비교

조선에서는 유럽과 일본에 비해 도시로의 인구집중이 완만하게 진행되었다. 그 이유는 중앙집권국가라는 정치적 조건과 국제무역을 포함한 원격지 유통이 활발하지 않았다는 경제적인 조건이 크게 관련된 것으로 볼 수 있다. 조선에서는 自治都市가 성립할 수 없었고, 시장기능은 도시(都市)와 장시(場市) 및 포구(浦口)로 분산되었다. 조선에서는 도시인구가 소수였고, 18세기 이래 상업의 필요는 주로 농촌시장을 통해 충족되는 경향이 강하였다. 서울의 인구는 1669년 19만에 달한 이래 2세기 동안 뚜렷한 증가세를 보이지 않았고, 1601년 경상도의 감영(監營)이 들어선 대구는 그 이후 인구가 집중되어 1만 명을 넘었으나 그 이후 1세기 동안 인구증가는 미미하였다. 1876년 강화도조약 이후 외국인의 각종 보고로 미루어 볼 때 개항전후 인구가 1만 명 정도나 그 이상의 도시는 서울과 대구 이외에 평양, 개성, 전주, 통영, 해주, 함흥 정도였다. 이 중 인구가 가장 많은 도시는 중국무역의 통로에 위치한 평양과 개성으로 인구는 3-4만 정도였을 것으로 추측된다. 이와 같이 상공업 도시가 충분히 발달하지 못한 것이 상인자본의 발달을 제약하였고, 낮은 도시화율은 농촌의 상품생산에 대한 자극을 강하게 주지 못하였다.[15)]

2.5 재정과 화폐

막부 및 각 번의 재정은 각각 독립적으로 운영되었다. 세입은 각각의 領國에서 나오는 수입에 의존하였다. 재정에 관한 막부도 중앙정부가 아니라 많은 다이묘중 하나에 불과했다. 그러나 막부의 직할지였던 천령(天領)은 1842년 추계로 전국 석고(石高)의 13.7%를 차지하여, 여러 번

15) 이헌창, 전게서, 133-134.

중에서는 압도적으로 큰 규모였으며, 이 이외에도 막부는 다른 번에는 없는 특별수입을 독점하고 있었다. 즉 (1) 천령에서 얻어지는 연공수입 (2) 광산, 외국무역 (3) 에도(江戶), 교토(京都), 오사카(大阪), 나가사키(長崎), 사카이(堺) 등 주요 도시의 직할 (4) 상공업의 영업허가, 카르텔 승인에 대한 과징금 등이 그것이다. 반면, 여러 번의 수입원은 영국에서 얻어지는 연공수입 및 상공업활동에서 파생되는 수입(산업진흥이 성공하면)이었다.

에도시대 재정시스템의 기초는 연공미로, 재정단위는 약 180리터의 쌀에 상당하는 석(石)이었다. 각 번의 경제규모는 석으로 표시되었고, 무사의 급여도 쌀로 지급되었다. 쌀은 장부상의 표기단위일 뿐만 아니라 실제로도 전국 각지로 운반되었다. 각 촌의 연공미는 쌀 시장에 집하되고, 다시 전국시장으로 배송되었다. 그 중에서도 오사카(大阪)는 최대시장이었다.

쌀을 기초로 하는 경제시스템이 의미하는 바는 다음과 같다.

(1) 쌀의 물리적 운반을 전제로 하는 세제는 전국적으로 통합된 운수 및 유통(運輸流通) 시스템을 필요로 했다. 이 서비스의 제공자는 민간의 상인, 유통업자 이었으나, 막부나 번도 그들을 관리, 지원했다. 하물의 운반에 있어 육상운송은 대단히 고가이고, 비효율적이었기 때문에 물류의 대부분은 해상, 하천, 호소(湖沼)의 수운이었다.

(2) 경제활동의 비중은 점차 자급농업에서 상품작물로, 그리고 나아가서는 수공업으로 이동했다. 그러나 에도시대 전체를 통해 정부의 세입원은 기본적으로 쌀이었고, 상업에 대한 과세도 가끔 실시되었으나 그것이 쌀을 대체하는 주요 과세원은 되지 못했다. 그 결과 농민이나 상인이 점차 소득과 부를 높여갔음에도 불구하고, 막부나 대부분의 번은 항상적으로 재정위기 상태를 벗어나지 못했다.

(3) 항상적인 재정위기에 직면한 막부는 화폐 개주(액면이 일정한 상

태에서 귀금속 성분을 줄여 금화, 은화를 주조하는 것), 긴축재정, 증세, 물가통제, 행정개혁 등으로 대응하였다. 또 특정 상인에게 판매독점권을 주는 대신 기부, 헌금을 요구한 경우도 있었으나, 이들은 장기계획에 입각한 경제정책은 아니었다. 화폐는 금화, 은화, 동전이 사용되었다. 번에는 번 내에서만 통용되는 한사츠(藩札) 발행권이 부여되었다.

에도시대의 인플레이션은 기근이 있던 해에 심해지고, 국제무역이 재개된 에도시대 말에는 물가등귀(物價騰貴)가 가속되는 경향이 나타났다.[16)]

2.6 화폐경제의 발달

1420년, 1429년 일본에 온 조선사신이 본 견문록에 의하면 당시의 일본은 이미 화폐경제가 확산되어 돈만 있으면 자유롭게 여행이 가능한 시대였다. 거지도 밥이 아니라 돈을 구걸하고 있었다. 조선에서도 세종시대(1418-1450)에 화폐통용을 시도했으나 실패하였다. 화폐정책은 농업생산력의 향상, 상공업 등의 사회적 분업의 성립으로 사회적 생산력의 전반적인 확대와 이를 기반으로 한 교환생활의 일반화, 유통경제의 발전이 있어야 가능한 것이다.[17)] 일본의 제련기술의 낙후로 중국에서 銅錢(송전, 명전)이 수입되고 일본 내에서 폭발적으로 유통되었다. 1864년에 중국에서 동전의 대량수입이 단행되었으며 이것이 경제발전을 촉진하고 다시 많은 화폐가 필요하게 되는 순환이 발생하였다.[18)] 화폐경제의 발전으로 무사의 소유인 토지가 타인에게 양도될 수 있게 되고, 이로 인해 대단히 빠른 속도로 토지에 밀착된 평면적인, 즉 2차원적인 경제체제가 붕괴되었다.[19)] 카마쿠라 막부의 몰락과 막부라는 정권의 기초가 된 홀령제가 붕괴되고, 화폐의 침투로 영지를 가지지 못한 가신(무사)이 다수 등장하였다.[20)]

16) 大野 (2005. 30)
17) 山本七平(1989, 241-242)
18) 전게서, 244.
19) 상게서, 247.

2.7 효율적 수송체계의 발달

막부의 명령으로 오사카, 에도를 중심으로 하는 전국적 유통시스템이 재편, 정비되었다. 이는 쌀 생산지에서 소비지로, 전국적인 규모로 쌀을 원활히 안정적으로 움직이는 체제정비가 요구되었기 때문으로, 일본사회 전체에 경제 합리성이 요구되고 널리 확산되었다. 즉, 전국시대에는 물자 수송에 드는 비용이 중요하지 않았으나 전쟁이 끝나면서 이러한 비용이 중요한 조건이 되었다.

쿄토, 오사카, 에도 三都를 중핵 거점으로 하고, 죠카마치, 주요 항구도시를 지방거점으로 한 전국적 유통망이 막부주도로 만들어졌으며, 항로, 항만이 건설되고 공무원이 상주하게 되었다.[21]

나가사키(長崎)도 막부의 직할도시가 되어, 이 유통망에 편성되었고, 이로써 전국적인 항만 네트워크가 만들어졌다. 이에 따라 전국적 규모로 상품이 움직이는 형태가 갖추어졌고, 해상수송 뿐만 아니라 육상의 도로망, 숙박지역, 역마제도 등도 정비되기 시작하였다.[22]

막부는 육로로 5가도 간선도로(東海道, 中山道, 日光街道, 甲州街道, 奥州街道)를 지정하고, 정비하였다. 해로는 서회항로(西廻航路), 동회항로(東廻航路)등 주요 항로를 개설하였다.

참근교대로 각 다이묘는 많은 금액의 비용을 부담하면서 에도와 영국을 빈번히 왕래하지 않을 수 없었으나, 여러 가도 부근에는 경제적 번영이 초래되었다.

막부는 방위적 이유에서 사람과 상품의 자유로운 이동에 제한을 두었으며, 또 각 번에는 조선(造船)의 자유나 해군의 보유가 허용되지 않았다.

---

20) 상게서, 255-257.
21) 伊藤雅俊(2000, 116-121)
22) 전게서, 122.

2.8 상업의 발달

에도시대의 세제는 전국적으로 통합된 쌀 시장의 존재에 의존했으며, 여기에 상품작물, 수공업품의 생산증가는 전국적인 상업 활동을 자극했다.

다수의 호상(豪商: 부유상인)과 대부업자가 모여 있는 오사카는 일본경제의 중심이었다. 한편 에도는 정치와 소비의 도시로 거대화해 갔다. 이로 인해 양도시를 잇는 해로가 크게 번성했다.

상공업에 대한 막부의 정책은 일관성이 없었고, 정책의 지침이 되는 명확한 경제사상은 없었던 것 같다. 때로는 민간거래를 규제하거나, 개입했고, 때로는 자유로운 매매와 진입이 허용되었다. 동업카르텔(카부나카마(株仲間))은 제한되는 때도 있었고, 때로는 금지되었다.[23]

에도시대 말기가 되면 많은 번, 지방도시는 상당한 경제발전 수준에 달하게 되었다. 그 결과, 오사카 상인의 개재 없이 지방의 시장끼리 직접 거래하려는 움직임이 활발하게 되었다. 일본경제의 중심도 오사카, 쿄토 등 관서에서 에도를 중심으로 하는 관동으로 서서히 이동했다. 쌀 뿐만 아니라 거의 모든 상품에 대해 전국적으로 통합된 시장이 성립하였다.

또한 상품유통의 발전에 수반하여 각종의 전업 상인이 탄생하게 되었다. 상거래의 수직적 흐름에 따라 돈야(問屋)-나카가이(仲買)-고우리(小賣)[24]의 분화가 일어나고, 수평적으로는 상품마다 전문상인이 등장하였다. 에도시대에는 죠카마치, 중앙도시를 불문하고 대량거래를 담당하는 중심이 된 것은 돈야(問屋)였다. 1679년의 한 사료에 의하면 오사카의 돈야수가 378개, 업종은 58개였고, 1697년에는 돈야 총수 826개, 업종은 62개였다. 생선, 소금을 절여 말린 생선, 채소, 땔나무, 무명, 담배, 소금, 차,

23) 카부나카마(株仲間): 시장경제 발전시키기 위해서는 어음, 신용을 포함한 여러 가지 거래제도, 관행이 필요하다는 점에서 이를 제공하는 사적기구로서 카부나카마(株仲間)를 긍정적으로 평가하는 연구도 있다.

24) 대규모 도매-중간 도매-소매

철, 목랍 등 일용필수품 돈야가 많았다. 1711-1716년기가 되면서 돈야 수는 5,626개로 크게 증가하였으며, 전업 돈야의 종류도 다양화하였다. 면, 비단, 베 등 섬유관련 돈야에 더불어, 각종 농산 가공품, 광공업품의 전업 돈야 수와 종류가 증가하였다. 또 환전상, 회선(廻船)돈야가 증가하였는데, 이는 상품유통의 발전을 배경으로 상업에서 금융업, 수송업이 분화한 것을 나타낸다.

〈표 2-2〉 카나자와의 상인의 직업

직업	수	직업	수	직업	수
小間物商	275	飴 商	25	植 木	5
漁鳥商	205	そば、蕎麥切	23	糸 商	5
古着商	180	菜園作り	21	紅粉、紅	5
へぎ商	149	金物、鍋釜商	20	櫛・笄・0甲	4
道具商	149	松木挽賣り	19	銀 仲	4
油小賣り	140	室 商	17	眞 松	4
古金買	133	雜穀商	15	0 0	4
古手買	106	料理、料理人	15	武具、馬具商	3
塩小賣り	96	酒粕商	14	酒仲買い	3
綿、打綿商	84	材木商	14	こんにゃく	3
たばこ商	76	草花、切花商	14	こぬか	2
米仲買	74	煎餅商	13	兩替	2
八百屋物	71	足袋商	13	砂糖	2
質商	57	合羽商	12	菓商	2
呉服、太物	54	唐笠商	12	柚子、湯葉	1
錢屋	49	瓶付油商	11	線香	1
味噌、醬油商	48	香具商	10	網商	1
清酒	44	あいもの商	9	藍商	1
豆腐商	43	筆墨商	8	わら	1
棺傘商	42	0笠商	8	貝灰燒商	1
菓子商	40	赤物商	8	作り花	1
青草物	38	唐津商	7	かやずあみ	1
団子商	38	小鳥商	6	馬持	20
薪炭商	38	山木等、付木	6	博勞	19
紙商	35	荒 木	6	奉公人口入	11
湯風呂	34	疊表、ござ	6	藏宿	8
藥種、合藥	30	麥屋	6	貸見せ	1
酒造 (酢造)	30	扇子商	5		
荒物商	26	古本、貸本	5		

주 : 직업명의 해설은 〈부록〉을 참조할 것
자료: 武光 誠(2002, 122)에서 전재

이러한 상황은 에도(江戶, 동경)에서도 마찬가지로 1680년대까지 70개의 목면 돈야가 성립하고, 나카마를 결성하고 있었다. 17세기 후반에 성립한 돈야의 특징은 첫째, 초기 호상처럼 권력자를 주 고객으로 한 장사가 아니라 대중적 수요에 대응하는 도매업자였다. 둘째, 전문상품에 대해 대량구입, 대량판매를 하여 박한 구전을 자본의 회전으로 보전하는 상법으로 전환되었다. 셋째, 각각의 상가마다 명확한 경영방침을 제정하고 경영조직을 정비하며, 규칙을 제정하는 등 일상의 경영관리에도 진보가 나타나게 되었다.[25)]

또 앞에서 예시한 카나자와의 경우 1811년에 약 85업종에 2,847인의 상인이 있었다는 것이 확인되고 있다.

2.9 공업의 발달

농업과 상업이 발전함에 따라 식품, 수공예품 등 전근대적인 제조업(농촌가내공업)도 전국적으로 발달하였다. 각지에 특산품이 생기고, 전국적으로 유통하게 되었다. 구체적인 품목은 차, 담배, 건조식품, 藍(청색의 염료), 소금, 사탕, 부엌칼, 칼, 의류, 간장, 술, 종이, 석재, 약품, 도자기, 칠기, 목공품 등이다.

구체적인 예를 들면 1840년대 え슈(현재의 야마구치(山口)현)의 上關(지명)에 있어서 82%가 농가로 분류되나, 상관소득의 55%는 비농업[26)] 소득이었다. 이와 같은 차이는 농가의 부업 때문이다. え슈(長州)번 전체를 대상으로 한 연구에 의하면 번민소득의 39%가 비농업 소득이며, 총생산고의 48%가 비농업 부문에서 발생하였다.[27)]

에도시대 전기에 농업발전에 부적합한 산간지방에서 잠사업(蠶絲業)과

25) 미야모토 마타오 외(2001, 36-39)

26) 비농업이란 공업, 어업, 상업 등 다양한 소득원이지만, 면 가공업이 중요한 의미를 갖는다. 면직물은 번 경제에서 중요한 수출산업이었다.

27) 安場保吉、齊藤修 編(1983,163)

같은 농촌공업이 발전하는 경우가 많았다. 이유는 17세기의 인구증가와 인구/토지비율의 악화, 도시화에 따른 공산물 수요의 증가 때문이다.[28] 또한 1812년 카나자와(金澤)[29]의 직인을 집계한 자료에 의하면 69업종에 직인수는 1,541명으로, 목수, 염색, 통(물건을 담는 통, 곡식의 분량을 재는 기구) 제조, 대장간 등 일상생활에 필요한 직인이 많았고, 칠기(漆器)제조직인, 백은(白銀)세공, 마키에시(蒔繪師)[30] 등 정밀한 수작업을 요하는 고도기술을 가진 직인도 많았던 것으로 나타나고 있다(〈표 2-3〉 참조).

많은 번은 영국의 백성을 부유하게 하고, 동시에 세입을 증가시키기 위해 산업진흥을 추진했다. 성공사례로서는 토쿠시마번의 남(청색의 염료), 타카마쓰번의 사탕, 사쓰마번의 밀무역과 서양으로부터의 신기술 도입에 의한 반사로, 대포, 선박 등의 건조 등을 들 수 있다. 그 외에도 많은 번이 번정 개혁과 연계된 산업진흥에 착수했다. 반면 많은 번은 제대로 성공하지 못하고 오히려 빚 지옥에 빠지는 경우도 많았다.

2.10 해외무역

토쿠가와 이에야스는 큐슈 등 西國지방 다이묘의 경제력을 위험시하였다. 관동이 관서만큼 경제적으로 발전해 있지 않음을 알고 에도를 무역중심지로 삼고자 했다. 그는 항상 적극적으로 외국과의 통상을 추구했다. 1636년 시마바라의 반란 이후 네덜란드, 조선과만 해외교섭을 허가하였고, 명선(중국선)의 입출항도 허가하였다. 명선의 입출항을 허가한 배경에는 비단의 수입이 필요하다는 경제적 사정이 있었다.

---

28) 전게서, 164.

29) 현재의 이시카와(石川) 현 카나자와시, 에도시대의 카나자와는 日本海(동해) 항로상에서 가장 활기가 있던 상업지역이었다. 1664년 카나자와의 쵸닌(町人)이 55,106명 있었다는 기록이 있으며 무사와 그 가족수도 5만 수천명이었다고 생각된다.

30) 마키에시, 그릇 등의 표면에 옻칠로 문양을 그리고, 금, 은 등의 금속분, 색분을 부착시키는 일본 독특의 칠공예 직인으로 여러 기법이 있음.

〈표 2-3〉 카나자와(金沢) 職人관계의 직업

직업	수	직업	수	직업	수
大工	313	土焼物職	10	どうらん職	2
紺屋	175	屋根方職	10	견 細工	2
桶屋	142	檜物職	9	櫛 ・ 笄師	2
鍛冶	113	キセル職	9	紙煙草入職	2
髪結	113	針職	9	甲冑職	2
疊刺	72	油臼元	9	佛師	2
木挽	55	洗張職	7	踏皮職	2
塗師	54	廚子職	7	ゆがけ師	1
仕立物職	49	鍬柄職	7	印判職	1
傘細工	41	藥物職	6	はけ細工	1
左官	36	蒔繪師	6	水0師	1
足駄(下駄) 職	34	銅細工など	6	荷棒細工	1
石伐	33	葛籠職	6	釘 職	1
表具職	23	筆職	5	唐けんどう細工	1
竹細工	21	ささら染・絞染	4	時計細工	1
指物師	15	川師	4	仏壇師	1
白銀細工	15	棺屋職	3	搗臼くり	1
鞘師	14	袋物職	3	具足師	1
研師	13	菓子細工職	3	判木師	1
建具職	12	竹籠細工	3	かんせん細工	1
袴屋職	12	木地職	2	龍吐水細工	1
鑄物師	11	靫師	2	秤座細工	1
錺屋職	11	繪馬屋職	2		

주 : 직업명의 해설은 〈부록〉을 참조할 것
자료: 武光 誠(2002, 123)에서 전재

외국과의 무역은 막대한 경제적 이익을 가져다주었다. 그는 사무역을 막부의 통제 하에 두는 주인선(朱印船)무역 정책을 취했으며, 주인선(朱印船 : 막부의 허가를 받은 무역선)제도 하에서 1604-1635년까지 32년간 105인에게 주인장이 교부되었다. 적어도 356척의 주인선이 베트남(安南), 루손도(呂宋) 등에 출항하였다. 큐슈의 서쪽에 위치한 나가사키가 동남아시아, 중국과의 무역거점으로 중시되었으며, 105인 중 34명이 나가사키와 관련한 다이묘, 관리, 상인, 외국인이었다. 수입품 중 가장 인기 상품은 중국산 생사였으며, 포르투갈의 식민지였던 마카오는 일본과의 무역에 크게 의존하였다.

나가사키는 토쿠가와 막부의 직할 지역이 되었으며, 초기에는 포르투갈이 외국무역을 주도하였으나 1600년 네덜란드선의 일본 표착을 계기로, 점차 네덜란드(동인도회사)와의 무역이 확대되었고, 나중에는 포르투갈은 종교상의 이유 등으로 배제되었다. 네덜란드 선에 의한 초기 수입품은 주로 벵갈, 통킹, 중국산 생사였으며, 수출은 주로 은이었다. 에도 중기에는 라사나 비로드 등과 같은 천, 후추, 사탕, 유리제품, 서적 등이 수입되었고, 동, 장뇌, 도자기, 옻칠 제품 등이 수출되었다. 또한 당선(唐船)무역이라고 불리는 중국선에 의한 무역도 나가사키를 중심으로 활발하게 이루어졌다.

2.11 경제적 사고와 공상의 가치 인정 사상

자본주의가 발달하기 위해서는 자본에 관한 윤리의 정립이 필요하다. 서양에서는 자본주의 발달에 있어서 기독교 사상을 바탕으로 하는 프로테스탄티즘이 정립되었다. 이 시대 일본에서는 이시다 바이칸(石田梅岩)의 석문심학(石門心學)이 널리 전파되어 큰 영향을 미쳤다. 바이칸은 상업적 실무가, 보통의 봉급자 신분이었는바, 상인이라는 일개 계급의 의의를 중시하였다. 상인의 의의, 이윤의 정당성, 소비자에 대한 성실성, 소비자에 대한 봉사를 강조하였으며, 석문심학은 무가사회에도 확산되었다. 이는 바이칸 자신이 자기의 생각을 사농공상(士農工商)을 관통하는 보편적인 사고로 하고 있었기 때문에 가능했다고 할 수 있다. 무사사회에서도 일종의 쵸닌적 합리성이 요구되고 있었다는 점을 알 수 있으며. 나중에는 지배계급까지가 직접 그의 강의를 듣고자 했다. 또 領民의 교화를 위해 그를 교사로 초빙한 번도 적지 않았다.

특히 자기 것, 타인 것이라는 의식과 개인의 소유권에 대한 명확한 의식을 주장했다. 戰國시대에는 보통의 서민에게 바이칸과 같은 사고가 있었다고 보기는 어렵고, 德川시대의 초기에 이러한 사고가 정착되기 시작했다.

한편, 일본의 자본주의를 만든 사람으로 스즈키세이조(鈴木正三)의 사상도 주목된다. 그는 원래 무사계급이며 승려였다. 그는 각 계급이 사회적으로 가지는 역할을 인정하고, 각자가 자기 직업에 충실하는 것이 불교의 수행, 성불과 연결된다고 주장했다. 즉, 백성이 가장 위대하다. 농업즉 佛行이다. 상인은 나라의 자유를 지키는 중요한 직업이다. 세속의 업무는 종교적 수행이다. 이를 일심불란(一心紛亂)하게 행하면 성불할 수 있다고 주장했다. 이러한 사상이 나타나게 된 배경에는 전란의 시대에서 평화의 시대, 질서의 시대로 이행하면서 일종의 정신적 폐색상태가 초래되었다는 점을 들 수 있다. 그는 매일의 업무 속에 종교성을 추구하여 이를 해결하고자 했다. 또한 이미 아시카가(足利)시대에 발생한 자력주의, 평등주의, 집단주의, 능력주의가 이 시기에 일본인 속에 정착하게 되었다.

2.12 서양문화, 기술의 유입

타네가시마(種子島, 큐슈의 남쪽에 위치한 섬)에 포르투갈선이 표착한 이후 포르투갈선은 일본에 철포, 담배, 노예, 식민지화를 가져왔다. 또 그때까지의 중국문화 일변도에서 서양문화를 가져옴으로써 일본인에게 충격을 주었다. 쇄국 후에도 일본에는 남만학의 학통은 계속되었으며 네덜란드와의 통상은 계속되었다. 따라서 德川시대의 일본에는 한자와 란학이 있었다. [31)]

이 시기는 서양의 상품수입도 적극적으로 이루어졌다. 토요토미 히데요시, 토쿠가와 이에야스는 물론 민간 상인도 생사, 면포수입에 적극적이었다. 1607년에 에도의 시중에 천주교회당이 있었고, 쿄토, 오사카 등의 도시에도 천주교회당이 있었다. 토쿠가와 이에야스는 큐슈 등 시코쿠(西國) 지방 다이묘의 경제력을 위험시하여 관동(關東)의 경제적 발전을 위해

31) 이는 당시 주자학 일변도였던 조선과는 크게 다른 점이었다.

에도를 무역중심지로 삼고자 하였고, 여기에 유럽의 영국과의 무역 등을 활용하고자 하였다.

스페인, 포르투갈이 신흥 후발국인 영국, 네덜란드 세력에 구축되어 점차 해상권을 잃고 후퇴하였으며, 양국은 결국 영국과 네덜란드와의 경쟁에서 패배하여 철수하였다. 일본은 토쿠가와 시대에 일관적으로 네덜란드와 우호관계를 유지하였고, 네덜란드 경유로 유럽학문, 정보를 도입하였다. 일본에는 한학과 난학(蘭學), 의학에는 한법과 란법이 있었다. 토쿠가와 이에야스는 유럽인을 가장 신뢰할 수 있는 상담역으로 삼고 있었다. 그는 항상 적극적으로 외국과의 통상을 추구했다. 1639년 이후 쇄국의 완성기에도 네덜란드와 조선과의 해외교섭, 명선의 입항은 허가되었다.

2.13 교육

이 시대 교육의 광범위한 보급이 이루어졌으며, 이것이 그 후 일본의 급속한 공업화를 지원하는 중요한 요인이었다고 할 수 있다.

(1) **막부의 학문소(學問所)**: 막부의 학교에서는 주로 유학이 연구되고 전수되었다. 유교는 사회질서, 예의작법, 통치자의 바람직한 상, 연장자나 윗사람에 대한 예절을 중시하는 사상이었다. 에도막부는 계급사회를 정당화하고 이를 지켜 나가기 위해 이데올로기로서 유교를 강력히 진흥시켰다. 막부의 학문소에서는 이외에도 네덜란드어, 서양기술(의학, 항행술, 군사기술 등)을 가르치는 곳도 있었다.

(2) **번교(藩校)**: 각 번도 젊은 사무라이를 교육하기 위해 학교를 설치하였다. 교과내용은 기본적으로 막부의 학교와 마찬가지로 유학이 그 중심을 차지하였다. 에도 말기가 되면 번교의 수업은 군사교련, 외국어 등 실천적인 과목이 증가했다. 번교 중에는 사무라이 이외 학생에게도 입학을 인정하는 곳도 있었으며, 번교는 메이지유신 이후 새로운 교육기관으로 변신한 곳이 많았다.

(3) 민간의 학문 숙(塾)(글방): 학자가 학교를 창설하여 학생을 모집했다. 선생의 전문분야에 따라 유학, 국학, 외국어(네덜란드어, 영어), 의학, 과학, 기술 등 다양했다. 에도 말기에, 메이지 초기 국가지도자 중 여기서 배출된 인재가 많았다.

(4) 테라고야(寺子屋): 지역의 아동에게 읽기, 쓰기, 계산을 가르치기 위한 사숙(私塾)으로 처음에는 지역의 독지가가 자선사업으로서 하는 것이 보통이었으나, 점차 수업료를 받는 직업적 경영이 되었다. 서민이 문자, 계산 학습의 필요성을 자각함에 따라 도시에서 농촌으로 전국적으로 보급되었으며, 국민의 문맹률을 낮추는데 크게 기여하였다.[32)]

32) 大野建一 (2005, 21-36)

3
chapter

메이지(明治) 시대의 경제

3.1 개항과 막부의 붕괴

(1) 에도시대의 쇄국정책

1639년 이후 에도막부는 일본인과 외국인의 접촉을 금지했다. 유일한 예외로 나가사키(長崎)의 테지마(手島, 작은 인공 섬)에서 막부 관리 하에 외국무역이 허가되었다. 조선, 류큐(오키나와)와의 외교관계는 계속되었고, 중국, 네덜란드 상인에게는 일본과의 무역이 허가되었다. 이 이외의 무역거래는 엄하게 금지되었고, 일본인이 외국에 도항하거나, 일본으로의 귀국은 금지되었다. 의학이나 과학 등 서양의 지식은 주로 네덜란드를 통해(주로 책, 물건 등) 도입되었다.

(2) 서양세력의 등장

18세기 말부터 일본과 무역을 희망하는 외국선이 빈번하게 나타났으나 막부는 이를 거부했다. 그러나 1840-1842년 아편전쟁으로 영국이 청을 굴복시키고, 청의 개국을 강제시키는 사건이 발생했다. 또한 1853년 미국의 페리가 인솔한 4척의 군함(黑船)이 에도 만에 침입하여 일본과의 통상을 요구하였다. 결국 막부는 미국의 강경자세에 굴복하여, 미일우호조약을 체결하고 시모다(下田)와 하코다테(箱館)의 개항을 약속했다.

그 후 많은 서양국가와 통상조약이 체결되었으며, 개국은 일본의 경제사회에 많은 변화를 초래하였다. 첫째, 외국인은 새로운 사상, 기술, 산업, 제도를 가져다주었다. 일본은 이를 급속히 흡수하였으나, 구미의 강력한 군사력에는 경계감을 가지고 있었다. 둘째, 생사, 차의 수출시장이 갑자기 등장함에 따라 이들 상품의 수요증가와 가격상승은 생산자인 농민에게 큰 이익을 가져다 주었다. 셋째, 부를 얻은 농민은 영국제 수입 衣料를 구입할 수 있게 되었다. 넷째, 요코하마 상인이라 불리는 새로운 상인층이 등장하였다. 그들은 국내생산자, 국내시장을 외국상인과 연결시키는 역할을 하였다. (외국상인은 국내여행의 자유가 없었고, 지정된 거류지에서만 활동할 수 있었다.) 다섯째, 개국으로 국내가격체계와 수요구조에 큰 변화가 발생함에 따라 인플레이션이 가속되어 무사와 도시민의 생활을 압박했다. 또 종래의 산지, 시장이 몰락하고 동시에 새로운 산지, 상인이 대두하였다.

(3) 막부제에서 왕정으로

개국 이후 무사 계급을 중심으로 하는 지식인 사이에 15년간 격렬한 정치투쟁이 계속되었다. 투쟁의 주요 주제는 개국을 인정할 것인가, 외국인 배척을 주장할 것인가, 천황을 지지하는가, 막부를 지지 하는가 등이었으며, 정치권력을 둘러싼 强藩간의 경쟁(특히, 사쓰마-長州간)이었다.

점차 서양을 힘으로 물리치는 것이 불가능하다는 인식이 확산되면서, 정치투쟁은 막부타도, 신정권 수립으로 가닥을 잡아갔고, 누가 주도권을 잡을 것인가의 문제로 수렴되었다. 1868년 소규모 내전(戊辰전쟁)으로 막부세력은 패배하고, 신정부가 성립되었으며 천황이 쿄토(京都)에서 에도(江戶)로 옮기고, 에도는 토쿄(東京)로 개명되었다.

3.2 메이지정부와 정책목표

(1) 메이지 정부의 수립과 정책목표

메이지 정부는 서일본의 사츠마(현재의 카고시마현의 남부), 죠슈(현재의 야마구치현), 토사(현재의 코치현), 히젠(현재의 사가현) 출신의 젊은 사무라이와 일부의 公家(귀족)에 의해 구상되고, 창설, 운영되었다. 신정부의 정통성 및 국가통합의 상징으로서 천황이 국가수장으로 추대되었다.

메이지 일본의 국가목표는 부국강병(富國强兵)이었다. 일본을 신속히 서양화, 근대화시켜 구미의 식민지 지배를 피하고, 독립을 유지하는 것이었다. 일본이 세계에서 뒤떨어진 후진농업국에 불과하다는 사실을 자각한 일본의 다음 목표는 가능한 한 빨리 1등국이 되는 것이었다.

메이지 정부는 부국강병을 이루기 위한 구체적 과제로 ① 경제의 근대화(식산흥업) ② 정치의 근대화(헌법과 의회의 설치) ③ 군사의 근대화(대외진출)라는 세 가지 정책목표를 내걸었다.

(2) 중앙집권적인 정치체제로 변화

메이지 시대의 정치가는 부국강병이라는 이와 같은 목표를 달성하는 방법이나 순서, 예를 들면 조선침략, 타이완 파병 문제 등과 같은 외교, 정치, 경제문제에 대해 자주 대립했다. 또 초기 메이지 정부에게 있어 급격한 개혁에 반대하는 보수 세력의 존재가 머리를 아프게 하는 문제였다. 특히 쌀 지급과 칼을 소지할 수 있는 권리를 박탈당한 무사 계급의 반발이 컸다. 그 뒤 무사 계급의 폐지와 쌀 지급 대신 그들에게 정부공채가 지급되었으나 실질가치는 인플레이션으로 급격히 하락하였다.

중앙집권제 구축을 위해 번(藩)이 폐지되고, 현(縣)이 설치(폐번치현)되었으며, 각 현은 중앙에서 파견한 지사에 의해 통치되었다. 세제도 그

때까지의 매년 쌀 수확고(혹은 그 평균)에 대한 과세에서 토지가격의 일정률에 과세하는 신토지 세제로 변경되었다.

(3) 대규모 서양시찰단의 파견

1871-1973년에 걸쳐 각료의 약 50%를 포함하는 107명(유학생 포함)의 정부파견단을 미국, 유럽에 파견하였다. 파견단의 목적은 첫째, 불평등조약의 개정을 위한 예비교섭과 둘째, 서양의 기술, 제도의 시찰이었다. 첫 번째 목적은 실현되지 못했으나, 두 번째 목적은 구미시찰로 크게 자극받았으며, 국가건설을 위한 많은 시사점을 얻을 수 있었다.

3.3 식산흥업[1)]

(1) 사절단의 주요 인사였던 오쿠보 토시미츠(大久保利通)는 서양의 기술과 산업에 감명을 받았다. 귀국 후 오쿠보는 재무장관(나중 내무장관)이 되어 식산흥업에 많은 노력을 경주하였다. 그의 정책으로서 외국인 고문의 고용, 국내박람회의 개최, 도로 및 철도의 건설, 농업연구소의 설치 등이 추진되었다. 제사, 조선, 군수, 광산 등의 분야에서 다수의 국영기업이 설립되었고, 신도량형, 서양력, 신화폐제도, 은행제도, 주식회사제도 등이 도입되었다.

(2) 대부분의 국영기업 경영은 적자였으나, 구미의 기계와 기술자를 채용한 신공장은 일본경제에 강한 전시효과(demonstration effect)를 미쳤다. 국영기업의 민영화가 이루어지고, 민영화된 많은 기업은 흑자로 전환하였다.

(3) 메이지 정부의 정책은 부정합적이고, 불안정한 면도 있었으나, 동정부는 국내 산업을 육성하여 외국기업을 구축하려는 강한 의지를 가지고 민간 기업을 크게 지원하였다. 그 결과 정부의 지원을 받은 비즈니스

1) 大野建一 (2005, 45)

그룹이 형성되었으며, 정치가와의 관계를 이용하여 사업을 확대하려는 정상(政商)과 재벌이 탄생하게 되었다.

(4) 재벌 중에는 에도시대의 호상(豪商)이 발전한 스미토모(住友)와 미쓰이(三井)도 있으나, 그 외 대부분은 메이지 시대에 새롭게 발생하였다. 미쓰비시(三菱), 코가(古河), 야스다(安田), 아사노(淺野) 등이 그 대표들이다.

3.4 외교정책

메이지 외교의 최대현안은 관세자주권과 치외법권 면에서 결함을 가진 구미와의 불평등조약을 개정하는 것이었다. 이를 위해서는 일본사회의 서양화를 추구할 필요가 있다고 생각했다. 관세자주권은 1899년 일부가 회복되었고, 1911년 완전히 회복되었다. 외국인 범죄자의 재판권도 1899년 경까지 단계적으로 회복되었다.

메이지 외교의 또 하나의 특징은 대외확장주의였다. 일본의 독립을 유지하고 구미의 개입으로부터 자국의 이익을 지키기 위해서는 주변에 이익선(利益線), 즉 일본의 세력이 미치는 지역을 확보해야 한다는 것이 당시 일본정부의 인식이었다. 당시 일본에게 있어 최대의 위협은 러시아의 東進이었고, 이익선 확보의 초점은 한반도였다. 일본정부는 조선의 개국을 강제하고, 조선을 자국의 영향 하에 두는 공작(조선의 정치에 개입, 청일전쟁을 통한 중국세력의 조선에서의 퇴출)을 시작하여 조선을 식민지화하였다.

3.5 메이지 시대의 공업화 개관

메이지 시대 공업화 과정의 특징으로 다음의 세 가지 점을 들 수 있다.

(1) 왕성한 민간 활력과 이를 지원하는 정책(공업화의 추진)
(2) 면공업의 수입대체 성공
(3) 근대부문과 재래부문의 병행적인 발전

(1)과 관련하여 메이지 시대의 중요 정책목표는 공업화의 추진이었다. 이를 실현하기 위해 정부는 인프라의 정비, 외국인 고문의 고용, 교육·훈련, 각종 연구소·국영기업의 설치, 산업박람회, 재벌지원 등의 시책을 추진했다. 이 시대 공업화 달성에 있어 중요한 것이 민간부문의 활력도입이었다. 위로는 시부자와(澁澤), 이와자키(岩崎), 고다이(五代) 등과 같은 비즈니스 리더가 새로운 일본경제를 구축했으며, 밑으로는 과거부터의 상인, 신흥 상인, 유능한 기술자, 직인, 부농, 지방의 명사 등 많은 사람이 일본 각지에서 신기술, 지식의 선도자로 활약했다.

(2)와 관련해서는 공업화를 위한 여러 가지 조건이 에도시대에 이미 준비되어 있었다는 점이 중요하다. 특히 통합된 국내시장, 운송·유통 시스템, 상인의 전통과 정신, 전국적인 교육의 보급, 여러 번의 산업육성의 경험 등이 중요하다.

예를 들면, 면공업은 당시 인도, 영국 등이 면제품의 중요 생산국이었으나, 면제품의 수입부터 시작한 일본이 20세기 초에는 면제품의 주요 수출국으로 성장하였다. 이 과정에서 기술의 도입과 산업의 수입대체, 수출화가 추진되었다.

(3)과 관련해서는 일본의 적극적인 서양기술 도입은 에도시대부터 내려온 전통적인 기술이 구축되어 사라지는 것을 의미하는 것은 아니었다.

많은 산업에서 전통적 생산방식은 근대적인 공장과 병존하였다. 근대공업과 재래공업은 차별화된 제품을 공급하는 식으로 시장을 차별화하였다. 한쪽의 생산물을 다른 쪽이 재료로 사용하는 수직적 관계, 혹은 신기술의 도입이 전통적인 생산방식에 영향을 주는 동시에 일본특유의 조건이 수입기술을 수정하는 경우도 있었다.

메이지 말기에는 경공업을 중심으로 일본의 공업이 크게 발전하였으나, 중화학, 기계공업은 아직 미숙한 단계였다.

메이지 시대의 경제 성장률은 상당히 불안정하였고, 연평균 2-3% 정도였다. 고용구조를 보면 메이지 초기 농업종사자가 70%를 넘는 농업국이었는데, 이 비율은 메이지 말기에도 약 60%를 기록하였다.

3.6 무역구조

먼저, 수출은 생사(生絲)가 가장 중요한 품목이었다. 이 외에 차, 해산물, 광산물, 석탄 등 1차 산품이 중요한 수출품이었으며, 일본산 생사의 최대 수입국은 미국이었다.

수입은 면공업의 수입대체 성공으로 커다란 패턴변화가 나타났다. 처음에 주된 수입품은 완성품 의류였으나, 점차 면사수입으로 이동하고, 마지막에는 원료인 면화로 이동하였다.

메이지 초기 일본의 무역구조는 생사 등 1차 산품을 구미에 수출하고, 완성품인 의류, 기계를 수입하는 수직적 무역이었다. 그러나 메이지 후기가 되면서 구미와는 수직적 무역이 중국, 한국, 인도 등 아시아 국가에 대해서는 면사, 면 의료, 성냥, 우산, 시계, 램프, 유리제품, 니트 등의 경공업 품을 수출하고 필요한 원재료를 수입하게 되었다.

3.7 메이지 시대의 주요산업

에도시대에 발달한 생사·면공업은 메이지 시대에도 주요산업으로 존속하였으며, 근대적 면공업, 기계산업, 조선, 전기기계 등이 메이지 시대에 새로운 산업으로 등장하였다.

(1) 생사

에도시대에 많은 번에는 특색 있는 고급 견포, 견직물의 산지가 있었다. 그 뒤 막말인 19세기 중엽에 무역이 본격화되면서 거대한 해외시장이 등장하였다. 생사생산이 크게 증가함에 따라 농촌의 소득이 증가하는 효과가 나타난 반면 농촌경제가 생사, 차 등 국제상품 시황에 크게 좌우되게 되었다.

한편, 외국인 상인은 지정된 거류지와 그 주변 지역을 넘어서 일본인과 접촉할 수 없었기 때문에 외국인 상인은 일본인의 개재를 필요로 했다. 이로 인해 새로운 상인층이 등장하였고, 이들은 생산자(산지)와 외국인 상인을 연결하는 역할을 했다.

또한 견산업의 생산수단과 생산조직에 변화가 나타났다. 수작업에서 기계제사로, 생산주체도 농가에서 대공장으로 변화했다. 생사는 막말 개항부터 20세기 중엽까지 일본 최대의 수출품이었고, 여기에서의 외화획득을 통해 일본의 공업화를 장기간 지원하는 역할을 했다.

(2) 재래의 면공업

면공업은 면화수확, 씨와 섬유의 분리, 방적(실), 직포(천), 의료봉제 공정으로 구성된다. 전통적 생산방식은 목제 기계와 가내노동에 의존하였으며 생산성이 낮고, 도매상인이 개재한 가내공업으로 조직되는 경우가 많았다. 상인이 원료, 도구를 농민에게 빌려준 후 제품을 사들이고, 수수료를 지불하는 형식으로 생산은 각 농민의 집에서 이루어졌다.

재래면공업이 영국제품의 수입공세 및 근대기술의 도입에도 불구하고 오랫동안 존속할 수 있었던 이유는 ① 면제품의 국내수요가 급속히 확대했기 때문에 일본제품의 시장도 동시에 확대하였고, ② 일본제와 영국제는 종류, 용도가 달라서 대체가 쉽지 않았기 때문이다.

국제통합의 충격은 생산의 재편성을 촉진했다. 면화재배에서 직포까지를 수직적으로 통합하는 생산자는 몰락하고, 수입면화를 사용하는 전문화된 생산자만 발전하였다. 새로운 환경에 대한 적응에는 유능한 상인의 존재가 결정적이었다. 메이지 말기가 되면 재래부문에도 기계(力織機)가 사용되었고, 서양제 기계의 철제부품을 목재로 하는 등 일본의 실정에 맞춘 수정도 이루어졌다.

(3) 근대적 면공업

메이지 초기에는 국내 면포생산 원료로서 대량의 면사를 수입하였다. 따라서 정부는 면사의 수입대체를 중요한 국가목표로 추진했다. 1870년대에 면사방적의 국영공장들이 건설되었으나 이익창출에는 실패했다. 이유는 자금부족과 효율적인 조업을 하기에는 너무 작은 규모였으며, 동력으로 장소, 시간적 제약이 있는 수력의 사용, 전문가의 부족 등에 있었다.

그 후 민간 기업가에 의한 방적회사 설립과 경영개선 등으로 인해 발달하였다. 일본의 방적업은 단기간에 수입대체를 완료하고, 본격적인 수출화 단계에 진입하였다.

근대적 면공업은 메이지 경제의 중요산업이었으나 몇 가지 문제에 직면하였다. 1900년 전후의 불황으로 근대적 방적공장의 수가 격감하였고 (1899년 78에서 1904년 49로), 소유와 경영간의 알력이 발생했다. 즉 유력상인과 구 다이묘 등으로 구성된 주주는 투자자금의 조기회수와 높은 자본회수에 관심이 큰 반면 기업을 실제 경영하는 관리자, 기술자는 사업의 장기적 발전을 절망하고 있었다.

(4) 기계산업

메이지 시대에 기계산업은 아직 취약하였으며, 국제경쟁력도 없었다. 일본제 기계는 구미 모델의 모방단계에 불과했고, made in Japan은 싸구려 물건의 대명사였다. 당시 일본은 외국기술과 수입기계에 크게 의존하고 있었으며, 수출은 거의 없었다.

초기에는 규모면, 기술면에서도 국유 군수(軍需)공장이 압도적으로 우세했으며, 기계 산업의 대부분을 차지했다. 군수공장은 정부예산으로 지원되므로 구미에서 최신의 기계 설비를 구입할 수 있었다. 이에 비해 민간 기업은 규모가 작고, 전근대적이었으며, 사용기계도 중고나 일본제였다.

그렇지만 민간제조업도 착실히 성장을 계속했다. 민간 공장에서 가장 큰 규모는 조선소, 철도차량 공장이었다. 중규모의 공장으로는 시바우라 제작소(현 토시바), 오키상회(현 오키전기), 일본전기(NEC) 등의 전기기계 분야였다. 보다 적은 민간공장은 다양한 부품, 기구를 제작하였다. 그러나 대공장과 원재료, 부품을 제작하는 중소공장과의 하청관계는 아직 보편화되지 않았다. 대공장은 대부분의 기계를 수입에 의존하고, 그 이외 기계나 부품은 자공장에서 내제했다. 국내기업으로부터의 조달은 미미했다.[2] 메이지 시대의 일본에서의 기반산업(supporting industry)은 아직 충분히 발달해 있지 않았다.

기술자는 공장 간을 빈번히 이동하는 것이 보통이었으며, 이것이 기술의 전파와 흡수에 공헌했다. 공업대학이나 고등공업학교 졸업생은 먼저 국영기업이나 민간 대기업에 취직하여 기술과 지식을 연마한 후 중소 민간 기업으로 옮기거나 자기 회사를 설립했다. 이렇게 하여 서양기술은 기계 산업 전체로 널리 보급되었다.

토쿄, 오사카 등에서는 대공장을 중심으로 하여 중소기업이 특정지역에 집중적으로 입지하게 되고, 점차 공업지대를 형성하게 되었다.

---

2) 오오노, 80

당시 일본의 경영자, 기술자는 퇴직, 이직도 많았고, 노동자도 장기관계보다는 보다 좋은 조건을 쫓아 자유롭게 이직하는 것이 보통이었다. 따라서 당시의 노동관계는 2차 대전 이후의 연공서열, 종신고용을 핵으로 하는 고용관계와는 전혀 다른 상황이었다.

대기업에서는 1차 대전 때부터 노동자의 한 기업에의 정착 필요성이 강해지면서 이를 위한 노력, 방안이 강구되기 시작했으며, 전시기(1937-45년)에 이러한 움직임이 강화되었다.

(5) 조선

조선소는 나가사키의 미쓰비시(三菱)조선소, 코베의 카와사키(川崎)조선소가 압도적인 지위를 차지했다. 이들은 모두 국영에서 민간에 불하(不下)된 민간 기업이었다. 조선소에게 있어서 초기에는 신함 건조보다는 수리가 더 많은 수입을 가져다주었다.

신함 건조의 경우는 약 절반이 민간고객 수요였으며, 나머지는 해군함정 건조와 중국, 태국 등에 대한 수출이었다. 일본정부는 700톤(후에 1,000톤) 이상 대형선의 건조에 보조금을 지원했고 이것이 조선업 발전에 커다란 역할을 했다. 메이지기에는 기반 산업이 취약했기 때문에 조선소는 대부분의 필요부품을 내제했다.

(6) 전기기계

주요 전기기계 기업은 군의 군수품 제작, 전화망 설치 등 국내수요와 관련하여 성장하였다. 그러나 수입품에 압도되어, 일본시장 진출을 시도하는 미국기업들과의 합작회사 설립 등을 통해 발전하였으며, 나중에 미국기업들과의 관계를 청산하고 독립하는 형태를 취했다. 대표적인 기업으로는 시바우라제작소, 일본전기, 오키전기 등이었다.

3.8 재정과 금융

(1) 청일, 러일전쟁과 전후(戰後) 경영

계속되는 군비확장과 철도건설, 제철소 건설, 전화망 부설, 대만경영, 도로 및 관개 등 인프라 건설(주로 지방정부), 교육투자(주로 지방정부) 등을 중심으로 한 적극재정의 계속으로 국제수지는 적자가 계속되고, 금 준비는 점차 상실되었다. 1차 대전 전의 일본은 거시경제의 악화가 계속되었다.

(2) 은행제도의 구축

근대적인 은행제도는 1882년 일본은행(중앙은행)의 창설로 그 기초가 마련되었다. 또 상업은행 이외에도 일본권업은행(1897년), 북해도 척식은행(1900년), 일본흥업은행(1902년), 농업은행(1898-1900년) 등 특수은행이 설립되었다.

일반적으로 메이지 시대 일본의 은행은 대중의 자금을 모아 산업에 융자하는 역할이 중심이었다.

(3) 저축의 동원

2차 대전에 이르기까지 산업투자의 최대 자금원은 민간기업 자신이었다. 즉 유보이윤, 기업가의 저축, 부유 상인의 자기자금 등을 원자로 하면서, 기업부문 내부의 자기금융, 주식회사 설립 등을 통해 자금이 공급되었다. 또 농업에서 비농업으로의 재정이전 메커니즘도 중요하다. 즉 농촌이 지불한 토지세(土地稅)가 다양한 공공사업, 보조금에 사용되었다. 그리고 외국저축은 중앙, 지방정부의 외채발행 경로를 통해 메이지 후기에는 상당히 중요한 역할을 했다.

4
chapter

전시(戰時)경제(중일전쟁, 태평양전쟁)와 1940년 체제

최근의 일본경제(산업, 기업, 제도 등)가 갖는 특징의 많은 부분은 1937~1945년의 전쟁기에 시작되었다고 평가된다. 이들 특징은 장기관계나 정부개입을 중요한 요소로 하고 있는데, 1930년대 후반부터 1940년대 초에 걸쳐 전시경제구축을 위해 정부가 도입한 제도, 관습에 유래하고 있다. 이 장에서 살펴보는 일본의 산업, 기업, 제도 등은 제2차 대전 후에도 상당한 부분이 그대로 남아 1950~1960년대의 고도 성장기에도 원활히 기능하였다. 이 체제는 고도성장의 핵심이며, 그 중요성의 인식 없이는 고도성장의 비밀을 해명할 수 없다. 이 장에서는 노구치 교수의 주장을 중심으로 중일전쟁, 태평양전쟁이라는 전시경제 시기에 형성되고, 고도성장기 이후 발전된 일본경제의 여러 특징을 살펴본다.

4.1 전시경제

(1) 전시(戰時)체제에서 발전한 일본의 산업

일본을 대표하는 많은 기업은 전시(戰時)에 성장했다. 현재에도 일본을 대표하는 산업으로서 자동차와 전기전자 산업을 들 수 있는데, 이 양대 업종의 많은 기업이 전시기에 설립되고 발전했다.

① 자동차

현재 일본에는 11사의 자동차(완성차) 회사가 있으나, 이중 전후에 발족한 회사는 혼다(HONDA)밖에 없다. 토요타, 닛산, 이스즈는 군용트럭 메이커로 시작하였고, 나머지 회사도 전시 중 군용기나, 전차생산에 종사하였던 기업이다. 전시체제에서 자동차 산업은 1918년 군부가 "군용자동차 보조법"을 제정하고 여러 가지 지원책을 시행하였으나 국산자동차는 발전하지 못했다. 승용차 분야에서는 포드, GM이 일본에 조립공장을 설립, 일본시장을 지배했다.

만주사변 이후 토요타자동직기가 자동차 생산에 착수하였고, 닛산자동차가 설립되었다. 1936년에는 "자동차 제조 사업법"이 제정되었다. 이 법률에 의해 일본기업에 대해 세제감면, 자금 조달 면에서 우대조치가 부여되었으며 외국산 차 수입관세의 인상과 수입제한, 미국자동차 회사의 축출이 이루어졌다.

② 전기기계

전기기계에서도 자동차의 경우에서와 같이 전시기에 많은 기업이 탄생했다. 히타치는 1930년대에 종합전기 메이커로 등장했고, 토시바도 1939년 종합전기 메이커가 되었다.

(2) 일본형 기업

일본에서도 2차 대전 전의 기업은 산업자금 조달에 있어서 주식에 의한 자금조달이 큰 비중을 차지하였고, 따라서 주주들에 대한 배당성향이 매우 높았다. 그러나 전시기에 이러한 체제가 크게 변화하여, 주주를 위한 이윤추구 보다는 종업원의 공동이익을 위한 조직으로 변화했다. 경영자의 내부 승진제, 평등주의나 현장주의 등도 일본기업의 특징으로 지적되며, 종업원의 운명공동체적 성격이 강하다. 일본기업의 특징으로 종신고용, 연공서열 임금과 기업별 노조로 대표되는 일본형 노사관행을 들 수 있다.

(3) 下請제도

일본제조업의 한 특징으로 하청제도가 널리 정착되어 있는 점을 들 수 있다. 원래 일본의 대기업은 부품까지를 자가생산하는 방식을 취했다. 그러나 전시기의 증산에 대응하기 위한 긴급조치로서 하청방식을 채용하게 되었다. 이는 대기업과 중소기업과의 관계를 강화함으로써 중소기업의 기술수준을 향상시키고, 중소기업이 안정된 수주를 받을 수 있도록 하기 위한 제도로 평가되고 있다. 1960년대 말 시점에서 토요타자동차에 부품을 납품하고 있는 자회사의 40%이상은 전시기에 하청관계가 형성되었다.

(4) 통제적 금융제도의 확립

① 1940년 체제 이전의 금융시스템

1940년 이전에는 산업자금 공급에 있어서 직접금융(증권형태에 의한 자금조달)의 비중이 높았으나 1927년 금융공황으로 자유로운 금융시장 체계가 붕괴되고, 1937년에는 중일전쟁을 계기로 금융의 통제도 강화되었다.

② 전시(戰時)금융통제

1937년 「임시자금조정법」에 의해 설비자금 배분의 통제가 실시되었다.

1939년 이후 국가가 은행에 대해 융자 등의 명령(군수산업 등에 대해)을 할 수 있도록 되었다. 이를 통해 국가가 자금의 배분을 통제할 수 있게 되었으며 전시기 소비와 관련된 경공업 비율이 저하된 반면 항공기산업 등 중화학공업 비율이 상승하였다.

특히 일본흥업은행 등 특수은행이 그 중심적인 역할을 하였는바 이는 산업(기업)지원, 수출 등의 특수목적을 위해서였다. 전후에 권업은행, 북해도 척식은행은 보통 은행화하였고, 이를 대신하여 일본장기신용은행, 일본개발은행, 일본수출입은행 등이 창설되었다.

(5) 1940년 체제의 확립-관료체제

메이지유신 이후 제국 대학령에 따라 동경제국대학이 설치되고 일본의 근대적 관료를 양성하기 위한 교육이 본격화되었다. 메이지정부 하에서 형성된 일본 관료제도는 고등문관시험에 합격한 고급관료집단을 중심으로 형성되었다. 이러한 고급관료집단에게 막대한 권한이 부여되었으며 일본의 근대화에 관련된 정책이 이들에게 위임되었다. 관료집단은 메이지정부가 목표로 설정했던 부국강병과 근대적 경제제도의 도입 및 발전에 일익을 담당하게 되었다. 특히 1918년 하라내각의 등장 이후 제국대학에서 근대적 교육을 받고 고등문관시험에 합격한 고급관료들이 정치전면에 등장하게 된다. 실제 1918~1945년까지 총 21명의 수상이 취임하였는바, 그 중에서 20명이 관료출신으로 분류된다.

1940년대에 접어들어 일본은 전시체제로 전환되었다. 전쟁수행을 위한 통제경제정책[1]은 관료조직의 권력을 증대시키는 결정적인 계기가 되었다. 그 중에서도 통제경제정책이 전쟁수행에서 중요한 국가정책으로 자리잡게 되어 경제 분야에서 관료조직의 정치권력은 급격하게 증가하게 되었다. 전전(戰前)시기의 일본 관료제는 관료의 중립성에 대한 이미지와 더불어 국가발전에 크게 공헌했다고 평가된다.

패망과 더불어 일본의 관료제도 크게 변화되었으나(전후민주화, 관료의

1) 일국의 경제활동에 대해 국가가 통제, 간섭하는 경제체제

신분상의 변화-새로이 성립된 국가공무원법) 정치가와 군인에 대한 공직 추방, 재벌의 해체로 인해 정치적 경쟁자가 없어진 상황에서 관료조직은 계속해서 권력을 유지할 수 있었다. 이러한 정치권력을 바탕으로 전후 복구시기는 물론 고도 성장기를 거치면서 일본의 경제성장과 국가발전에 크게 기여하게 되었다. 1980년대 중반까지 일본 관료제는 우수한 엘리트 집단으로서 행정의 중추를 담당하는 긍정적인 이미지가 우위를 차지하였고, 전후 후진적인 정치상황 속에서도 엘리트 관료에 의해 경제성장이 달성되었으며, 일본의 발전은 가능했다고 평가된다.2)

4.2 전후(戰後)개혁과 평가

1945년 8월 15일 일본의 항복으로 태평양전쟁이 끝나고 일본은 연합군의 점령하에 놓이게 되었다. 연합군 최고 사령관 맥아더(연합군 총사령부:GHQ)는 일본민주화를 위한 개혁을 실시하였다. 이하에서는 경제제도와 관련하여 시행된 주요 시책인 재벌해체, 노동자의 단결권 확립, 농지개혁을 중심으로 살펴본다.

(1) 재벌(財閥)해체

1945년부터 47년에 걸쳐 4대 재벌을 비롯한 재벌회사로부터의 자(子)회사, 손자(孫)회사의 분리, 재벌소유 주식의 처분, 인적지배망의 차단 등 이른바 재벌해체를 추진하였다. 이는 일본이 전쟁으로 돌입하게 된 큰 요인이 재벌기업에 있다고 보았기 때문이다.

일본에서 재벌이 형성된 것은 1900년 전후로 볼 수 있다. 재벌은 가족, 또는 동족에 의해 출자된 모회사(지주회사)를 중핵으로 하여 그것이 지배하고 있는 여러 기업(자회사)으로 하여금 다종의 산업을 경영하도록 하는 기업집단으로서, 대규모의 자회사는 각각의 산업부문에서 과점적인

2) 고선규, 일본 관료조직의 구조와 한계, 세종연구소, 2003. 9. 8

지위를 차지했다. 미쓰이(三井), 미쓰비시(三菱), 스미토모(住友), 야스다(安田) 등이 전전(戰前)의 대표적 재벌이다.[3)]

주식의 처분은 주식의 재 집중을 엄격히 방지하고 종업원이 우선 구입하도록 하여 주식이 대중에게 분산되도록 하였다. 주식은 분산되고, 동계 기업 간 주식보유 비율은 無에 가까운 수준으로 하락하였다. 그 결과, 주식보유를 기본으로 하는 종전의 기업 간 네트워크가 파괴되었고, 주식의 분산에 의한 경영권 불안이 발생했다. 이 두 가지 위기적 사태에 구 재벌계 기업이 대응하는 과정에서 전후의 새로운 기업집단이 만들어지는 계기가 되었다.

재벌해체, 독점금지 정책으로 인해 재벌가족, 재벌본사에 의한 직간접 통제력이 배제됨에 따라 계열기업은 각자 독립하여 독자의 자금조달, 기술개발, 판매활동이라는 기업본래의 경영활동을 회복하였으며, 산업집중도의 저하와 기업간 경쟁을 야기하는 기초여건이 마련되었다. 기업경영은 젊은 층이 주도하게 되었고, 재벌의 주식개방은 증권의 대중화를 유발하였다. 결론적으로 재벌해체, 독점금지정책은 조직, 자금, 경영자 등 기업을 구성하는 모든 조건의 변혁을 통해 혁신적, 적극적 기업 활동이 전개되는 기본조건이 정비되는 계기가 되었다.

(2) 노동조합

1945년12월에 노동조합법이 제정되고, 이에 따라 노동조합 결성의 자유, 단결의 권리가 공인되었다. 노동자의 권리는 신장되었고, 전전(戰前)의 저임금 구조가 변화하는 계기가 되었다. 이는 노동자의 노동조건, 특히 임금개선에 중요한 역할을 하였고, 임금의 상승은 국내소비시장을 확대하는 요인으로 작용하였다.

당초 노동조합 운동을 지지했던 GHQ(연합국 최고사령부)는 일방적으로 노동개혁을 추진하였고, 산업별 총파업 등에 대해 파업 중지령, 국가공무원의 동맹파업권 박탈 등 미국의 대일점령정책의 전환으로 노동운동

3) 상세는 미와 료이치(2002), 136-138을 참조

의 범위가 축소되었다. 이를 계기로 일본의 노동조합은 기업별 노동조합이 중심을 이루는 형태로 확립되었다.

(3) 농지개혁

부재지주의 소유농지와 일정면적을 넘는 농지보유가 모두 접수되어 실제 경작자에게 분배되었다. 토지의 양도가격은 아주 저렴했고, 극심한 인플레이션으로 실질가격은 무에 가까웠다. 지주제가 해체되고 농민은 자신의 소유가 된 농지로부터 발생한 수익을 모두 얻을 수 있게 되었다. 새로운 농업기술의 도입 등으로 생산성의 향상, 농가소득의 견실한 상승은 국내시장의 확대에 크게 기여하였다. 반면 토지가 효율적 경작의 한도를 넘어 세분화되었기 때문에 경제성 면에서는 약점이 있었고, 이 문제는 현재도 그대로 남아있다.

4.3 냉전(冷戰)으로 인한 점령정책의 방향전환[4)]

(1) 전쟁 종결 직후의 미국의 대일방침

미국이 일본을 점령한 목적은 무장해제와 잠재적 전쟁능력의 제거이며, 이를 통해 일본이 다시는 미국을 위협하는 일이 없도록 하려는 것이었다. 1943년 작성된 미국무성(후에 미국무부) 문서에 의하면 전후의 일본을 비군사화하는 방법으로서, ① 근대공업시설을 철거하고 외국무역을 차단하여 농업국으로 한다. ② 경공업을 허용, 외국무역의 재개도 인정하지만 중공업은 해체하고 해운업도 포기하도록 한다. ③ 군수공업을 해체하고 항공기 제조와 조선업을 금지한다라는 세 가지 정책을 검토하였다, 검토결과 ③의 정책이 타당하다는 판단이 기록에 남아있다. 그 후에도 철저한 구조변혁과 엄격한 규제가 필요하다는 강경론, 적절한 제도적인 변혁과

4) 이하는 미와 료이치(2002), 240~243을 참조

규제로 충분하다는 온건론이 대립하였다. 1945년 8월 31일 초기의 대일방침이 결정되고, 기본목적은 일본의 비군사화와 민주화에 두어졌다.

(2) 경제적 비군사화 정책

경제적 비군사화 정책으로서 일본경제에서 물적 전쟁능력의 제거, 군수공업의 해체를 실시했다. 그 주요 내용으로 군공창(군에서 필요한 장비, 옷 등을 가공생산 정비하는 곳), 군수공장의 병기제조용 특수공작기계를 폐기하고, 민수용으로 전환 가능한 공작기계, 설비는 철거되어 해외로 반출되었다.

다음으로 일반 공업의 생산능력을 소멸시키기 위해 평화 시의 필요량을 초과하는 기계, 설비를 실물배상으로 철거하는 정책이 입안되었다. 잠정적인 배상계획으로 ① 군공창, 항공기 공장, 베어링공장의 전부 ② 20개 조선소의 설비 ③ 공작기계 제조능력의 50% ④ 연산 250톤을 초과하는 철강생산 능력 ⑤ 화력발전소의 50% ⑥ 접촉법유산, 소다회, 가성소다, 마그네슘, 알루미늄 공장 등의 철거 등이었다.

이 배상계획은 강경론보다 더 엄격한 내용으로 이것이 실행되었다면 일본경제에 큰 악영향을 미쳤을 것이다. 여기에 배상철거후의 일본의 공업생산능력을 일정수준 이하에서 정지시키기 위한 전쟁능력 규제정책도 제기되었다. 즉 점령기간 중에는 제1차 군수산업(병기, 민간항공기, 5,000총톤 이상의 상선을 제조하는 산업)의 재건을 금지, 특정 군수산업(철강, 경금속, 공작기계, 조선, 석유정제, 합성석유, 합성고무)의 생산능력을 일정수준으로 규제하는 정책이 제안되었다.

만약 이러한 정책이 그대로 실현되었다면 일본경제는 상당한 타격을 받았을 것이나, 이 정책은 냉전체제 속에서 미국의 대일정책 전환에 따라 결국은 실현되지 않고 끝났다.

또한 침략 주의적 행동, 군국주의적 행동의 진원지를 일본경제에서 제거하는 정책으로서의 재벌해체, 농지개혁, 노동개혁은 위에서 살펴본 바와 같이 강력하게 추진되었다.

(3) 점령정책의 전환

미국의 대일점령정책이 1947년경부터 서서히 변화하여, 1948년 결정적인 전환이 이루어졌다. 그 배후에는 중국정세의 변화에서 시작된 냉전의 격화가 있었다. 아시아에서 유일한 일본의 공업력을 공산주의에 대한 방파제로 활용해야 하며, 따라서 일본의 경제재건을 도와야 한다는 방향으로 점령정책이 변화하였다(비군사화에서 경제부흥과 가벼운 정도의 군사화로 전환).

1951년 대일평화조약(샌프란시스코 강화조약)이 체결되고, 1952년 발효됨으로써 일본의 독립이 회복되었다. 연합군의 점령기는 끝나고 고도성장시대가 시작되었다.

4.4 경제성장의 엔진이 된 일본형 기업[5)]

(1) 종신고용, 연공서열

일본기업의 구조적인 특징으로서 종신고용과 연공서열(근속년수와 상관하여 임금이 결정) 임금을 축으로 한 고용관행을 들 수 있다. 이는 구미적인 기업이 직무단위로 고용과 해고를 하고, 직무에 대해 임금을 결정하는 것과는 매우 다르다.

(2) 기업별 노동조합

일본의 고용제도는 경제의 구조변화나 기술혁신에 의해 특정한 일이 불필요하게 되어도 屬人給과 기업별 노동조합으로 인해 기업 내에서의 직종전환에 의한 유연한 대응이 가능하다. 종업원은 새로운 기술에 대해 거부적 태도가 적고, 경영자가 새로운 기술의 도입을 둘러싼 노사분쟁에

5) 노구치(1996), 109-112를 참조

시달리는 일은 적었다. 또 노동력의 정착률이 높기 때문에 기업 내 훈련에 의해 새로운 일에 대응하여 생산성을 높일 수도 있었다.

(3) 공동체로서의 기업

일본의 기업에서는 자본과 경영의 분리가 진척되고, 주주대표로서의 외부 이사진이 거의 없다는 특징을 가진다. 따라서 회사의 경영진은 내부출신자로 구성되며 이러한 구조는 특히 대기업에서 현저하다. 전후 재벌해체로 자본가가 후퇴한 면도 있으나, 기본적으로는 전시 경제개혁의 결과이다.

이 제도 하에서 종업원은 기업에 충성을 다함으로써 기업 내에서 승진하고, 경영진에 올라갈 수도 있으며, 이러한 구조가 근로의욕을 북돋우었다.

기업은 종업원에 대해 여러 가지 복리후생 서비스를 제공하였고 이는 대기업의 경우에 현저하였다. 기업은 진료, 휴양시설, 독신자를 위한 기숙사, 가족용 사택 제공 등 종업원들의 생활 전체를 지원하며, 중소 영세기업, 농업 등도 조합 등의 공동체적 조직을 통해 유사한 서비스를 제공했다.

이와 같이 일본기업에서의 기업과 종업원간 관계는 일시적인 노동계약이 아니고 운명공동체적인 성격을 강하게 띠고 있다. 기업은 주주의 것이라는 의식은 거의 없고, 노사 쌍방이 기업을 공동물로써 협조적으로 지탱해 가려는 시스템이다.

4.5 금융통제에 의한 자원배분[6)]

(1) 간접금융방식의 자금공급

일본의 고도성장은 또한 높은 저축률에 의해 뒷받침된 풍부한 저축이 중요한 역할을 하였다. 여기서 중요한 것은 기업에 대한 자금공급이 간접금융방식으로 이루어졌다는 점이다. 1940년 체제에 의해 확립된 금융시스템이 자원을 성장분야에 배분하는데 중요한 역할을 했다.

(2) 統制된 자금의 흐름

자금의 흐름은 정부의 정책에 의해 강력히 통제되었다. 이로 인해 산업구조와 경제성장의 패턴이 영향을 받았다고 볼 수 있다. 구체적으로 첫째, 인위적인 저금리 정책에 의해 저금리 자금이 기간산업, 수출산업에 중점적으로 배분되었다. 둘째, 금융 쇄국 체제를 실시하여 자본의 외국유출을 막고, 산업자금의 외국으로부터의 조달을 통제했다.

4.6 산업정책과 생산자 중시

(1) 통상산업성(通商産業省) 역할[7)]

일반적으로 전후 일본의 경제성장이 통산성을 중심으로 실시된 산업정책에 의한 바가 크다는 믿음이 강하다. 이에 의하면 고도성장을 실현한 철강, 자동차, 전기기계 등은 산업정책 때문이라고 한다. 일본정부는 이들 전략산업을 선택하고 이에 대해 연구개발 보조, 세제상의 우대조치, 국내

6) 노구치(1996), 114-117을 참조

7) 상게서, 121을 참조

시장의 보호 등을 제공하여 육성해 왔다는 것이다.

이에 대해 여러 가지 견해가 있으나, 대체로 1950년대 전반까지는 통산성에 의한 외화할당이 기업에 강한 영향력을 가졌다. 특히 철강, 석유화학 등 원재료를 수입에 의존하는 산업에서 이러한 경향이 강했다. 그러나 그 이후 기간에 경제성장을 이끌어 간 것은 민간 기업이며, 통산성에 의한 산업정책은 아니었다. 물론 여러 가지 형태의 정부개입이 있었던 것은 사실이나 고도성장을 실현함에 있어 정부의 개입이 어느 정도 중요성을 가지는가는 의문이다. 경제학자들은 일반적으로 부정적인 견해를 가지고 있다.

(2) 관료의 역할[8)]

전후의 일본에서는 정부(관료)가 경제활동에 넓게 관여하였다. 그러나 그 역할은 전향적인 성장 촉진적 성격의 것이 아니라, 소극적인 마찰 조정적 성격의 것이었다. 즉 업계단체(조합) 등을 통해서 여러 가지 행정지도, 쇠퇴산업에 있어서 카르텔[9)]적인 경쟁제한, 농업이나 소규모 유통업 등의 저생산성 부문에 대해 참가제한, 가격규제 등의 경쟁제한적인 시책을 실시하고, 세제상의 우대조치, 정책금융, 재정적 보조금 등을 제공했다. 정부의 기본적인 역할은 경제성장에 수반하는 사회적 마찰을 최소화하기 위한 조정자에 그쳤다. 이러한 정부의 역할이 가지는 의미는 고도 성장기에 나타날 수 있는 불균형성장에 의한 소득격차, 소득격차의 확대를 어느 정도 저지하고, 이를 통해 사회적 긴장의 고조를 약화시키는 점에서 찾을 수 있다.

(3) 생산(자) 우선주의

생산 우선주의는 생산력의 증강이 모든 것에 우선해야 하며, 그것이 실현되면 여러 가지 문제가 해결된다는 생각으로 일본에서 전시기에는 물

8) 상게서, 134를 참조
9) 카르텔(cartel): 기업 상호 간의 경쟁의 제한이나 완화를 위해 동종, 유사산업 분야 간의 결성되는 기업결합형태

론 전후의 고도 성장기에도 이러한 생각이 지배적이었다. 수단이 목적으로 되고, 생산우선주의는 보편적인 가치관으로 굳어졌다.

이러한 사고는 '일이 모든 것에 우선한다'라고 하는 회사중심주의와 부합하며, 생산성 향상의 성과를 투자로 돌려 더욱 회사를 발전시킨다는 방침이 만연하였다. 노조도 과격한 임금인상 투쟁을 지양하였다.

모든 나라의 모든 시대의 정치시스템은 소비자의 이익 보다는 생산자의 이익을 중시하는 경향이 강하다. 냉전시대의 소련 등 사회주의 국가에서 일본을 방문한 시찰단이 일본이 자기들보다 더 사회주의 국가 같다는 감상을 토로했다고 하는데, 상기의 생산자 우선주의, 공동체로서의 회사주의 사고 등이 그와 같은 느낌을 들게 하지 않았을까 생각된다.

(4) 경쟁부정, 호송선단 방식

경제학의 이론에서는 생산에 관해서는 시장에서의 경쟁원리에 맡기고, 생활의 보장은 그것과는 별도의 사회보장에 의해 이루어져야 한다고 한다. 그러나 1940년 체제의 생각은 이것과는 다르며, 생산자에 대해서 생존권을 인정하자고 한다. 이는 생산조직이 사회의 기본단위가 되어있기 때문이다.

저(低)생산부문에 대한 정책도 생산자를 보호한다는 수법으로 행해졌다. 농업의 경우 농업이라는 산업에 종사하는 자를 지원한다는 관점에서 정책이 시행되었다. 유통업, 서비스업에 대해서도 이들 분야의 사람들, 가족을 일반적인 사회보장제도에 의해 보호하는 것이 아니고, 참가규제 등에 의해서 업종을 보호한다는 정책이 실시되었다. 팀워크와 성과의 평등배분이 중요시되고 경쟁은 부정되는 경향이 강했다.

금융행정에서의 호송선단방식도 예금자보호의 명목하에 실제로는 한계적인 금융기관의 존속을 가능하게 하는 정책이 시행되었다.

(5) 공생(共生)의 철학

일본에서는 기업과 근로자, 기업과 지역 등 각 경제주체가 더불어 살아

간다는 의식이 강하다. 구체적인 예로 1992년, 경제단체연합회[10]에 설치된 "공생에 관한 위원회"는 "기업과 지역사회, 기업과 소비자, 일본기업과 해외기업"간에 각각 공생이 필요하다고 주장하였다. 여기에는 이들 각 경제주체간의 단순한 협조나 조화를 넘는 특별한 의미를 갖고 있다. 기업이 공생에 의해서 장기간 생존해 간다는 기업의 생존권에 관한 독선적인 주장이 포함되어 있다.

이에 대한 비판으로서 다음과 같은 점을 주장할 수 있을 것이다. 즉 기업이 생존권을 주장하는 것은 자유주의 경제의 가장 기본적인 원칙에 대한 도전이다. 비효율적인 기업이나 소비자의 요구를 충족시키지 못하는 기업을 함께 존속시켜서는 안된다. 미국이 일본시장의 폐쇄성을 비판할 때 자주 예로 드는 것이 일본의 기업들이 협력해서 소비자를 희생시키고 있다는 점이다. 미국은 일본정가가 외국상품의 일본시장 진입을 막아서, 결과적으로 비효율적인 자국 기업을 지원하는 효과를 발생시키는 반면 자국 소비자의 이익을 감소시키고 있다고 비판하고 있다.

10) 경단련, 한국의 전경련과 같은 성격의 단체

5
chapter

전후경제와 고도경제성장

본 장에서는 1945년 패전 이후 약 10년간에 걸친 경제재건 과정에서 진행된 주요 경제개혁 조치와 1955년경부터 1970년대 초까지 고도경제성장기간에 나타난 일본경제의 변화과정을 개략적으로 살펴본다.

5.1 1945~1955년

이 기간은 일본경제가 패전 후의 경제부흥에서 고도성장으로 이행하는 과정이었다. 경제 성장률은 10%에 가까운 높은 수준을 유지하였으며 초기에는 소비 지출이, 후반에는 민간설비투자가 수요증가를 견인했다.

엔화가치는 1949년 1달러에 360엔으로 설정되었으며, 그 후 일본경제는 점차 개방체제로 이행하였다. 이에 따라 일본의 무역의존도는 상승하기 시작하였으며 1960년경에는 각국의 일본에 대한 무역자유화 요구가 본격화되었다.

이 기간 일본경제는 전시경제의 유산이었던 자재, 자금, 가격에 대한 정부통제가 철폐된 반면 조세특례조치, 외화할당제, 외자 및 외국기술의 도입규제, 정부 금융기관의 융자 등의 정부개입 수단이 그에 대체되었고, 戰前에 발생한 업계단체, 융자계열, 하청계열 등은 오히려 이시기에 발전했다.

또한 이 시기에 재벌해체(제4장 참조), 집중배제 조치가 취해지고 독점금지법이 제정되면서 시장경제의 기반이 정비되었다.

다음으로 1950년 6월25일 발발한 한국전쟁으로 UN군이 일본에서 군수물자와 서비스를 대량 조달함에 따라 대규모 特需가 발생했다. 그 규모는 초년에 엔화가치로 1,184억 엔(약 3억 2,890만 달러)에 달했으며, 1950년 국민총생산의 약 3%에 해당하는 규모였다. 2년째 特需 규모는 1951년도 (약 3억 1,560만 달러) 국민총생산의 약 2.1%를 차지했다.

한국전쟁특수의 의의로서는 첫째, 불황에 허덕이던 일본으로서는 산업생산의 확대, 개인소비지출의 증가를 유발했다. 둘째, UN군의 물자조달에 대한 비용이 주로 달러로 지불되었기 때문에 외화부족에 허덕이던 일본경제에 상당 규모의 외화수입을 가져다주었다. 셋째, 생산제한이 가해졌던 금속, 기계 분야의 생산이 재개되고, 수출이 증가하였으며, 미국의 대일정책이 일본의 비군사화에서 경제부흥, 어느 정도의 군사화가 허용되는 방향으로 전환되는 결정적 계기로 작용하였다.[1]

5.2 1955~1970년대 초(고도경제성장기)

1950년대 중반부터 70년대 초까지 약 20년간의 기간, GNP의 연평균 실질 성장률은 약 10%에 달했다. 이 시기 일본은 GNP규모에서 세계 2위의 경제대국이 되었다. 이 시기 일본경제 각 분야의 변화상황을 개략적으로 살펴보면 다음과 같다.

---

1) 미와 료이치(2002), 274-276

〈표 5-1〉 GNP의 국제비교

국 가	1955	1970	연평균 성장률
	10억엔	10억엔	%
일본(명목)	8,525	70,618	15.1
(실질)	12,859	56,454	10.4
미 국	143,280	315,540	6.2
서 독	15,283	66,659	10.3
영 국	13,220	*39,420	8.1
프 랑 스	17,712	*47,033	7.2
이탈리아	8,436	*29,845	9.4

*日本 p. 4.
*는 1969년. 일본의 실질GNP는 1965년 가격기준.
자료 : 미와 료이치(2002), 281쪽

(1) 생산능력의 확충

이 시기의 생산능력 확충이 어떻게 가능했는가를 살펴보면, 첫째 일본은 전쟁기간 중 구미와의 기술교류가 거의 두절되어 기술수준이 구미에 비해 크게 뒤떨어지고, 생산능력도 구미에 비해 크게 뒤떨어지게 되었다. 이를 만회하기 위해 일본은 외국으로부터의 기술도입을 적극적으로 추진했다(상세는 제13장 참조). 둘째, 양질의 노동력이 대거 공급되었다. 고도성장 이전의 일본은 현저한 노동력 과잉상태였으며, 불완전 취업자가 많았다. 또 인구구성이 젊었고 신규노동력의 증가도 왕성했다. 여기에 국민의 높은 교육수준과 근면성이 양질의 노동력을 양성하는데 기여했다. 셋째, 기업의 적극적인 투자를 들 수 있다. 1955~1975년 사이 자본스톡이 약 8배나 성장하였다. 당시 내외시장이 급속히 확대하는 상황에서 기업은 강한 성장기대를 가지고 적극적인 투자에 나섰으며, 확대가 예상되는 시장선점을 위해 각사가 경쟁적으로 기술도입, 설비확장을 실시했다.[2)]

2) 정진성 · 조성원(1999), 39쪽

(2) 수요측면

개인소비와 기업의 설비투자가 확대되었다. 개인소비지출은 1955년 1인당 11.8만 엔에서 1970년 35만 엔으로 약 3배나 확대하였다. 이 시기 일본은 식료비 비중은 축소된 반면 내구소비재 구입이 크게 증가하는 대중소비사회로 진입하였다.

또한 전시기의 공백을 메우기 위한 노후설비의 갱신, 신산업의 정착에 이르는 기술혁신이 활발히 이루어졌고, 이를 위해 막대한 설비투자가 투입되었다.

개인소비 확대와 설비투자 증대는 서로 연관되어 있는 바, 생산과 소비의 선순환적인 확대가 이루어졌다. 또한 수출도 크게 증가하여 고도성장기간 중 수출비중이 5%대에서 10%가까이 상승하였다.[3)]

(3) 국민생활

고도성장의 영향으로 개인소비가 TV, 전기냉장고, 전기세탁기 등 내구소비재에 대한 소비로 확대되었고, 자동차의 대중화가 추가되는 등 내구소비 붐이 나타났다. 일반소비재 부문, 쌀 소비는 감소한 반면, 인스턴트, 냉동식품이 등장하고 콘크리트 아파트 단지의 건설도 급증했다. 이 기간 중 이케다 내각의 국민소득배증 계획이 실시되었고, 전체적으로는 고도성장기이면서도 이와토 경기, 올림픽 경기 등 경기상승과 경기하락이 반복적으로 나타났다. 여기에는 외화부족에 의한 경상수지 악화와 정부당국의 금융긴축정책 등이 관련되었다.[4)]

(4) 신산업의 발전, 산업구조의 변화[5)]

전후 등장한 신산업의 대표적인 사례로 석유화학, 전자산업을 들 수 있다. 또 에너지 혁명이라 불리우는 일본의 주력 에너지원이 석탄에서 석유

---

3) 정진성 · 조성원(1999), 41
4) 정진성 · 조성원(1999), 42, 미와 료이치(2002), 282
5) 미와 료이치(2002), 288-290

로 전환되고, 석탄산업의 급격한 사양화가 진행되었다.

산업구조의 변화도 진행되어, 고도성장 과정에서 1차 산업의 비중이 대폭 감소한 반면, 2차 산업의 비중이 크게 증가하였다. 제조업에서는 중화학공업화가 진행되었고, 민수용 중화학 공업이 일본경제의 주력 산업이 되었다. 중화학공업 제품의 구성비는 1950년의 50%에서 1970년 67%로 증가하였고, 특히 전기와 수송기계의 비중이 크게 증가하였다.

(5) 무역구조[6)]

고도 성장기에는 수출입도 급증하였다. 이로 인해 일본의 세계시장 점유율이 크게 증가하였다(1970년 수출은 6.9%, 수입은 6.4%). 상품별 구성에서는 중화학공업 제품의 비중이 증가하였고, 지역별로는 북미비중이 증가했다. 무역수지 내용은 연료, 식료품을 수입에 크게 의존한 반면 기계류의 수출비중이 크게 증가하였다. 엔-달러 환율은 1949년 엔화가 달러당 360엔으로 설정된 후 당시의 고정환율제 하에서 1971년 12월까지 고정되어 있었고, 이것이 일본의 수출에 유리하게 작용했다.

(6) 국제적인 환경

이 시기 일본이 고도경제성장을 한 배경에는 세계경제 환경도 호조건으로 작용하였다. 첫째, 중화학공업화를 위한 원료자원, 에너지 자원이 저렴하였고, 안정적인 공급이 이루어졌다. 이것은 일본처럼 자원을 해외에 크게 의존하는 나라에게는 중요한 의미를 가진다. 둘째, 전 세계적으로 높은 경제 성장률이 유지되었고, 무역도 순조롭게 확대되었다. 1950년부터 1960년대 중반까지의 세계의 GDP 성장률은 약 5%였다.[7)] 특히 미국이 주도한 IMF, GATT체제(무역자유화)하에서 선진국의 고도성장, 무역자유화가 추진되었고, 이것이 일본과 같은 당시 개도국의 대선진국 수출확대를 촉진하는 역할을 했다.

---

6) 미와 료이치(2002), 291-293

7) 정진성, 조성원(1999), 40

(7) 대기업과 중소기업

고도성장의 주역인 대기업의 구조변화가 나타났다. 미쓰이, 미쓰비시, 스미토모, 후지(富士-舊安田) 등의 구재벌계와 산와(三和), 다이이치(第一)등 비재벌계 대형은행을 중심으로 한 새로운 기업집단이 형성되었다. (제10장 일본의 기업사회 참조)[8] 중소기업의 주요 활동무대가 중화학공업 분야로 이동하고, 중소기업이 대기업의 모공장과 직결된 계열, 하청생산제의 저변을 형성하게 되었다.[9]

농업에서는 농업인구의 감소와 생산성의 향상, 겸업농가화가 진행되었다.

(8) 산업정책[10]

이 시기 수입제한, 외자의 진입 규제 등 보호정책이 추진되었고, 전략산업에 대한 과세감면 정책, 자금 공급, 관련 분야의 중소기업 육성 및 기술혁신 추진 등 산업육성정책이 실시되었다. 컴퓨터의 국산화 등에 대한 국내연구에 대해 보조금 지급, 자금융자. 기계공업진흥임시조치법(1956년 공포) 등을 예로 들 수 있다. 또한 이 과정에서 나타나는 불황산업의 원활한 정리정책도 추진되었다(상세는 11.2 산업정책 참조).

5.3 석유위기 발생과 산업구조의 변화(1970-1980년대)

(1) 석유위기 발생에 따른 석유가격 급등과 성장률의 둔화

1973년 10월에 제4차 중동전쟁이 발발하면서, OAPEC(아랍석유수출국기구)은 미국 및 비우호국에 대한 공급제한을 선언함으로써 석유가격이

8) 미와 료이치(2002), 294-295
9) 미와 료이치(2002), 296
10) 미와 료이치(2002), 298-300

폭등하기 시작했다. 이에 영향을 받아 1차상품의 국제가격도 상승하였고, 결국 자원가격의 상승은 모든 상품, 서비스의 생산 비용 인상에 영향을 미쳤다. 특히 석유를 원료로 하거나 에너지원으로 하는 산업의 경쟁력을 약화시켰다. 이러한 산업이 일본의 고도성장을 견인하던 부분이었기 때문에 석유위기는 일본의 고도경제성장을 종식시키는 원인이 되었다.

또한 기업의 적극적인 성장 마인드가 소멸되었고, 국내수요도 크게 하락했다. 기업은 방대한 유휴설비의 부담을 안게 되었다.

노동력의 공급 측면에서도 중요한 변화가 나타났다. 1970년대 전반에 노동수급이 핍박하고, 임금수준이 상승했다.

국내수요의 증가 둔화로 기업은 이를 수출로 만회하려는 움직임이 커졌고, 수출의 증가는 국제무역마찰을 야기 시키는 배경이 되었다. 경제 성장률은 고도성장기의 연평균 10%대에서 3~5%의 낮은 성장으로 이행했다.

(2) 산업구조의 변화 11)

석유위기의 발생은 일본의 산업구조에 커다란 변화를 초래했다. 산업구조의 변화를 정리하면, 첫째, 석유가격의 급등으로 에너지 다소비형인 기초소재산업은 생산의 장기 정체가 발생한 반면, 에너지 소소비형 산업인 가공 조립산업은 석유가격 상승의 영향이 적었다. 후자의 산업에는 로봇, NC공작기계 등의 도입으로 생산성, 품질의 향상과 제품개량이 진척되고 국내수요 확대로 생산이 크게 확대되었다.

둘째, 석유가격의 급등으로 성에너지화(에너지 절약)가 산업계의 최대 과제가 되었으며, 이로 인해 전자기술이 급속하게 향상되고 반도체의 기술진보로 인한 IC집적도의 비약적인 향상, 소형화가 빠르게 진행되었다. 또 IC가 모든 산업분야에 쓰이면서 소위 ME(micro electronics)혁명이 진전되었다. 이로 인해 전자산업의 생산액은 1966년 1조 엔에서 1981년 10조 엔으로 급증하여 전자산업이 자동차에 이어 매출액 2위의 산업으로 부상하였다.

11) 임천석(1997), 23-27, 82

셋째, 기계분야에서도 공작기계와 연결된 고성능이며, 다양한 기능을 가진 NC(자동제어)공작기계, 산업용 로봇, MC(머시닝 센터), CAD-CAM(컴퓨터에 의한 설계, 제조)이 등장하는 등 공정에 일대 혁명을 초래하였다. 사무분야에서도 워드프로세서, PC, 팩시밀리 등 전자기기 도입, 성력화, 사무자동화가 진행되었다. 이 이외에도 ME기술은 시계, 카메라, 가전제품, 의료기기, 자동차, 장난감 등 거의 모든 제품에 새로운 기능을 부가시키고 품질향상을 초래하였다.

그 결과 1980년대 일본 가공산업의 국제경쟁력이 세계최고 수준에 도달하였으며, 그중에서도 전자산업이 일본의 주력산업의 자리를 확고히 차지하게 되었다.

〈표 5-2〉 일본의 제조업 부문별 산출구성비의 추이

(단위: %)

구 분	1955	1960	1965	1970	1975	1980	1985	1990
음식료품	24.19	17.02	14.35	10.12	12.10	9.92	11.26	9.57
섬유·의복	9.99	8.37	6.91	5.09	5.02	3.61	2.79	2.10
펄프·지류	4.06	4.30	4.32	3.70	3.34	3.32	2.92	2.72
화학제품	8.91	8.55	8.98	8.69	7.98	8.47	8.19	8.01
석유·석탄	4.08	5.47	7.04	8.24	6.59	7.09	5.59	4.44
요업·토석	3.04	3.28	3.64	4.38	3.44	3.40	2.98	2.75
1차금속	14.81	16.67	15.52	17.12	16.71	17.08	12.31	10.48
금속제품	2.29	2.71	3.42	4.73	3.85	3.59	3.89	4.11
일반기계	3.30	5.52	5.55	8.10	8.32	9.55	10.71	11.39
전기기계	2.09	4.62	4.25	5.96	7.48	9.47	13.49	17.68
운송기계	3.76	5.64	7.29	8.52	11.64	10.85	11.73	12.82
정밀기계	0.58	0.08	0.96	1.00	1.13	1.41	1.48	1.37
기타제품	18.90	17.04	17.76	14.35	12.39	12.25	12.66	12.55
합계	100.0	100.0	100.0	100.0	100.0	100.0	100.0	100.0
생활관련	56.12	45.71	42.66	33.94	32.94	29.17	29.69	26.97
기초소재	34.15	37.71	39.28	42.48	38.47	39.54	32.90	29.77
가공·조립	9.73	16.59	18.06	23.58	28.58	31.29	37.41	43.26

〈표 5-3〉 매출액 순위 주요 산업의 변화추세

(1950년)

순위	사 명	업 종	매 상 고 (백만엔)	순 이 익 (백만엔)
1	東洋紡績	섬유	41.413	2,167
2	八幡製鐵	철강	36,272	1,805
3	富士製鐵	철강	27,656	1,212
4	鐘淵紡績	섬유	23,851	893
5	三井鑛山	광업	22,894	152
6	日本鋼管	철강	22,877	307
7	大日本紡績	섬유	21,447	1,445
8	三菱鑛業	광업	21,399	△597
9	吳羽紡績	섬유	15,865	1,842
10	川埼製鐵	철강	15,544	1,162

(1960년)

순위	사 명	업 종	매 상 고 (백만엔)	순 이 익 (백만엔)
1	日立製作所	전기	205,838	9,113
2	八幡製鐵	철강	204,437	17,151
3	東京芝浦電氣	전기	260,839	7,650
4	富士製鐵	철강	148,783	14,517
5	日本鋼管	철강	116,123	8,666
6	日本石油	석유	107,707	2,946
7	松下電氣産業	전기	105,476	5,742
8	도요타自動車工業	운송용기기	102,680	7,871
9	新三菱重工業	운송용기기	102,237	3,735
10	三菱鑛業	전기	101,767	4,882

(1972)

순위	사 명	업 종	매상고 (백만엔)	순이익 (백만엔)
1	新日本製鐵	철강	1,237,781	14,647
2	도요타自動車工業	자동차	1,126,133	57,013
3	日産自動車	자동차	1,091,970	41,149
4	松下電氣産業	전기	854,305	46,401
5	日立製作所	전기	816,902	23,327
6	미쯔비시重工業	조선	731,529	14,239
7	日本鋼管	철강	643,484	7,746
8	東京芝浦電氣	전기	609,172	9,060
9	日本石油	석유	538,133	5,721
10	住友金屬工業	철강	446,893	4,998

(1990년)

순위	사 명	업 종	매상고 (백만엔)	순이익 (백만엔)
1	도요타自動車工業	자동차	7,998,050	360,803
2	松下電氣産業	전기	4,248,760	145,039
3	日産自動車	자동차	4,005,550	85,377
4	日立製作所	전기	3,525,254	220,841
5	東芝	전기	3,060,886	96,865
6	日本電氣	전기	2,760,682	74,895
7	本田技研	자동차	2,748,863	53,224
8	新日本製鐵	철강	2,573,116	97,054
9	미쯔비시電氣	전기	2,387,828	135,331
10	마쓰다	자동차	2,045,567	56,581

자료 : 임천석(1997), 25-28

6
chapter

평성(平成)호경기와 장기불황 및 경제구조 변화

일본경제는 1980년대 중반 이후부터 1990년경까지 주가, 지가 상승 등 자산 가치 급등에 의한 개인소비, 기업의 투자확대가 호경기를 가져왔으나, 1991년 이후 2000년대 초까지 장기 경기침체로 돌아섰다. 그 직접적인 요인은 정부의 금리인상, 재정지출의 삭감을 통한 긴축정책으로, 주가, 지가가 급락하였으며, 이것이 관련업계의 업적부진과 개인소비, 설비투자, 주택건설을 위축시켰다. 이 기간 중 기업의 해외투자가 확대되고 산업구조의 변화도 진행되었다.

6.1 평성 호경기와 버블경제

(1) 54개월간 지속된 평성 호경기(1986. 12-1991. 6)

1980년대 전반에 저성장기를 경험한 일본경제는 1980년대 중반이후 기업의 설비투자 및 민간 주택건설 투자가 확대되기 시작하였고, 투자 붐에 따라 취업률이 증가하고 여기에 저성장기의 수요억제의 반동이 겹치면서 개인소비도 크게 증가하기 시작했다.

1987년부터의 본격적인 경기확대를 계기로 이러한 추세는 더욱 가속되었는 바, 기업은 인력부족에 대응하기 위해 성력화, 합리화 투자를 중심으로 설비투자를 더욱 확대시켰으며 주택건설도 크게 확대되었다. 한편, 주가, 지가의 상승으로 이의 대량보유계층인 개인기업, 고소득 근로자의 자산증식 효과가 나타나고 엔화의 평가절상과 저유가에 의한 물가상승 억제가 개인의 실질소득을 증가시키면서 개인소비는 더욱 확대되었다.

경기확대를 반영하여 1985-1987년의 실질 경제성장률은 4.0%, 1988-91년은 5.3%를 기록하였는데, 특히 1988-1991년 기간의 경제성장률은 연평균 3-4%인 잠재성장률을 크게 웃도는 수준이었다.

〈표 6-1〉 일본의 실질 GDP 성장률

연도	1981	1982	1983	1984	1985	1986	1987	1988	1989	1990	연평균
GDP성장률	2.9	2.8	1.6	3.1	5.1	3.0	3.8	6.8	5.3	5.2	4.0

연도	1991	1992	1993	1994	1995	1996	1997	1998	1999	2000	2001	연평균
GDP성장률	3.4	1.0	0.2	1.1	1.9	2.6	1.4	-1.8	-0.2	2.9	0.4	1.4

연도	2002	2003	2004	2005	2006
GDP성장률	0.1	1.8	2.3	2.7	1.7

주 : 1981~1994년은 구 기준방식이며 1995년 이후는 연쇄방식에 의함.

(2) 자산 가치 급등에 의한 장기호황

1987년경부터 시작된 일본의 호경기는 공급, 수요의 양 측면에서 실물경제 측면의 확대와 주가 및 지가상승으로 야기된 거품이 상호작용을 일으켜 지속되었던 것으로 볼 수 있다.

먼저 공급 측에 영향을 준 요인으로서는 금리하락에 의한 금융정책의 효과를 들 수 있다. 1985년 9월의 플라자합의 이후 급격한 엔고의 진행으로 기업의 수출부진을 우려한 일본정부는 1986년 1월부터 공정할인율의 인하를 시작하여 1987년 2월에는 2.5%라는 사상 최저수준을 기록하였다. 이것이 기업의 설비투자, 민간의 주택건설을 크게 촉진하였다.

한편, 정부의 공공투자 지출의 확대, 민간수요의 확대에 의한 기업의 수익개선, 금리하락으로 시중자금이 주식시장으로 몰리면서 주식시장은 활황을 띠게 되었다.

주식시장의 활황을 배경으로 대기업들은 주식시장에서 거액의 자금조달이 용이하게 되었으며, 이러한 자금들이 주식, 토지 등에 투자됨으로써 주가와 지가의 급등현상이 일어났다.

한편, 주가, 지가 급등에 따른 기업의 자산 가치 증대는 은행에서 거액의 자금조달(차입)을 가능하게 하여, 주식시장과 자산 가치 증대를 통해 손쉽게 조달된 자금으로 인해 기업의 설비투자가 급격하게 확대되었다. 지가 급등으로 토지보유 개인의 재산세 부담이 커지면서 이것이 재산세 부담에서 유리한 임대주택 건축열을 자극하여 주택건설도 급증했다.

수요측면에서는 개인소비가 크게 증가했다. 1987년 경기회복 초기에는 주식, 토지의 보유비율이 높은 자영업, 고소득 근로자 세대가 주가, 지가 상승으로 인한 자산증식 효과로 인해 개인소비 수요를 주도했다. 그 이후에는 경기회복에 의한 취업인구 증가, 엔화절상과 저유가에 의한 낮은 물가상승이 개인(근로자)의 실질소득을 증가시킴에 따라, 근로자 소득증가가 개인소비 증가의 주류를 이루었다.

6.2 버블의 붕괴

장기간의 호황에 따른 인건비 상승, 지가상승 등 요소가격의 상승 등에 의한 경기과열을 염려한 일본정부는 금리인상, 재정지출 축소 등의 긴축정책을 실시하였다.

① 공정할인율의 인상

일본은행은 1989년 5월 공정할인율을 0.75% 인상했고, 10월과 12월에도 각각 0.5%씩 인상하여 정책기조를 긴축으로 전환했다. 1990년에도 3월, 8월에 금리인상을 실시했고, 공정할인율은 8년 만에 6%로 상승했다.

② 주가의 하락

주가는 1990년대 초부터 하락세로 반전하여, 10월에는 일경평균주가 2만 엔선이 무너졌다. 일경평균주가는 1992년 8월 14,309엔으로 1989년 말에 비해 63%나 하락했다. 그 결과 동경증권거래소 제1부 상장기업의 주식시가 총액은 1988년의 490조 엔에서 1991년 약304조 엔으로 하락했다.

③ 지가의 하락

지가의 상승을 막기 위해 1990년 4월부터 금융기관의 부동산 융자에 대해 규제가 실시되었으며, 그 결과 지가는 1990년을 정점으로 급속하게 하락하기 시작했다. 토지가액은 1990년의 2,419조 엔에서 1992년 2,002조 엔으로 하락했다.

6.3 금융시스템의 동요

주가, 지가하락에 의한 개인자산의 감소는 개인의 소비성향 하락과 소비지출 증가에 급제동을 거는 작용을 했다. 재테크에 열중하던 기업을 포함한 많은 기업에서 보유자산의 평가차손이 발생하여 재무상황이 악화되었다. 또 기업의 채무상환 능력 약화로 금융기관은 거액의 부실채권을 떠안게 되었다.

대장성 통계에 따르면 주요은행(도시, 장기신용, 신탁은행)의 부실채권은 1992년말 8조엔, 1993년 3월말 12.7조 엔으로 증가하였고, 회수불능의 부실채권도 계속 증가했다. 지역은행과 협동조직금융기관(신용금고, 신용조합)분을 포함한 부실채권액은 1999년 3월말 현재 20.2조 엔으로 추산된다.

금융기관의 파산이 계속되면서 지방의 소규모 금융기관, 논뱅크(은행 이외의 금융회사), 신용조합의 파산이 발생했고, 1995년에는 제2지방은행이나, 주택금융전문회사 7사의 파산으로 이어졌다. 1997년 닛산생명보험(4월), 산요증권(11월), 홋카이도척식은행(11월), 야마이치증권(11월) 등의 파산이 계속되었다. 1998년 10월에는 일본장기신용은행이 파산하여 국가의 공적관리를 받게 되었고, 리스회사, 제2지방은행의 파산이 다발했다. 2000년에는 다이이치(第一)화재해상보험 외 3개 보험회사의 파산이 발생했다.

금융기관의 연이은 파산은 금융시스템의 건전한 운영을 곤란하게 했다. 일본은행은 특별융자를 실시했고, 내각에 금융재생위원회가 설치되고, 1999년 4월에는 정리회수 기구(주택금융채권관리기구와 정리회수기구가 합병)가 발족했다.

1996년 11월에는 하시모토 수상이 일본의 금융제도의 자유화, 공정성, 글로벌화를 지향하는 금융 빅뱅의 구체안을 제시하였다. 그 주요 내용은 1997년 금융지주회사 설립, 1999년 보통은행의 사채발행, 1999년 주식매매위탁수수료 자유화, 1898년 외환거래자유화, 1999년 손해 보험료율의 자유화, 시가회계의 도입 등이었다.

일본의 대표적 금융기관의 재편도 일어났는데, 미쓰비시 토쿄 파이낸셜 그룹, 미즈호 홀딩스, UFJ홀딩스, 리소나홀딩스, 미쓰이스미토모 그룹 등으로 재편되었다.

6.4 개인소비와 투자의 감퇴

버블의 붕괴로 개인소비가 크게 감소했다. 역자산 효과와 함께 가계수입의 정체와 장래에 대한 불안이 개인소비를 둔화시킨 주요인 이었다. 소득이 정체되는 가운데 가계 저축률은 상승하는 경향을 보였다. 이는 장래에 대한 불안이 현재의 소득을 소비보다 저축으로 이끌었기 때문이다.

설비투자도 얼어붙었다. 설비과잉과 장래에 대한 기업의 기대가 위축되어 설비투자에 소극적이었으며, 부실채권을 떠안은 금융기관이 중소기업에 대한 융자에 소극적이고, 엄격한 채권회수에 나섰기 때문에 중소기업의 투자도 크게 위축되었다.

즉 기업의 설비투자 자제, 종업원의 고용과 임금불안이 가계소비 위축을 가져오는 악순환이 시작되었다. 개인소비와 민간설비투자도 위축됨으로서 내수중심형 성장은 기대하기 어렵게 되었다.

〈표 6-2〉 국내총지출의 증감률

	1958→1990년	1990→1995년	1995→2000년
민간소비지출	23.6	11.5	5.0
정부소비지출	18.2	17.3	16.1
국내고정자본형성	52.1	-4.5	5.9
민간설비투자	65.1	-18.0	21.8
민간주택건설	55.8	-9.9	-0.2
정부자본형성	20.8	41.0	-9.7
재고품 증가	18.7	-3.9	-180.0
수출 등	16.1	16.5	31.8
수입 등 (공재)	69.9	17.7	20.5
국내총지출	27.1	7.2	7.3

자료 : 미와료이치(2002), 324(07. 7. 27)

6.5 경제성장률의 저하

버블 붕괴 후 일본경제의 성장률이 크게 악화되었다(앞의 일본의 GDP 성장률 참조). 미국 등 다른 선진국과 비교해서 양호했던 경제성장률은 사라지고, 1990년대의 경기순환에서는 2차 대전 후 13번의 경기순환 가운데 가장 긴 후퇴국면을 나타냈고, 확장국면도 기간은 길었지만 호황감을 느낄 정도의 경기상승은 아니었다. 1997년의 경기상승세도 하시모토 내각의 긴축재정, 소비세 세율 인상(1989년 4월 도입, 3%에서 1997년 4월 5%)으로 그 기세가 꺾였다. 1998년에는 마이너스 성장을 기록했고, 2001년에도 마이너스 성장을 기록했다. 전체적으로 볼 때 버블붕괴 이후 일본경제는 장기 불황의 계속된 시기라고 할 수 있다(평성불황).

6.6 해외시장으로

국내시장의 정체는 기업의 관심과 기대를 해외시장으로 돌리게 했다. 수출에 큰 영향을 미치는 환율은 1990년대 전반에는 엔고추세가 계속되었으나 1995년부터 1998년까지 엔 약세로 돌아섰고, 이에 힘입어 일본의 수출이 증가하였다.

제품수출의 증가와 함께 고도성장이 계속되는 중국 등에 대한 해외직접투자도 확대되었다. 1980년대 일본의 해외직접투자 증가는 1985년의 플라자합의에 의한 엔고와 미국, 유럽 등 선진국의 보호주의 및 EC통합 등 지역주의에 대한 대응 등이 주요 요인이었다. 이에 대해 1990년대 이후 일본의 불황 시에는 고도성장이 계속되는 중국, 아세안 등에 대한 해외직접투자가 확대되었고, 이들 지역에 대한 투자 목적도 저임금 노동력을 활용한 생산비용의 절하 등과 같은 목적에 추가하여 현지시장에 대한 판매 확대 등을 위한 투자가 증가하였다.[1)]

1) 예를 들면 중국에 대한 직접투자 이유로서 1980년대에는 저렴한 노동력 이용이 압도적이었으나, 최근의 여러 조사에서는 중국을 유망한 투자지역으로 보는 이유로서 현지시장의 안정성(판매)이 저렴한 노동력 이용보다 더 큰 것으로 나타나고 있다(국제협력은행 조사).

6.7 산업구조의 변화

일본산업의 구조적 특징으로서 공업원료를 제외한 원자재, 부품 등의 국내조달 비율이 높고, 도쿄(東京) 오타구, 히가시(東) 오사카로 대표되는 많은 산업집적지(산업 클러스터)가 전국 각지에 형성되어 있다는 점을 들 수 있다. 또 일반기계, 전기기기, 수송용기기 등과 같은 광의의 기계 산업의 비중이 높다.[2)]

그러나 최근에는 기계업종을 중심으로 제조업 분야 기업의 해외이전이 증가함에 따라 산업에서의 제조업 비율이 감소하는 반면 서비스업 비율은 증가하고 있다. 또 제조업 중에서 차지하는 기계업종의 비중도 하락하고 있는 것으로 추측된다. 기업금융공고종합연구소의 조사에 의하면 제조업 비율은 1981년 25.0%에서 2001년 18.5%로 감소한 반면, 서비스업 비율은 1981년 20.5%에서 2001년 29.3%로 증가하였다.

또 기업의 해외생산 비율이 증가하고 있다. 2002년 현재 제조업 전체의 해외생산비율은 17.1%이고, 해외진출 기업을 기준으로 보면 해외생산비율이 41%로 나타났다. 이와 같은 기업의 해외이전 확대로 일본 내 제조업 기업수의 감소가 진행되고 있는데, 특히 섬유, 목재 및 목제품, 가구 및 장비품 등 경공업 분야 기업의 감소가 현저하다.

한편, 고용 면에서도 커다란 변화가 나타나고 있다. 1991년에서 2000년 기간 중 기업의 해외이전 증가의 결과 국내제조업 취업자 수는 220만 명 감소한 반면, 해외현지법인 고용 종업원 수는 1991년 236만 명에서 2000년 324만 명으로 증가하였다.

2) 이에 관한 자세한 설명은 Ⅲ장. 일본의 산업을 참조할 것

7
chapter

최근의 일본경제

일본경제는 2002년 1월을 저점으로 하여 2006년 11월 시점에서 59개월간 확장국면이 계속되고 있으며, 1960년대 후반의 고도성장기(이자나기 경기)를 넘는 전후 최장의 확장국면이다.

〈표 7-1〉 일본 경기순환의 개요(1951~2006)

	저점	정점	저점	기간(개월)		
				확장	후퇴	전 순환
제1순환		1951년 6월	1951년 10월		4	
제2순환	1951년 10월	1954년 1월	1954년 11월	27	10	37
제3순환	1954년 11월	1957년 6월	1958년 6월	31	12	43
제4순환	1958년 6월	1961년 12월	1962년 10월	42	10	52
제5순환	1962년 10월	1964년 10월	1965년 10월	24	12	36
제6순환	1965년 10월	1970년 7월	1971년 12월	57	17	74
제7순환	1971년 12월	1973년 11월	1975년 3월	23	16	39
제8순환	1975년 3월	1977년 1월	1977년 10월	22	9	31
제9순환	1977년 10월	1980년 2월	1983년 2월	28	36	64
제10순환	1983년 2월	1985년 6월	1986년 11월	28	17	45
제11순환	1986년 11월	1991년 2월	1993년 10월	51	32	83
제12순환	1993년 10월	1997년 5월	1999년 1월	43	20	63
제13순환	1999년 1월	2000년 11월	2002년 1월	22	14	36
제14순환	2002년 1월	진행 중		59(06년 11월)		

자료 : 정성춘 · 김양희 · 이홍배 · 이형근 · 김은지(2006), 47쪽.

7.1 2006년의 일본경제

내각부가 2007년 2월 15일 발표한 국내총생산(GDP)속보치에 의하면 2006년 10-12월기 GDP(계절변동치)는 물가변동을 제거한 실질치가 7-9월기에 비해 1.2%가 증가하였고, 연율환산으로 4.8% 증가하였다.

수요항목별로 보면, GDP의 50% 이상을 차지하는 민간최종소비지출(개인소비) 증가율은 전기 대비 1.1%가 증가하였고, 박형 TV 등 디지털 가전, 숙박시설 등과 같은 레저 지출이 호조를 나타냈다. 다음으로 설비투자는 소프트웨어의 수주, 일반산업기계 등이 착실한 증가를 나타내 전기대비 2.2% 증가하였다. 수출은 1.1% 증가하였다. 2006년(일본회계연도 2006. 4월~2007. 3월) 전체의 실질 GDP성장률은 2.2%로 전망된다(요미우리 신문, 인터넷판, 2007. 2. 15).

일본 국내경기 회복의 원인(특징)으로서, 첫째 기업의 설비투자 회복, 둘째 미국, 중국의 경제호조로 수출이 호조, 셋째 설비투자, 수출호조가 민간소비에 좋은 영향을 미친 점 등을 들 수 있다.

먼저, 제조업 설비투자는 3년 연속 두 자리 수 증가를 나타냈다.

〈표 7-2〉 일본기업의 설비투자 증가율 추이

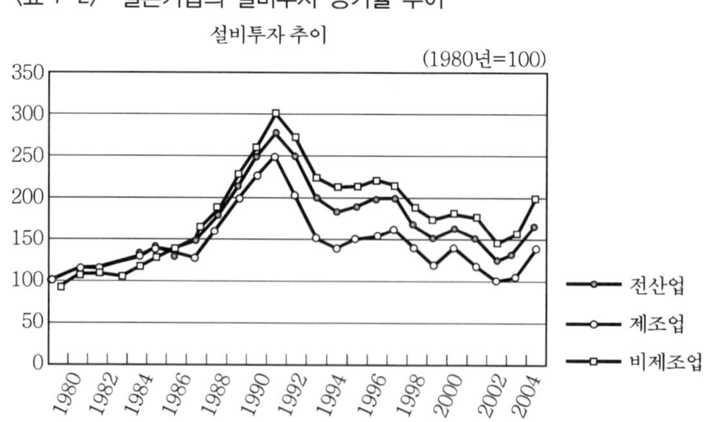

이 과정에서 일본경제에서의 수출비중이 최근 GDP의 15%에 근접할 정도로 증가하고 있는 점도 눈여겨 볼 필요가 있다. 일본경제신문의 2007년 1월 15일자 보도에 의하면 2006년 일본의 국민총생산(GDP)에서 수출이 차지하는 비중은 14.7%에 달할 것으로 관측 되 과거 최고 기록을 경신할 것으로 전망된다. 2006년 1-9월 수출액은 전년 같은 기간에 비해 10.8% 증가한 59조 엔을 기록하였다. 업종별로는 자동차, 철강, 전기전자부품 등이 수출을 주도한 것으로 집계되었다. 일본경제의 수출비중 증가는 중국을 비롯한 신흥시장 확대와 원가절감, 엔화 약세 등에 따른 기업의 수출경쟁력 향상이 주요 원인이라고 분석되고 있다.[1)]

설비투자 호조의 배경으로는 1990년대 불황 장기화의 원인인 노동투입 감소(증가), 자본설비 노후화, 노동시장 및 자본시장의 경직성, 생산성을 상회하는 실질임금 수준의 유지 등의 문제가 상당히 해소되었다는 점을 들 수 있다.

7.2 2007년의 일본경제

2007년 말 일본을 대표하는 27개 일본 민간 경제연구소가 발표한 2007년 실질 GDP성장률 전망치는 평균 1.5%로 나타났다. 이는 연초에 일본정부가 전망한 2.0% 보다는 낮은 수치이며, 이들 민간연구소의 당초 예측치였던 1.9% 보다도 하향수정된 것이다. 이러한 경기의 하향조정 이유로는 지난 6월 20일 시행된 건축기준법 개정의 영향[2)], 미국 서브프라임 문제의 장기화, 석유가격 상승, 임금, 소득 회복의 지연 및 소비심리 위축 등의 요인에 기인하고 있다. 이에 따라 2007년도 일본경제는 감속방향에 있는 것으로 판단되나 광공업 생산이 전자부품 및 디바이스와 수송기

1) 한국경제신문, 2007. 2. 15
2) 2006년 말 이후 아파트 내진설계 위조사건이 발생한 후 그 대응책으로 2007년 6월 건축기준이 개정되었음. 이후 건축물의 내진설계 기준이 상화되년서 건축물 확인과정의 엄격화로 착공지연 등이 초래됨.

계의 주도하에 회복되는 경향이 강하고, 신흥시장 및 유럽에 대한 수출이 착실하게 확대되고 있어 경기가 급격히 악화되지는 않을 것으로 전망된다.

2007년 일본경제의 기조를 정리하면, 먼저 가계부문의 회복이 지연되는 가운데 중국을 비롯한 신흥시장과 유럽에 대한 수출확대, 설비투자 증가 등을 배경으로 기업부문이 주도하는 완만한 속도의 회복세가 이어졌다. 그러나 2007년 중반부터 미국 서브프라임 문제, 원유를 비롯한 원자재의 가격 급등, 건축기준법 개정에 따른 건축착공의 대폭감소 등 마이너스 요인이 대두되면서 경기하강 압력이 커지고 있다. 해외요인으로는 미국 서브프라임 문제의 영향으로 세계경제는 감속하는 방향에 있다. 특히 미국에서는 가계 및 기업의 소비와 투자심리가 냉각되고 있어, 서브프라임 문제가 실물경제에 미치는 부정적 영향이 장기화되고 있다. 한편 신흥시장과 자원보유국은 기본적으로 고성장이 지속되면서 세계경제를 견인하는 구도가 계속되고 있다.

최근의 경기회복은 기간은 이자나기 경기를 능가한다고 하지만 깊지가 못하다. 그 이유는 경기회복의 원인이 주로 수출관련 대기업에 치중되는 반면, 중소기업, 내수산업, 개인소비 등의 확대는 미흡하기 때문이며, 이것이 양극화 문제를 야기하는 원인으로도 작용하고 있다고 판단된다.

7.3 일본경제, 산업의 구조변화

10여년에 걸친 장기불황 과정에서 일본경제, 산업에 많은 구조변화가 발생하였다. 이를 정리하면 다음과 같다.

(1) 버블붕괴의 후유증이 소멸: 과잉고용, 과잉생산, 거액의 부실채권 등에서 해방

일본기업의 고용, 설비, 채무의 3대 과잉은 대체로 1990년대 초 수준으

로 하락했고, 조정은 거의 완료된 것으로 보인다. 2006년 9월 일본은행의 '전국기업단기경제관측조사(이하 단칸)'에 따르면 버블기 발생한 부정적인 유산인 3대 과잉문제는 해소되고 있는 것으로 나타났다. 첫째, 고용과잉감은 2002년 이후 지속적인 하락세를 보이다가 2004년 말에는 거의 해소되기에 이르렀다. 2006년 9월 시점에서는 전 규모, 전 산업에서 -8% 포인트로 오히려 고용의 부족감이 높아지고 있으며, 특히 노동집약적인 소매업, 서비스업 등 비제조업의 인력부족이 심각한 상황이다. 둘째, 과잉설비도 해소되고 있다. 앞의 단칸조사에서 생산, 영업용 설비판단은 제조업, 전 규모 기준에서 2002년에 31% 포인트를 기록하였으나 2006년 9월 현재 -1% 포인트로 과잉이 해소되기에 이르렀다. 비제조업도 2005년 12월 이후 지속적으로 0% 포인트를 기록하고 있다. 여기에는 기업의 감손처리 지속과 비채산 사업에서의 철수, 사업의 통폐합 등으로 생산능력이 대폭 감소되기 때문이다. 셋째, 과잉채무의 삭감과 관련하여 기업은 현금흐름을 밑도는 수준으로 설비투자를 억제하고 차입금을 상환하는 등 재무구조조정을 우선시하였다.

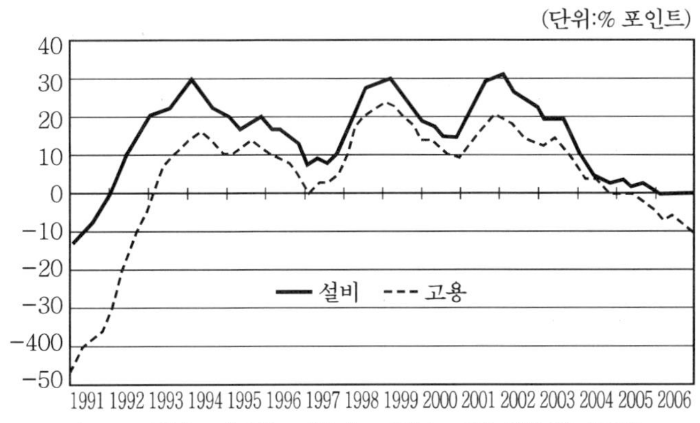

자료 : 정성춘 · 김양희 · 이홍배 · 이형근 · 김은지(2006), 182쪽

〈그림 7-1〉 과잉고용, 설비현황

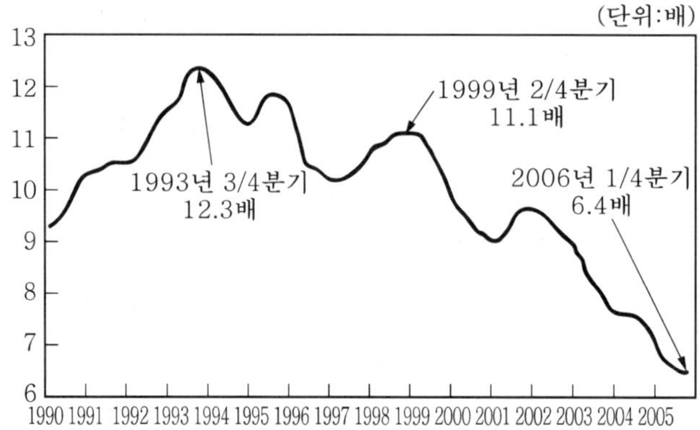

자료 : 정성춘 · 김양희 · 이홍배 · 이형근 · 김은지(2006), 182쪽

〈그림 7-2〉 기업의 부채비율 현황

이와 같은 3대 과잉의 해소를 위해 다양한 구조조정 수단이 도입되었다. 먼저, 인건비 삭감을 위한 방안으로서는 능력급으로의 전환, 상여금 삭감, 신규채용 억제, 정규직에서 파트타임, 파견직으로의 전환 등의 조치가 약 절반정도의 기업에서 실시되었다. 임원 보수수준의 인하와 희망퇴직자 모집 등 직접적인 인건비 삭감책도 33-45% 정도의 기업에서 도입되었다. 재무구조의 개선 노력으로는 과잉재고와 이자부 부채의 축소, 보유 금융자산의 매각 등의 조치가 절반에 가까운 기업에서 실시되었다. 또 비채산, 저수익 사업의 축소 정리 조치가 50% 정도의 기업에서 이루어졌고, 부실화된 자회사, 관련회사의 정리, M&A와 지주 회사화를 통한 사업재편 등도 상당수 기업이 실시하였다.

(2) 기업경영의 유연성이 크게 증가

일본기업은 과거 규모 확대를 중시했으나, 최근에는 효율성을 중시하는 것으로 나타나고 있다. 과거에 일본기업이 규모 확대를 중시한 이유는 일본에서는 기업규모가 기업의 지명도와 명성에 밀접하게 연관되어 있었기 때문에 경영진이 기업의 성장을 특히 중시하였다.

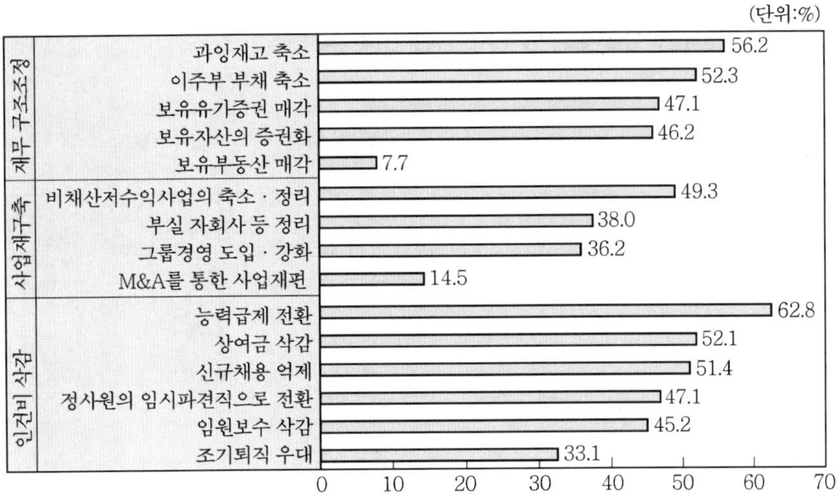

자료 : 정성춘 · 김양희 · 이홍배 · 이형근 · 김은지(2006), 전게서, 186

〈그림 7-3〉 기업의 구조조정 수단

① 고용제도의 유연화

특히 장기고용 관행 하에서는 경기변동에 따른 종업원의 해고가 매우 곤란하였고, 따라서 인건비는 고정비용의 성격이 강했다. 일본기업의 규모 확대 지향은 일본사회의 특유한 기업관과 장기고용제도와 관련이 큰 것으로 이해할 수 있다. 장기불황 기간 중 고용형태가 다양해지고 고용조정이 가능한 비정규직 증가 등이 확산되었다.

② 자금조달의 유연화

또 자금조달 패턴에서 1980년대 중반이후 사채발행에 대한 규제완화와 주식시장의 활황을 배경으로 대기업의 회사채 발행, 주식발행을 통한 자금조달 비중이 증가하였다. 즉 기업의 자금조달이 간접금융시장(은행)에서 직접금융시장(주식)으로 전환되고 있다.

이로 인해 주거래 은행제도에 의한 기업과 은행과의 관계, 주거래 은행의 기업에 대한 통제기능은 크게 후퇴하고 있다.

(3) 고용형태의 다양화와 비정규직 증가

〈표 7-3〉 제조업의 고용조정방법 선택비중

	잔업 규제	일시 휴업	중동채용 삭감·정지	배치 전환	파견	비정규직의 재계약정지	희망퇴직· 해고
1985/1~1988/4Q	57.3	9.8	25.2	32.8	33.3	4.2	4.4
1991/1~1997/2Q	65.0	6.2	31.3	31.1	24.7	9.7	3.1
1997/3~2000/3Q	61.2	9.2	25.6	34.9	29.2	10.6	8.1
2000/4~2004/3Q	49.3	5.6	18.2	34.2	26.0	11.7	11.1

자료 : 정성춘·김양희·이홍배·이형근·김은지(2006), 전게서, 234

장기불황 이전까지 일본의 고용 및 노사관계는 장기 안정적인 고용(종신고용), 연령 및 근속년수에 따라 임금이 상승하는 임금체계(연공서열) 및 기업별 노동조합으로 요약할 수 있다. 이러한 관행은 대략 1950년대 말부터 1960년대 초에 걸쳐 개발, 보급되었다. 그리고 버블경제, 호황이 한참이던 1985-1988년 까지는 경기가 좋았기 때문에 불경기시의 가장 보편적인 고용조정 방식은 잔업규제, 배치전환, 파견 등 기존고용 상태를 유지한 상태에서의 미세조정이었다. 그러나 버블경기가 붕괴된 직후(1991년 1/4분기 이후)부터 장기불황에서 탈출하는 과정(2004년)에서 기존고용 상태를 유지하는 미세조정 방식의 고용조정은 감소하는 대신, 비정규직의 재계약정지, 희망퇴직 및 해고가 크게 증가하고 있다.

이러한 점은 일본의 제조업은 정규직의 고용안정을 중시해 왔으나 장기불황에 직면해 정규직과 비정규직 모두 이전에 비해 고용불안에 처하게 되었다고 할 수 있다.[3)]

고용관행의 변화와 함께 고용형태도 장기불황의 결과 비정규직이 증가하는 등 매우 다양한 형태를 가지게 되었다. 1984년 정규직 고용 비율은 84.7%로 파트타임·아르바이트(11.2%)나 파견·촉탁(4.2%) 등의 비정규

3) 정성춘·김양희·이홍배·이형근·김은지(2006), 전게서, 229-235

직에 비해 압도적으로 큰 비중을 차지했다. 그러나 정규직 비중은 점차 하락하여 2005년에는 정규직 비중이 67.7%로 감소한 반면 비정규직은 32.3%로 증가하였다.[4] 또 고용시간별로 구분한 단시간(취업시간이 35시간 미만)고용자 비중의 변화에서도 비정규노동 증가상황을 확인할 수 있다. 1986년 11.7%에 불과했던 단시간 노동자 비중은 2004년 23.6%로 증가하였다. 한편 단시간 고용자수는 남성(2004년 12.3%)에 비해 여성이 40%에 육박(같은 해 39.9%)하는 수준으로 여성의 고용상태가 상대적으로 불안하다는 점을 나타낸다.

또 연령별로는 15-34세에서 비정규직이 급증하여 이들이 동일 연령대의 전인구(남성은 졸업자, 여성은 졸업자인 동시에 미혼인 자)에서 차지하는 비중이 2002년 15.2%에서 2005년 18.3%로 증가했다. 이중에서도 15-24세의 경우 이 기간 22.4%에서 26.1%로 상승하여 35-77세 연령층의 낮은 비중(2.5%-7.3%)과 대조를 이룬다. 이 연령층에서는 4명중 1명이 비정규직에 종사하고 있는 셈이다.[5]

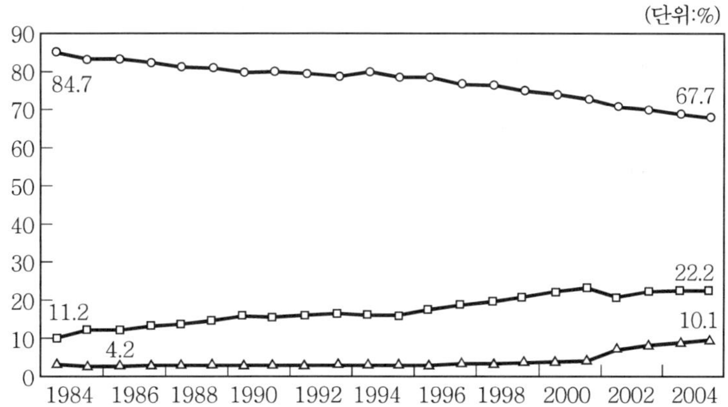

자료: 정성춘 · 김양희 · 이홍배 · 이형근 · 김은지(2006), 전게서, 238

〈그림 7-4〉 고용형태별 고용자수 추이

4) 2008년 3월 9일 NHK TV뉴스에 의하면 파트타임, 파견 노동자가 전체 고용자의 33.5%(1732만인)에 달하며 이러한 비정규직 노동자의 비중이 증가경향에 있다고 보도했다.

5) 정성춘 · 김양희 · 이홍배 · 이형근 · 김은지(2006), 전게서, 237-240

〈표 7-4〉 연령별 비정규직 종업원 수 및 비율

(단위: 만 명, %)

<table>
<tr><th colspan="2" rowspan="2">연령층</th><th colspan="2">2002년</th><th colspan="2">2003년</th><th colspan="2">2004년</th><th colspan="2">2005년</th></tr>
<tr><th></th><th>인구대비</th><th></th><th>인구대비</th><th></th><th>인구대비</th><th></th><th>인구대비</th></tr>
<tr><td colspan="2">15~24세</td><td>286</td><td>15.2</td><td>301</td><td>16.1</td><td>326</td><td>17.7</td><td>329</td><td>18.3</td></tr>
<tr><td rowspan="2"></td><td>5~24세</td><td>133</td><td>22.4</td><td>139</td><td>24.0</td><td>144</td><td>25.7</td><td>140</td><td>26.1</td></tr>
<tr><td>15~24세</td><td>153</td><td>11.9</td><td>162</td><td>12.6</td><td>182</td><td>14.3</td><td>189</td><td>15.0</td></tr>
<tr><td colspan="2">(참고)35~44세</td><td>51</td><td>5.8</td><td>54</td><td>6.0</td><td>67</td><td>7.3</td><td>69</td><td>7.3</td></tr>
</table>

주 : 남성은 졸업자, 여성은 졸업자인 동시에 미혼인 자를 대상으로 하였음.
자료 : 정성춘 · 김양희 · 이홍배 · 이형근 · 김은지(2006), 전게서, 240쪽

이와 같이 장기 불황 시 비정규직이 증가해 온 이유는 노무비용 절감의 이유가 가장 크고, 고용의 유연성 증대가 그 다음 큰 이유로 나타나고 있다. 이로 인해 노동시장의 양극화가 심화되고 있다.

(4) 성과주의 인사제도의 확산

전후 일본의 고도 성장기에 시행되어 온 인사제도의 근간은 연공임금이다. 연공임금제하에서 각 개인의 승급은 직능자격을 평가하는 인사평가 성적과 근속년수에 따라 이루어지나, 후자에 보다 중점이 두어진다. 이 제도는 지속적인 고도성장을 전제로 하며 내부경쟁이 있더라도 능력(과정)이 아닌 성과(결과)에 대해 묻기 어려워 종업원의 도덕적 해이를 조장하고 기업에게는 과중한 임금지급 부담을 초래하는 핵심요인으로 지적되어 왔다. 이러한 이유로 성과를 중시하는 성과주의가 도입되기 시작하였다.

성과주의는 말 그대로 성과에 상응해 임금을 지급하는 양식이다. 이는 첫째, 탈 연공주의화, 탈능력개발주의화, 둘째, 임금의 변동비화(성과에 따라 변하는 비용으로 간주) 및 업적 연동화, 셋째, 평가의 엄밀화 및 치밀화 등 3개의 원리에 기초하고 있다. 기업이 성과주의를 실행하는 경우의 유형 및 구체적인 구성요소는 기업에 따라 천차만별이나 다음과 같은 요소를 핵심으로 한다.

① 기본급에 업적, 성과급을 도입
② 기본급에서 승급폭 확대(기본급 중 인센티브 부분의 확대를 의미)
③ 상여는 개인 업적과 연동하는 부분 확대
④ 목표관리 제도의 도입(성과평가를 위해 주로 도입되는 평가제도)
⑤ 프로젝트별 성공보수 등 포상금 제도 도입
⑥ 동일부문이나 과장급 내부의 연수입 격차 확대

일본에서 성과주의를 가장 먼저 도입한 기업은 종합 전기전자 대기업인 후지츠로 알려져 있다. 후지츠는 미국의 IT산업에서의 성과주의를 크게 참고로 하여, 1993년 이후 사후적인 성과를 기준으로 임금을 지급하는 임금제도를 채택하고 이를 점차 확대시켰다. 1995년 일경련(일본경영자단체 총연맹, 2002년 경단련과 통합)은 앞으로의 고용과 임금제도에서 연공주의를 직능 및 업적과 연동된 임금체계인 성과주의로 바꿔야 한다고 제안하였다.

〈표 7-5〉 성, 고용형태, 기업규모별 임금 및 기업 규모간 임금격차

	고용형태	임금(천 엔)			기업규모간 격차 (대기업=100)	
		대기업	중기업	소기업	중기업	소기업
남	정사원 · 정직원	410.2	336.9	297.8	82	73
	정사원 · 정직원 이외	233.8	216.9	218.1	93	93
여	정사원 · 정직원	273.4	240.2	213.4	88	78
	정사원 · 정직원 이외	183.6	168.9	151.3	92	82

자료 : 정성춘 · 김양희 · 이홍배 · 이형근 · 김은지(2006), 전게서, 274

후생노동성의 조사에 의하면 2004년 1월 현재 성과주의는 53.2%의 기업으로 확산되었다. 기업규모별로는 30-99명의 소기업에서는 47.4% 채택으로 절반에 못 미치고 있으나, 규모가 큰 1,000명 이상의 대기업에서는 83.4%를 차지하고 있어 상당히 보편화되어 있다. 산업별로 성과주의 도입실태를 살펴보면 금융보험업이 가장 높고 그 뒤를 정보통신(76.7%), 전기수도 및 가스(63.0%), 도소매업(59.9%) 등이 잇고 있어 전반적으로

개개인의 실적평가가 용이한 서비스산업에서 도입비중이 높다. 한편, 제조업은 산업전체 평균보다 다소 떨어지는 수준이다.[6]

(5) 일본적 생산방식의 변화

장기불황 이후 일본에서는 미쓰비시(三菱) 자동차, 유키지루시(雪印)와 같은 일본을 대표하는 대기업에서 불량품 제조 사건이나 위조품 대량 유통사건 등이 빈번하게 발생하였다. 심지어는 이러한 사실을 은폐, 조작하려는 의도조차 드러나 일본사회에 충격을 주었다. 여기에는 여러 가지 이유가 있겠으나, 장기불황에 따른 비정규직 증가가 초래한 교육훈련의 부실, 그로 인한 품질관리의 미흡 등을 지적할 수 있다.

① 일본적 생산방식

일본의 노사관계는 기업별 노조의 토대위에서 협조적인 노사관계를 특징으로 한다. 노사는 기업별 노조를 중심으로 경영자 측이 불황기에도 고용안정에 노력하면 노동자 측은 임금인상 자제로 답하는 등 협조적인 관계를 지속하였고, 이는 회사에 대한 애사심 배양과 장기적 관점에서의 기술혁신이나 연구개발의 성과를 가져오는데 기여했다. 또, 장기고용과 그에 수반해 발생하는 기업내 훈련의 중시, 경계선이 불분명하고 폭 넓은 작업분담(직능구분), 관리직 스텝과 생산현장간의 생산정보의 밀접한 교환(현장주의), 제안제도, 불량품 추방운동, 기업내 소집단 활동, 공정관리, 품질관리(TQC)에의 협력 등 종업원의 생산 활동에 대한 집착, 직능과 동시에 본인의 속성(학력, 부양자수, 근속연수 등)에 크게 의존하는 보수체계, 기업에의 공헌에 대해 보수 그 자체보다도 명예(prestige)의 배분으로 보상하고 그것에 의해 근로의욕을 고취시키는 사내경쟁과 승진제도 등이 이에 해당한다.[7]

② 흔들리는 제조업 경쟁력의 토대

장기불황 이후 장기고용 관행의 다양화, 임금구조의 변화, 기업별 노조

---

6) 정성춘 · 김양희 · 이홍배 · 김은지(2006), 244-249

7) 정성춘 · 김양희 · 이홍배 · 김은지(2006), 276-277

의 쇠퇴는 상호 맞물려 일본적 생산방식의 변화를 초래하고 있다. 제조업 현장에서는 국내외적인 경쟁압력에 직면하게 되고 시장의 불확실성이 커지자 파견, 하청과 같은 비정규직의 저임노동력을 활용하기 시작했다. 당초부터 이들은 비용절감의 차원에서 임시 고용된 인력이므로 교육훈련을 통해 이들의 능력을 배양시키는 것 자체를 기대하기 어렵다.

〈표 7-6〉 교육훈련 실시 사업소 비율

(단위: %)

	계획적 OJT	off-JT									
		입사연도별 연수	직종·직무별 연수	직위별 연수	어학 연수	OA·컴퓨터 연수	자격취득 위한 연수	경력관리 위한 연수	법령준수, 기업윤리 연수	기타	특별히 없음
산 업 계											
정 사 원	69.5	48.6	61.9	49.9	6.0	25.4	51.5	9.9	40.7	3.6	4.6
계약사원	53.6	12.0	35.0	4.7	1.7	12.5	19.2	2.3	28.9	5.0	25.1
촉탁사원	36.0	5.6	21.4	5.6	5.6	8.0	8.8	2.9	24.1	3.9	41.6
파트타임	47.7	6.6	21.2	3.4	3.4	7.2	6.4	1.8	18.0	3.2	36.9
제 조 업											
정 사 원	72.4	48.0	56.6	50.0	7.7	28.1	53.6	10.7	33.2	4.6	5.6
계약사원	55.0	6.3	25.0	3.8	1.3	7.5	17.5	2.5	17.5	8.8	28.8
촉탁사원	42.3	5.8	17.3	7.7	3.8	7.7	5.8	4.8	16.3	4.8	42.3
파트타임	52.0	4.8	10.4	0.8	-	3.2	4.0	-	9.6	4.8	38.4
비제조업											
정 사 원	68.8	49.1	63.5	49.7	5.4	24.1	50.8	9.8	42.4	3.3	4.3
계약사원	53.3	13.5	37.8	5.0	-	13.9	19.3	-	32.4	3.9	23.9
촉탁사원	33.9	5.6	23.0	4.9	-	8.2	9.5	-	26.6	3.6	41.1
파트타임	46.3	7.4	24.4	-	-	8.8	7.1	-	21.1	-	36.4

주 : 해당 사항 없음이나 무응답을 제외한 사업소에 대한 비중임.
자료 : 정성춘 · 김양희 · 이홍배 · 김은지(2006), 278쪽

〈표 7-6〉에서 2005년 현재 사내 교육훈련 실시 사업소의 비율을 살펴보면 정사원의 경우는 산업전체적으로 69.5%가 계획적인 OJT(On the Job Training: 생산현장에서의 교육훈련)를 받고 있다. 이에 대해 계약사원은 53.6%, 촉탁사원은 36.0%, 파트타임은 47.7%의 사업소만이 OJT를

실시하고 있는 바, 비정규직은 그 상당수가 제대로 된 교육훈련 대상에서 배제되어 있는 것으로 볼 수 있다.

일본 제조업의 세계적인 경쟁력은 오랜 기간 사내 교육훈련을 바탕으로하는 기능의 양성과 연구개발부문의 뛰어난 능력과 조화되어 유지될 수 있었다. 그러나 비정규직 증가로 그 근간이 흔들릴 수 있다는 점에 대해 우려를 표하는 목소리가 높다. 또 기존의 연공서열제에서 성과주의로의 전환도 일본제조업의 경쟁력 원천을 위협하는 요소로 작용하고 있다. 이러한 맥락에서 성과주의 도입을 비판하는 시각도 적지 않다. 즉 최근의 성과주의는 단기적인 실적위주로 평가와 처우를 하게 되므로 기존의 직능자격제도 및 장기적 평가라고 하는 시스템과는 부합하지 못하는 측면이 생겨나게 된 것이다.[8)]

③ 고용관행의 변화와 경쟁력

일본의 고용관행은 장기불황 이후 많은 진통을 겪으면서 변화하고 있다. 과잉고용을 해소하고 고용의 유연성을 강화하며 성과주의를 도입하여 기업수익을 제고하는데 기여했지만 이러한 성과는 고용의 질 저하와 격차사회 출현이라는 값비싼 대가를 치루기도 했다. 최근 일본은 새로운 제도 도입에서 오는 부작용을 줄이고 일본의 전통적 방식이 갖는 문제를 보완하는 방향으로 고용관행의 방향전환을 모색하고 있다. 앞에서 지적한 바와 같이 일본의 고용관행은 1990년대 이후 환경변화에 직면하여 많은 변화를 하게 되었으나, 정착하는 과정에서 많은 시행착오를 거치면서 완만하게 그리고 점진적으로 수정되는데 그쳤다고 판단된다.[9)]

8) 정성춘 · 김양희 · 이홍배 · 김은지(2006), 277-279
9) 정성춘 · 김양희 · 이홍배 · 김은지(2006), 276-283

제2부

일본의 기업과 기업경영

8 chapter

일본기업 개관 및 주요 기업

한 국가의 경제성장과 발전에 있어서 국제경쟁력을 가진 기업이 얼마나 많이 존재하고 있는지, 그리고 기업의 성장, 발전에 적절한 환경이 마련되는 지는 대단히 중요한 문제이다. 최근 세계경제의 국제화, 글로벌화가 빠르게 진행되는 가운데 각국이 우수한 기업들을 육성하고, 유치하기 위해 많은 노력을 기울이는 이유도 궁극적으로는 여기에 있다고 할 수 있다. 이장에서는 현대 경제의 중심이라고 할 수 있는 기업에 초점을 맞추어 일본기업의 개략적인 특징과 주요 기업에 대해 알아본다.

8.1 일본기업 개관

(1) 기업수로는 중소기업이 압도적

2004년 기준 1차산업을 제외한 일본의 기업 수(사업소 기준)는 약 570만 9,900여사[1)]이며, 이중 중소기업 수는 99.2%로 일본기업의 압도적인 부분은 중소기업이 차지하고 있다.[2)] 같은 해 제조업 사업소 576,412사중

1) 중소기업청(2007)

에는 대기업이 3,447사로 0.6%, 중소기업은 572,965사로 99.4%를 차지하여 제조업 분야에서도 중소기업이 압도적인 다수를 차지하고 있다.

(2) 300인 이상 기업에 종업자의 28.5%가 종사

제조업 4인 이상 고용기업을 대상으로 한 조사에 의하면 2005년 전 종업자의 28.5%가 300인 이상 기업에서 근무하고 있다. 이는 기업 수에서는 소수인 대기업이 고용을 창출하는 측면에서는 큰 비중을 차지하고 있음을 나타낸다.

(3) 300인 이상 기업이 출하액의 50.6%를 담당

제조업 4인 이상 고용기업을 대상으로 한 조사에 의하면 2005년 제조업 총 출하액의 50.6%가 300인 이상 기업에서 나오고 있는 바, 출하액에서도 대기업이 커다란 비중을 차지하고 있다.

8.2 주요 일본기업

(1) 주요 기업

한국을 대표하는 기업으로 삼성전자, 현대 자동차, POSCO 등을 들 수 있는 것처럼 일본에도 우리 귀에 낯익은 많은 기업들이 있다. 여기서는 미국의 경제잡지 포춘지(Fortune)가 매년 선정하는 세계 500대기업에 랭크되어 있는 일본기업을 살펴보기로 한다. 2007년 포춘지가 선정한 global 500대 기업을 국적별로 살펴보면 미국 162사, 일본 67사, 프랑스 38사, 독일 37사, 영국 34사, 중국 24사, 캐나다 16사, 네덜란드 16사, 한국 14사, 스위스 13사, 이탈리아 10사, 스페인 9사, 호주 8사, 타이완 6사, 인도 6사, 스웨덴 6사, 벨기에 6사, 브라질 5사이다. 일본은 미국에 이어 세계 2위로

2) 중소기업 기준은 총종업원수 300인 이하(도매업, 서비스업은 100인 이하, 소매점, 음식점은 50인 이하

서 67개 기업이 순위에 올라 세계 2위의 경제 대국다운 면모를 과시하고 있다.

〈표 8-1〉은 100대기업(매출기준)에 선정된 일본기업을 열거한 것이다. Toyota, NTT, Hitachi, Matsusita erectronics, HONDA, NISSAN, SONY, Nippon Life, Toshiba, Tokyo erectronic Power, NEC, Daiichi Mutual Life Insurance, Fujitsu 등 13개의 기업이 올라있다. 업종으로는 자동차와 전기, 전자 업종이 다수를 차지하여 자동차, 전기·전자 제품에서 강한 경쟁력을 가지는 일본의 산업구조적 특성을 반영하고 있다.

〈표 8-1〉 Fortune지 선정 글로벌 100대 기업(매출기준)중 일본기업(2007)

회사명	업종	순위
Toyota	자 동 차	7
NTT	통신(전화)	18
Hitachi	전기, 전자	23
Matsusita erectronics	전기, 전자	25
HONDA	자 동 차	27
NISSAN	자 동 차	29
삼성전자(한)	-	39
SONY	전기, 전자	47
Nippon Life	보험, 금융	56
Toshiba	전기, 전자	72
Tokyo erectronic Power	전 력	90
현대자동차(한)	-	92
NEC	전기, 전자	96
Daiichi Mutual Life Insurance	보험, 금융	98
Fujitsu	전기, 전자	99

자료 : http://money.cnn.com/magazines/fortune/global500/2005/401_500.html

다음으로 〈표 8-2〉는 매출기준 101위에서 500위까지 선정된 일본기업을 열거한 것으로 일본을 대표하는 대부분의 기업이 망라되어 있다. 먼저 101위에서 200위까지는 Meiji Yasuda Life Insurance, Nippon Oil, Ito-Yokado, Sumitomo-Mitsui Financial Group, Mitsui, Mitsubishi, Nippon Steel, Sumitomo Life Insurance, MIzuho Financial Group, Marubeni, KDDI 등 13개 기업 및 그룹이 올라있다. 201위에서 300위까지는 DENSO, MAZDA Motor, Mitsubishi, Tokyo Financial Group, Kansai

Electric Power, Mitsubishi Heavy Industries, SHARP, East Japan Railway, Fuji Photo Film, Sanyo Electric, Suzuki Motor, UFJ Holdings, Idemitsu Kosan, Mitsubishi Chemical, Chubu Electric Power 15개 기업이 올라 있다. 301위에서 400위에는 Japan Air Lines, Mitsubishi Motors, Sumitomo, Nippon Mining Holdings, Mitsui Sumitomo Insurance, Japan Tobacco, Itochu, Japan Post, Sompo Japan Insurance, Daiei, Nippon Express, Sumitomo Electric Industries, Taise, Kajima, Cosmo Oil 등 15개 기업이 올라 있다. 401위에서 500위에는 Tohoku Electric Power Nippon Yusen, Isuzu Motors, Shimizu, Seiko Epson, Asahi Glass, Fuji Heavy Industries, Kobe Steel, Komatsu, Dai Nippon Printing, Central Japan Railway, Kyushu Electric Power, Obayashi, Asahi Kasei, Sekisui House, Daiwa House Industry, Yamaha Motor 등 18개 기업이 올라 있다. 〈표 8-2〉에는 한국기업 중 500대기업에 들어간 기업도 비교를 위해 함께 열거해 놓았다. 한국기업으로는 삼성전자(39위), 현대자동차(92위), LG, SK, 삼성생명보험, POSCO, 한국전력, 한화, KT, 삼성물산 등이 들어있다.

〈표 8-2〉 Fortune지 선정 글로벌 500대 기업(매출기준)중 일본기업(2007)

순위	기업명	업종
101-200	Meiji Yasuda Life Insurance	보험, 금융
	LG(한)	-
	SK(한)	-
	Nippon Oil	정유
	Ito-Yokado	유통
	Sumitomo-Mitsui Financial Group	금융
	Mitsui	유통, 무역
	Mitsubishi	유통, 무역
	Nippon Steel	금속
	Sumitomo Life Insurance	보험, 금융
	MIzuho Financial Group	금융
	Marubeni	유통, 무역
	KDDI	통신
201-300	DENSO	자동차
	MAZDA Motor	자동차

	Mitsubishi Tokyo Financial Group Kansai Electric Power Mitsubishi Heavy Industries SHARP East Japan Railway Fuji Photo Film Sanyo Electric 삼성생명보험(한) Suzuki Motor UFJ Holdings Idemitsu Kosan POSCO(한) 한국전력(한) Mitsubishi Chemical Chubu Electric Power	금융 전력 조선 전기, 전자 교통(철도) 화학 전기, 전자 - 자동차 금융 정유 - - 화학 전력
301-400	Japan Air Lines Mitsubishi Motors Sumitomo Nippon Mining Holdings Mitsui Sumitomo Insurance Japan Tobacco Itochu Japan Post Sompo Japan Insurance Daiei Nippon Express Sumitomo Electric Industries Taisei Kajima 한화(한) Cosmo Oil	교통(항공) 자동차 유통, 무역 금속 보험, 금융 담배 유통, 무역 통신(우편) 보험 유통 통신(우편) 전기, 전자 건설 건설 - 정유
401-500	Tohoku Electric Power Nippon Yusen KT(한) 삼성물산(한) Isuzu Motors SK Networks Shimizu Seiko Epson Asahi Glass Fuji Heavy Industries Kobe Steel Komatsu Dai Nippon Printing	전력 교통(해운) - - 자동차 - 건설 전기, 전자 유리 자동차, 항공, 산업기기 금속 기계 화학

	Central Japan Railway	교통(철도)
	Kyushu Electric Power	전력
	Obayashi	건설
	Asahi Kasei	화학
	Sekisui House	건설
	Daiwa House Industry	건설
	Yamaha Motor	자동차(2륜)

자료 : http://money.cnn.com/magazines/fortune/global500/2005/401__500.html

다음으로 500대 일본기업의 업종별 분포를 〈표 8-3〉에서 살펴보면, 제조업종으로는 자동차 업종(부품, 2륜차 포함)이 10사로 가장 많고, 전기전자 9사, 화학 및 정유 7사, 금속 3사, 조선 및 기계 2사, 유리 1사, 담배 1사로 나타났다. 비제조업에서는 금융 보험이 9사로 가장 많고, 유통(무역) 7사, 교통 및 통신 7사, 건설 6사, 전력 5사 등으로 나타났다.

〈표 8-3〉 포춘 500대 일본기업의 업종별 분포

	기업수	비고
자동차	10	자동차 부품, 2륜차 각 1사
전기, 전자	9	
조선, 기계	2	기계1사
금속	3	
화학, 정유	7	
금융, 보험	9	
유통(무역)	7	
전력	5	
교통, 통신(우편)	7	
건설	6	
유리	1	
담배	1	
합계	67	

자료 : 〈표 8-2〉에서 필자 계산

(2) 업종별 주요 기업의 설립시기

포춘지 선정 500대기업을 기준으로 기업들의 설립 시기를 살펴보면, 1800년대 후반 17사(25.4%), 1900년부터 1945년까지의 기간 26사(38.8%)로 2차 대전 이전에 설립된 회사가 43사로 전체의 64.2%에 달한다. 한국의 주요 기업의 설립시기가 대부분 해방(1945년) 이후인 것을 생각하면 위의 사실은 일본의 공업화 역사가 길다는 것을 알 수 있다. 이하에서는 업종별로 기업의 설립시기를 살펴본다.

〈표 8-4〉 주요기업의 설립시기

	기업수	설립시기		
		1800년대	2차 대전 이전	2차 대전 이후
자동차	10	-	5	5
전기, 전자	9	3	4	2
조선, 기계	2	1	1	-
금속	3	1	2	-
화학, 정유	7	2	4	1
금융, 보험	9	2	3	4
유통(무역)	7	4	2	1
전력	5	-	-	5
교통, 통신(우편)	7	2	1	4
건설	6	3	1	2
유리	1	-	1	-
담배	1	-	-	1
합계	67	17	26	24

① 자동차

자동차에서는 10사 모두 1900년대에 설립되었다. 토요타(1935), 닛산(1933), 마쓰다(1920), 미쓰비시 자동차(1917), 이스즈(1916)는 2차 대전 이전에 설립되었고, 혼다(1948), 스즈키(1954), 덴소(1949, 부품), 야마하(1955, 2륜차), 후지중공업(1950)은 2차 대전이 끝난 이후에 설립되었다.

이중 후지중공업은 2차 대전 중 항공기를 제조했던 기업으로 전후 자동차 분야로 전업한 기업이다.

② 전기, 전자

전기, 전자에서는 토시바, NEC, 스미토모 전공(전력용 케이블 등 생산)이 1800년대에 설립되었으며, 히다치, 마쓰시타 전기, 후지츠, SHARP, 세이코 엡손이 2차 대전 이전에, SONY, 산요전기가 전후에 설립되었다.

③ 조선, 기계

Mitusbishi Heavy Industries는 1934년에 1884년 설립된 나가사키 조선소와 중기, 항공기 분야 등이 합쳐져 탄생되었다. 건설기계 생산기업인 코마쓰는 1921년 설립되었다.

④ 금속

금속관련 기업은 모두 2차 대전 이전에 설립되었다. 신일본 제철(1970년)의 전신인 야하타 제철소(1901)는 1887년 설립된 카마이시(釜石)광산 타나카(田中)제철소에서 출발하여, 1934년 일본제철로 발전하였다. 1950년에는 야하타 제철과 후지제철로 분할되었다가 1970년 신일본제철로 통합되었다. Nippon mining holdings(광업, 석유)는 1905년, 코베철강은 1911년 설립되었다.

⑤ 화학, 정유

화학, 정유 업종에서는 1800년대 설립된 기업이 2사, 전전 설립된 기업이 4사로 역사가 깊은 업종이다. Dai Nippon Printing(인쇄업)이 1876년, Nippon Oil(일본정유)이 1888년에 설립되었다. Asahi Kasei(아사히 化成)이 1922년, Fuji Photo Film이 1934년, Mitsubishi Chemical이 1934년, Idemitsu Kosan(정유)이 1940년(1911)에 설립되었다.

⑥ 금융, 보험

금융, 보험업에도 비교적 역사가 깊은 기업이 많다. Meiji Yasuda Life Insurance 가1881년, Nippon Life Insurance는 1889년 설립되었다.

Sumitomo Life Insurance가 1907년, Daiichi Mutual Life Insurance가 1902년(?), Mitsui-Sumitomo Insurance가 1918년에 설립되었다. 이 업종에서는 전후, 특히 최근에 설립된 회사가 비교적 많은 것으로 나타나고 있는데 이는 주로 버블붕괴와 장기 불황 하에서 많은 금융기업이 경영부진을 타개하기 위해 M&A나 합병 등으로 새롭게 출발하였기 때문이다. UFJ Holdings(2001), Sompo Japan Insurance(?), Mitsubishi Tokyo Financial group(2001), Sumitomo-Mitsui Financial Group(2002), Mizuho Financial Group(2003) 등이 여기에 해당하는 기업이다.

⑦ 유통(무역)

유통업도 1800년대 탄생기업이 4개사로 역사가 깊은 업종이다. 1800년대 설립기업은 Mitsui(1876), Mitsubishi(1870), Marubeni(1858), Itochu(1858)로 일본을 대표하는 종합상사의 대부분이 1868년부터 시작되는 메이지 시대 이전에 설립되었다. 일본의 종합상사는 대부분이 국내유통업에서 출발하였고, 또한 기업이 필요로 하는 원료나 기계 등의 수입도 중요한 영업 분야였기 때문에 매상고에서 차지하는 국내유통, 수입의 비중이 높았기 때문에 비교적 일찍 설립되었고, 서서히 수출 분야로도 영업을 확대시켜 나갔다고 생각된다. 반면, 1970년대 중반에 설립된 한국의 종합상사는 수출증대가 설립의 주요 목적이었고, 국내유통이나, 수입에는 기반이 없었다. 따라서 매출 중 수출비중이 높았고, 이런 점에서 일본의 종합상사와는 크게 다른 특징을 가지고 있다.

1900년대 초에 설립된 기업으로는 Sumitomo(1919), Ito-Yokado(1920)를 들 수 있고, 전후에 설립된 기업은 Daiei(1957) 1사에 불과하다.

⑧ 전력

전력업 관련 기업 5사는 모두 전후에 설립되었다.

⑨ 교통, 통신

교통, 통신분야에서는 Nippon Yusen(1885)은 해운업으로, Japan Post(1871)은 우편업으로 각각 1870-80년대에 설립되었다. Nippon

Express(일본통운)(1937)는 2차 대전 이전에 설립되었고, Japan Air Lines(1951), KDDI(1953) 등 항공운송 산업, 통신전화 기업은 전후에 설립되었다. East Japan Railway(1987), Central Japan Railway(1987)은 전전에 설립된 일본국유철도가 1980년대에 민영화함에 따라 설립되었다.

⑩ 건설

건설업도 에도시대 대규모 토목공사가 있었고 이를 기초로 기업이 설립되는 계기가 있었기 때문에, 1800년대에 설립된 기업이 많고, 산업의 역사가 긴 업종이라고 할 수 있다.

1800년대에 설립된 기업은, Kajima(1840), Shimizu(1804), Obayashi(1892) 등이며, Taisei(대성건설)은 1917년 설립되었다. Sekisui House(1960), Daiwa House Industry(1955)는 전후에 설립되었다.

9
chapter

일본의 기업경영

기업은 투자, 고용의 창출과 이를 통한 개인소비의 진작, 수출을 수행하는 한 나라 경제의 핵심적 존재이다. 흔히 일본을 상인국가, 기업국가라고 말하는데, 이는 일본에서는 기업을 노동이나 자본 등과 같은 다른 경제주체들에 비해 더 중요한 주체로 인식하고 있기 때문이 아닌가 생각된다. 바꾸어 말하면 일본인들은 다른 어느 나라 국민보다도 강하게 기업투자를 추진하며, 생산을 주도하고, 고용을 창출하는 주체이고 따라서 부를 창출하는 경제의 핵심적 존재로 강하게 인식하고 있다. 따라서 일본에서는 다른 어느 나라에서 보다도 기업의 존재감이 크게 느껴지는 것이라고 생각된다.

본 절에서는 일본기업의 특징을 기업의 소유구조와 의사결정 방식, 고용제도, 기업의 거래관계에 초점을 두어 그 특징과 그 변화상황을 분석한다.

9.1 사회적 조직으로서의 기업관과 장기계속 관계의 중시

(1) 일본기업의 특징

일본사회에서 기업은 무엇이며, 일본에서는 기업을 어떻게 인식하고 있는가? 일본의 기업특징을 보다 명확히 하기 위해서는 다른 나라의 기업과 비교를 해 보는 것이 유용한 방법이 될 수 있을 것이다.

① 사회주의 경제에서의 기업

구 소련이나, 개혁, 개방 이전의 중국 등과 같은 사회주의 국가에서 기업은 대부분이 국유, 혹은 국영기업이다. 사회주의 국가는 계획에 의한 경제활동이 기본이며, 기업(국가)이 국민에게 의·식·주의 모든 것을 제공한다. 또한 노동자의 해고도 없다. 따라서 기업은 국가, 혹은 기업에서 일하는 노동자의 소유라고 할 수 있으며, 기업 간에도 경쟁이 없고, 노동자도 열심히 일할 동기가 거의 없다.

② 미국경제에서의 기업

미국에서 기업(회사)은 기본적으로 그 기업의 주식을 소유하고 있는 주주의 소유물이며, 장기적으로 경제적 이익을 창출하고 주주의 가치를 높이는 것이 기업의 중심적인 역할이다. 따라서 경영자는 주주의 대리인이며, 경영의 목적은 주식의 가치를 높이는데 있고, 주가가 경영의 성공을 측정하는 지표로 볼 수 있다. 그 결과 주주의 이익, 주가의 상승이 미국기업의 주요목표이다.

그런데, 현재의 제도에서 주주는 단기적 이익을 노리고 주식을 매입하는 경향이 강하다. 주주들의 주식 평균 소유기간은 겨우 8개월이며, 주주의 대부분은 개인이 아니라 대규모 기관 투자가이다. 이러한 투자가의 관심은 주가 상승에 기초한 단기적인 이익, 그것도 통상 3개월의 투자기간으로 본 이익이다.

이와 같은 이유로 인해 미국기업에서는 인간은 회사를 움직이기 위한 도구의 하나로 간주하는 경향이 강하다. 즉 회사는 경영조직이라는 견해가 강하다. 이러한 견해 하에서는 회사는 이익을 내기위한 조직에 불과하므로 물적 자산으로서의 매매의 대상이며, 사람의 교체도 빈번하다. 경영자는 주주총회에서 단기간의 업적으로 평가를 받으므로 단기간에 성과를 낼 수 있는 전략을 취하려는 경향이 강하다.

미국 CEO들의 연간 소득이 2000년을 기준으로 일반직원 평균치의 531배로 최고에 달했다. 현금 보너스, 주식, 부가적 수당, 옵션 등으로 구성되는 미국 CEO의 보너스는 실적과 관계없이 높은 금액을 유지하고 있다.[1)]

단기적 시점에 기초한 조직체에서는 인간을 육성하려는 발상이 나오기 어렵다. 예를 들면 GE의 경영전략은 최저 10%를 해고하는 반면, 필요한 우수인재를 외부에서 스카웃하는 방식이다. 이런 시각에서 보면 미국기업에서는 종업원도 기계와 같은 단순한 생산도구에 불과하다. 노동자 입장에서도 직장은 돈을 버는 수입원으로 중시할 뿐, 중요도 측면에서 가정이나, 취미에 비해 낮기 때문에 직장을 바꾸는 것이 그리 드문 일이 아니며, 보다 높은 수입, 출세를 위해 쉽게 회사를 바꾼다.[2)]

③ 일본에서의 기업

영미에서는 기업이 주주의 소유물이고, 경영자는 일반 노동자에 비해 월등하게 많은 보수를 받으며, 일반노동자는 쉽게 교체할 수 있는 생산도구로 보는데 비해, 일본에서 기업은 사회조직으로서 직원공동체라고 할 수 있으며, 일본기업은 기업실적을 높이려고 노력한다. 소위 '일본식 경영'은 1950년대에 확립되었는데, 일본식 경영은 의사결정, 종신고용제, 연공서열을 바탕으로 하는 승급과 승진, 직원 전원이 하나의 노동조합에 속하는 기업내 조합을 그 특징으로 한다.

---

1) 아베글렌(2007), 33

2) 미국에서는 고용관계나 기업거래 등의 계약이 법률적 구속을 수반하는 문서로 작성되는 경향이 강하다. 이는 미국사회가 인종, 언어, 습관이 다른 세계 각지로 부터의 이민자에 의해 구성되어 있기 때문에 법률에 의한 구속이 가장 확실한 계약의 이행수단이 되기 때문으로 볼 수 있다.

일본기업의 첫 번째 이해관계자는 회사의 직원이다. 이는 일본에만 있는 독특한 것이라고 할 수는 없다. 일본식 경영의 몇 가지 특징은 독일기업에서도 발견된다. 중요한 것은 일본을 대표하는 우량기업인 토요타, 캐논, 신일본제철 등이 일본식 경영을 최대한 지키려고 한다는 점이다. 일본 기업에서 가장 중요한 특징은 인간과 관계되는 부분이며, 일본기업의 문화는 여기에 기초하고 있다. 그래서 일본의 기업을 인본주의 기업라고 하는 학자도 있다. 일본에서는 기업을 구성하는 인간이 경영시스템의 중심에 있고, 회사라는 공동체를 구성하는 것은 직원이라는 인식이 확고하다.

일본기업에서는 임직원간 보수격차가 지금도 비교적 작다. 과거 수년간 발표된 여러 가지 자료를 보면 일본기업 사장의 보수는 직원 평균의 약 10배이다. 대기업에서는 급여와 보너스를 합하여 임원이 직원들보다 평균 2.5배 많은 돈을 받는데 이는 1970년대 중반부터 거의 변화가 없다.

일본기업은 가업이 아닌 경우에도 기업자체의 존속을 가장 큰 목적으로 하는 공동체라는 점을 특징으로 들 수 있다. 미국의 포춘이 선정한 세계 500대 기업과 이에 필적하는 다국적 기업의 평균수명은 40-50년이다. 기업의 탄생과 소멸에 관한 대부분의 조사에서도 이 수치가 입증되고 있다. 그러나 일본기업은 예외이다. 일본에서 가장 오래된 기업은 578년에 백제인 기술자에 의해 창립된 곤고구미(金剛組)로 이 회사는 오사카에 본사를 두고 사찰건축 사업을 주로 하는 종합건설회사로, 곤고가문에 의해 40대에 걸쳐 경영되었다.[3] 곤고구미는 가업으로 계승되었다. 상장 기업 중에서 가장 오래된 기업은 일본식 과자를 만드는 전통기업인 스루가야(駿河屋)로 1461년에 창립되었다. 1590년에 창립된 스미토모 금속광산은 지금도 매출액 3,600억 엔의 대기업이다. 상장기업들을 창립시기로 구분해 보면 17세기가 11개, 18세기가 9개, 19세기가 75개사에 이른다. 일본기업은 매매의 대상이 되는 물적 자산의 집합체가 아니다. 그것은 사회조직이며, 구성원의 생활을 위해 오랫동안 생존함을 목표로 하고 있다. [4]

3) 2006년에 제 40대 총수가 경영부진으로 경영권을 양도하였음

일본기업은 공동체라는 성격을 지니기 때문에 직원과 그 가족은 정보를 공유하고 오랫동안 고락을 같이 한다. 직원에 대한 연수나 교육이 중시되어 이에 대한 투자가 장려되기도 한다. 연수와 교육을 받은 직원이 경쟁사에 들어가는 일은 거의 없다. 결국 투자의 성과를 얻는 것은 회사라는 인식이다.

(2) 장기, 계속관계 중시의 기업문화

일본의 기업 문화적 특징으로서 장기, 계속관계의 중시사상을 들 수 있다. 이는 기업(사)과 고용자(노)간의 관계, 기업의 지배구조, 기업의 거래관계 등에서 잘 나타나고 있다. 특히 기업과 고용자간의 장기, 계속관계는 에도시대에 확립된 번(藩)체제하에서 각 번을 통치하는 영주와 무사와의 관계로 생각해 볼 수 있다. 당시 각 번은 준 독립적인 자치체로 이는 현대의 기업체에 비유할 수 있으며, 각 번에 소속된 무사는 기업에 고용된 고용자로 볼 수 있다. 무사가 자기가 소속한 번을 바꾸는 경우는 평시에는 거의 없었다. 번의 소멸은 여기에 소속된 무사가 직장을 잃는 것을 의미하였다.[5)]

① 기업과 고용자의 고용관계

일본의 고용관행의 특징은 종신고용, 연공서열, 기업별 노동조합의 세 가지로 구분할 수 있다.

종신고용이란 형식적으로 정의한다면 정규 종업원으로 채용된 경우 경영상의 커다란 곤란, 종업원의 커다란 잘못이 없는 한 정년까지 고용되는 관행이다. 통계적으로도 일본이 미국, 독일보다 장기고용을 한다. 물론 일본에서도 이에 따르지 않는 경우도 있지만, 특히 대기업 사이에서는 종업원을 장기 고용하는 관행이 생겨나서, 그것이 바람직한 관행이라는 가치관이 있다.

연공서열은 연령(근속연수)에 따라 임금이 올라가는 관행이다. 일정한

4) 아베글렌(2007), 33-37
5) 츄신구라(忠臣藏)의 사례를 참조

연령까지 임금이 상승하는 경향은 다른 나라에서도 많이 보인다. 그러나 일본의 경우 그 정도가 현저하다. 연공서열에는 승진과 관련한 제도적 특징도 들어있다. 승진에서도 근속년수를 중시하며, 여기에 실력이나 실적을 고려하는 경우가 많다. 그 경우에도 같은 직장에서는 연령의 역전을 가능한 피하려고 하거나, 일의 실질적 권한은 젊어도 실력 있는 사람이 가지도록 하면서도 임금이나 지위 같은 표면상의 제도에서는 연공제를 지키려고 하는 경우가 많다. 이를 통해 일의 효율의 유지와 직장의 인간관계의 조화를 양립시키려고 한다. 이 제도의 배경에는 장유유서를 중시하는 일본적 가치관이 있다.

많은 일본기업에서는 관리자를 제외한 종업원은 하나의 조합에 가입한다. 일본항공처럼 복수의 조합이 존재하는 경우도 있으나, 이는 드문 경우이다. 이러한 조합제도를 기업별 조합이라고 부르는데, 이는 영국의 직종별 조합제도, 미국의 기업횡단적인 조합제도와는 크게 다른 일본적 특징이다. 이러한 기업별 제도는 종신고용 제도와 밀접하게 연결되어 있다.

기업별노동조합의 중요한 특징은 첫째, 일의 종류에 관계없이 기업을 단위로 하여 노동자가 조직된다. 둘째, 이 조합이 회사 측과 노동교섭을 하는 주체가 된다. 영, 미의 경우는 노사교섭이 상부단체에 크게 의존하게 된다. 기업별 노동조합은 기업의 장래의 발전을 고려하지 않을 수 없다. 기업횡단적인 조합보다 노사 간의 협력 체제를 만들기 쉽다. 일본의 경우 블루칼라와 화이트칼라의 임금격차가 적은데, 그 주요 이유는 하나의 조합 속에 임금격차가 크면 저항감이 강하기 때문이다.

종신고용, 연공서열, 기업별 조합이라는 제도 하에서는 종업원이 기업활동의 장기적인 구성원이라는 의식이 자연히 만들어진다. 기업에 관여도 하고, 리스크도 지게 된다. 기업은 종업원들의 것이라는 인식이 형성되었다고 볼 수 있다.

기업경쟁력과 관련하여 볼 때 이러한 고용제도는 일하는 사람을 소중히 하려는 가치관, 일하는 사람에 대해서 기업은 책임을 가지는, 기업은 일하는 사람들의 것 등의 가치관과 깊은 관련성을 가진다. 가치관과 제도는 서로 영향을 주고 있다고 하겠고 이러한 제도와 가치관에 의하여 모두의 지혜를 모아 개선, 개량을 하려고 하는 경영시스템이 나타나기 쉽다.[6)]

② 기업의 지배(소유)구조

기업의 지배구조는 기업전체의 의사결정, 경영의 안정성, 경영책임의 소재 및 이의 감시 등과 밀접하게 관련된 문제이다. 일본기업의 소유구조의 특징으로서 주식의 상호 보유라는 점을 들 수 있다. 전체주식의 69%를 안정주주인 금융기관, 사업 법인이 소유하고 있다. 이는 2차 대전 후 재벌해체 과정에서 주식의 분산이 추진되고 관계 회사가 이를 보유하게 된데 직접적인 원인이 있다.

반면, 일반주주의 지분은 소수에 그쳐 일반주주 경시, 또 이사회가 주주의 이익을 보호하는 본래 임무는 형식적이 되고 이사회의 경영감시 기능은 작동하기 어렵다. 감사도 대부분 내부승진이므로 사장 등 최고경영자의 업무 감사는 거의 불가능하다. 따라서 기업 내부에서 기업경영을 감시하는 기능은 미약하다.

기업 외부적으로도 메인뱅크 제도에 의한 거래은행의 기업경영 감시, 통제기능이 버블붕괴에 의한 금융시스템의 붕괴, 직접금융의 증가 등으로 근년 약화되고 있다.[7)]

위와 같은 이유로 인해 일본기업은 주주, 종업원, 채권자 등 이해관계자와 경영자간의 대립이 영미에 비해 상대적으로 적은 지배 구조적 특징을 가지는 것으로 평가된다. 반면 메인뱅크 등 내부자적 감시의 기능이 약화, 잘못된 경우 통제수단이 없다.[8)]

이러한 내부 중심의 지배가 나름대로 기능을 해 온 이유는 은행, 노동조합, 주요 거래선이 경영자에 대해 여러 가지 견제를 더해왔기 때문이라

6) 加護野忠男, 日本的經營の改革, 인터넷자료, 2-3쪽
7) 신장철, 일본 코포리트 거버넌스의 실태에 관한 고찰, 한일경상학회 2002년도 춘계학술대회 발표 논문, 2002. 4. 20
8) 신동령, 한일양국의 기업지배구조의 차이가 기업재무에 미치는 영향에 관한 연구, 한일경상학회 2002년도 춘계학술대회 발표 논문, 2002. 4. 20

는 주장도 있다. 실제로 야마하에서는 노조의 압력으로 경영자가 해임, 또 주거래은행의 압력으로 경영자가 해임된 예도 적지 않다.[9)]

③ 기업의 거래관계

일본에서는 기업간의 거래관계가 일반적으로 장기적이고 계속적으로 진행되는 경향이 강하다. 산업구조상 수평적 관계의 기업에서 뿐만 아니라 수직관계에 있는 기업간에도 강하게 나타나고 있다. 이의 대표적인 사례를 자동차 산업에서 볼 수 있다. 완성차메이커와 부품메이커와의 거래는 일반적으로 일단 거래관계가 맺어지면 모델변화나 차종구성이 변해도 거래관계 자체는 반영구적으로 이루어지는 특징을 보인다. 이는 일본의 완성차 메이커 산하에는 주요 거래 부품메이커로 구성되는 협력회 조직이 있고, 거래도 협력회 회원을 주 대상으로 이루어지기 때문이다. 또 거래관계는 일상적이고 사무적인 관계를 넘어서 부품메이커가 완성차 메이커의 제품개발, 설계과정에 참여하며, 기업간 기술 및 생산과 관련한 정보의 전달과 공유, 부품메이커의 생산코스트 인하노력, JIT시스템에 의한 부품납입의 탄력적인 운영 등 상당히 긴밀한 기업간 관계를 유지하는 것이 보통이다.[10)]

④ 기업의 의사결정 방식

일본기업은 기업의 소유구조에서 볼 때 주주 등 기업의 외부자 보다는 종업원 등과 같은 기업내부자나 관련기업이 의사결정에 많은 영향을 미치고, 권한을 가진다. 기업내부에서의 의사결정 메커니즘을 보면 주주의 권한이 강한 미국기업의 경우는 최고 경영자가 주주총회에서 주주로부터 권한을 임명받고, 그 성과를 주주총회 등에서 평가받는 구조로 되어 있다. 따라서 기업내 의사결정도 위에서 이루어지고 이것이 아래로 지시되는 형태(top-down)를 가지게 된다. 반면 일본에서는 기업경영자가 내부 승진형인 경우가 많고, 의사결정의 권한은 내부에서 실무자의 의견을 모아

9) 加護野忠男, 日本的經營の改革, 인터넷자료, 4쪽

10) 임천석, 일본자동차산업의 경쟁력 강화와 하청분업 생산의 역할, 대외경제정책연구원, 1993.4, 19-23쪽

조정하여 결정하는 구조가 보통이다(bottom-up). 따라서 의사결정 과정에서 소위 네마와시(根回し)라는 사전적인 정보의 공유와 의견의 조정과정을 필요로 한다. 최고경영자, 조직의 장의 역할은 어떤 안건의 결정자라는 역할보다는 조정자로서의 역할이 강하다.

1990년대 이후 최근에 이르는 장기불황 하에서 위에서 개략적으로 살펴본 일본기업의 여러 가지 경영적 특징이 변화하고 있는 것으로 나타나고 있다.

9.2 일본의 기업경영의 변화

(1) 종신고용제

아베글렌은 1958년 「일본의 경영」에서 일본적 경영의 중요한 특징을 세가지 지적한 바 있다. 그 첫째 특징이 기업과 종업원의 사회계약인 종신의 관계(lifetime commitment), 즉 일반적으로 종신고용제라고 불리는 고용관계이다. 그러면 종신고용제는 그 후 약 50년이 지난 현재 어떻게 되어있을까? 아베글렌의 조사에 의하면 현재도 50년 전과 거의 변화가 없다고 할 수 있을 정도로 종신의 관계라는 사회계약이 받아들여지고 있으며, 지켜지고 있다. 〈표 9-1〉은 국제노무기관(ILO)과 일본, 미국, 유럽연합(EU)가맹 14개국에서 근속연수를 조사한 결과이다. 1992년부터 2000년까지 기간이 조사 대상이 되고 있는데, 이 기간은 장기불황의 계속으로 인해 일본기업으로서는 비용면과 재무면에서 어려움이 컸던 시기였지만 일본에서는 근속년수가 줄지 않았을 뿐만 아니라 오히려 평균근속년수는 이전보다 길어지고 있는 것으로 나타났다. 또 일본에서는 단기간의 직무에 있는 노동자는 적은 것으로 나타났다. 〈표 9-1〉에서는 고용자에서 차지하는 근속년수 1년 미만자의 비율은 10% 미만이며, 감소하는 경향을 나타내고 있다.

다른 연구에서도 일본의 대기업은 사업 재구축이나 기업축소의 목표를 달성하기 위해 해고라는 수단은 피하면서 종업원의 자회사, 관련회사로의 출향(出向), 전적(轉籍), 채용삭감을 주요 수단으로 사용하고 있다. 또 불황이 장기적으로 계속된 1992-97년 기간에도 일본의 남성근로자의 평균 근속년수는 오히려 장기화하고 있고, 대기업의 중고년층 종업원에서 이 점이 두드러지게 나타나고 있다. 따라서 일반의 예상과는 거꾸로 경기악화는 고용에 악영향을 주고 있지 않다.

〈표 9-1〉 일본, 미국, EU의 근속년수(1992~2000년)

		일본	미국	EU
평균근속년수(년)	1992년 2000년	10.9 11.6	6.7 6.6	10.5 10.6
변화율(1992-2000년, %)		6.4	-1.5	1.6
평균근속 1년 이하 (노동력 인구에서 차지하는 비율, %)	1992년 2000년	9.8 8.3	28.8 27.8	14.2 16.6
변화율(1992-2000년, %)		-15.3	3.5	17.0
근속년수 10년 이상 (노동력 인구에서 차지하는 비율, %)	1992년 2000년	42.9 43.2	26.6 25.8	41.7 42.0
변화율(1992-2000년, %)		0.7	-3.0	0.6

자료 : 아베글렌(2007)

이와 같은 점에서 볼 때 종신고용이 일본의 고용제도의 중핵을 차지하고 있는 점에는 변화가 없으나, 일본 노동력의 약 25%[11)]는 정사원 이외의 파트, 계절공, 계약사원 등과 같은 여러 형태로 일하고 있다. 이러한 현상은 새로운 것은 아니며, 도소매업, 영업부문이나 서비스 부문에서는 긴 역사를 가지고 있다. 그러나 파트 노동자의 총수가 급속하게 증가하고 있는 점은 놀랄만한 사실이다.

파트노동자의 급속한 증가는 기업이 장기적인 불황에서 비용절감, 인원삭감의 필요성에 직면하고 있기 때문이지만, 이 이외에도 일본산업의 산

11) 이 수치는 최근 더욱 증가하여 NHK TV의 보도(2008. 3. 9)에 의하면 파트타임, 파견노동자가 전체 고용자의 1/3 이상에 달하고 있다.

업구조가 파트 등을 가장 많이 고용하는 도매업, 소매업, 외식산업 등 3차산업의 비중이 커지고 있는 점도 그 원인으로 볼 수 있다. 또한 사회가 풍족하게 됨에 따라 젊은 층은 부모의 지원을 받을 수 있기 때문에 바로 정사원의 일을 찾아야 하는 필요성이 적고, 전문직에 있는 많은 사람들도 일의 시간과 환경을 유연하게 하고자 하는 욕구가 커지고 있는 점도 파트노동자가 증가하는 원인으로 지적된다.[12)]

(2) 연공서열제

일본적 경영의 두 번째 특징인 연공서열제는 대대적인 재설계 과정에 있으며, 아직 끝나지 않고 있다고 할 수 있다. 연공서열제에 대해 논의하기 전에 먼저 두 가지 점에 대해 유의할 필요가 있다. 첫째, 어느 사회에서도 승진과 승급에 있어서 연공을 고려하는 것이 일반적으로, 연령이 높을수록 지위가 높아지는 경향이 있다. 평균임금은 모든 나라에서 20대 전반부터 50대 중반까지 상승하고, 그 후 은퇴연령이 될 때까지 하락한다. 둘째, 일본에서도 완전한 연공서열제도가 취해져 온 것은 아니다. 즉 누구나가 연령이 높아짐에 따라 자동적으로 승진해서 마지막에는 최고위직에 까지 도달하는 것은 아니다. 또 많은 경우, 임금은 연령과 함께 올라가지만 대부분 기업의 임금에는 보너스를 비롯해 어느 정도까지 업적에 좌우되는 부분이 있다.

그렇지만 일본기업에서는 연공과 임금간의 극히 강한 상관관계에 변화가 나타나고 있고, 관리직과 일반사원간에 임금의 기준에 차이가 커지고 있다. 아사히신문 조사에 의하면 대기업 100사를 대상으로 실시한 조사에서 관리직 임금에 관해서는 61사가 성과주의를 취하고 있고, 31사는 성과주의를 중시하면서 연공주의를 남기고 있다. 연공주의를 중심으로 하면서 성과주의를 일부 채용하는 기업은 8사에 불과했다. 그러나 같은 조사에서 일반사원의 임금에서는 연공이 가장 중시되고 있다. 성과주의로 임금을 정하는 기업은 12사에 불과하며, 56사는 연공주의를 중심으로 하면서 성

12) 아베글렌, (2007).

과주의를 일부 도입하고 있었다. 사회경제생산성본부가 실시한 조사에서도 관리직의 임금제도에서는 능력주의, 성과주의가 중심이 되고 있으며 연공주의는 아주 작은 요소에 그치고 있다. 반면, 일반사원의 임금제도에서는 연공주의를 중시하는 기업이 많았다. 모리시마 교수는 각종 조사결과를 검토하여 다음과 같은 결론을 내리고 있다. 즉 기업은 단순히 새로운 방식으로 이행하고 있는 것이 아니라 임금제도를 이전보다 복잡하게 하여, 고려해야 하는 요인을 많게 하고 있다. 성과가 중요한 요인이 되고는 있으나, 연령이나 근속년수를 고려하지 않게 된 것은 아니다.

그러나 기업에 따라서는 커다란 변화가 일어나고 있다. 토요타는 전종업원을 대상으로 연령급을 폐지하고, 히타치, 마츠시타전기, 캐논도 같은 발표를 하고 있다. 이들 4개 회사는 일본에서도 특히 강력한 기업이며, 동시에 경영방법에서도 일본적인 기업이다. 연공서열 임금제도는 빠른 속도로 소멸할 것으로 예상된다. 이는 일본이 급속하게 고령화하고 있기 때문에 젊은 노동자의 수가 적어지고 있고, 귀중하기 때문에 미래의 어느 시점에서는 고령자보다 임금이 높아질 가능성도 있다.

(3) 기업별 조합

기업별 조합도 일본적경영의 주요한 특징이다. 일본에서 노동조합은 한 기업의 종업원으로 구성되고, 일부 관리직을 뺀 모든 종업원이 조합원이 된다. 일본에는 직업별조합이나 산업별조합은 거의 없고, 노동자는 근무하고 있는 기업에 귀속의식을 가지고 있다. 이런 점은 영미류와는 상당히 대조적이다.

한편 노동조합의 조직률은 1955년 33% 전후였으며, 1970년대 중반까지 이 수준이 계속되었다. 그 후 하락하여 현재는 20% 전후로 떨어졌으며, 더 떨어질 것으로 예상된다.

과거에는 노동조합의 영향력이 커서 기업경영의 중요한 결정을 할 때, 노동조합에 사실상 위임하고 있는 기업도 있었다. 그러나 현재는 대기업에서도 노동조합은 경영진 이상으로 회사의 장기적인 이익을 지키는데 큰 관심을 쏟고 있다. 일본에서는 매년 봄 임금협상을 하는 관행 때문에 춘투(春闘)라는 용어가 있으나, 이 단어는 이미 사전에만 남아 있는 단어가 되고 있다. 임금인상을 둘러싸고 매년 노사가 치열한 대결을 해 오던 관행이 이미 사라졌기 때문이다. 현재 노동조합의 관심은 임금인상에서 고용확보로 옮아가고, 이를 위해 노사는 대립하지 않고 협력할 필요가 있으며, 실제로 협력하고 있다.

또한 노동조건의 개선과 임금인상의 달성으로 이전에는 대단히 중요했던 노동조합의 역할이 떨어지고 있다. 또 다른 요인은 새로운 기업이 신산업에서 나타나고 있다. 현재 성장하고 있는 기업은 제3차산업, 즉 서비스 산업인데, 서비스산업에서는 이전부터 노동조합의 조직률이 낮았고 현재도 낮다.

그렇다고 하더라도 일본적경영의 특징의 하나인 기업별조합이 사라진 것은 아니다. 지금도 노동조합의 대부분은 기업별조합이며, 지금도 조직률은 20% 전후이다. 그러나 지금의 노동조합은 조용하며, 협력적이다. 경영진과 협력하여 회사의 업적을 올리기를 강하게 희망하며, 임금보다 고용확보를 중시하고 대결을 피하고 있다. 그리고 일본기업에 미치는 노동조합의 영향력, 역할은 계속 떨어지고 있다.

9.3 기업의 지배구조(소유구조) 변화

(1) 자금조달 패턴의 변화

기업의 자금조달이 간접금융시장(은행)에서 점차 직접금융시장(주식)으로 전환되는 경향을 보인다. 즉 1980년대 중반이후 사채(社債)발행에 대한 규제완화, 주식시장의 활황을 배경으로 대기업의 회사채 발행과 주식발행을 통한 자금조달 비중이 증가하였다. 또 1990년대 후반에는 일본판 빅뱅 등 제도개혁으로 인해 일본에 본격적인 자본시장이 도입되면서 대기업의 탈 은행화가 계속되고 있다. 은행측도 은행의 부실채권문제가 표면화됨으로써 은행의 기업주식 보유기피 현상이 현저해지고 있다.

(2) 상호 주식보유의 축소

1997년 이후 기업의 은행 의존도가 약해지고 경기 침체가 장기화 되면서 상호주식보유가 감소된 것도 큰 변화이다. 이는 일반기업의 경우 장기간에 걸친 주식시장의 침체와 기업 경영자의 책임의식 강화, 연결회계·시가회계제도가 도입되면서 상호 주식보유 해소가 크게 진전되었기 때문이다. 또 금융기관도 기업과의 거래관계가 약해진 점을 배경으로 기업주식을 적극 매각하여 부실채권 처리에 활용하였다. 이상과 같은 이유로 인해 기업 간의 상호주식보유가 크게 축소되었다.

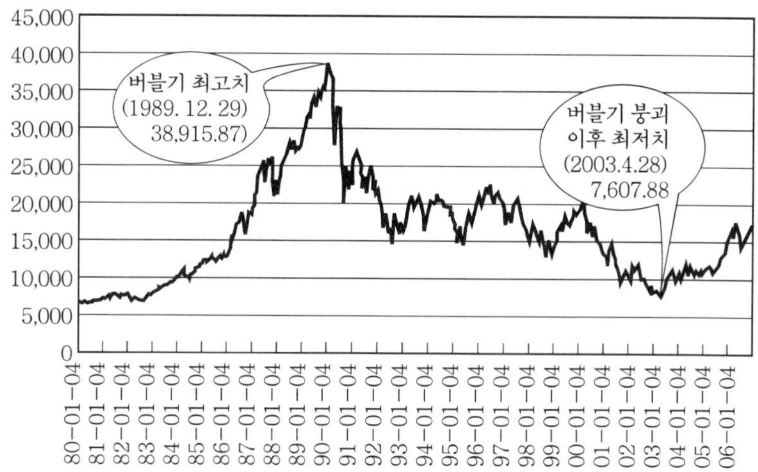

자료 : 정성춘 외, 201

〈그림 9-1〉 일본의 주가추이(NIKKEI225)

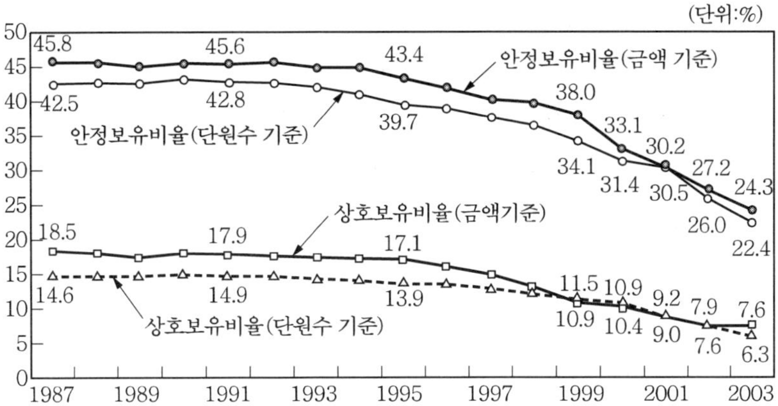

자료 : 정성춘 외, 203

〈그림 9-2〉 시장전체의 상호보유 및 안정보유 비율의 추이

〈표 9-2〉 주식의 안정보유 및 상호보유 비율의 추이

(단위: %)

연도	조사대상			시장전체의 안정주식보유비율								시장전체의 상호주식보유비율
	기업수	시가총액(조원)			금융기관 안정주식보유비율				기업간안정주식보유비율	상호주식보유비율	증권회사등의상호주식보유비율	
					은행	상호주식보유비율	보험	상호주식보유비율				
1987	1,924	433	• 45.8	31.3	14.9	6.7	16.4	• 1.0	14.4	• 10.7	0.1	• 18.5
1988	1,975	• 517	45.7	• 32.3	15.6	7.1	• 16.6	0.9	13.3	10.0	0.1	18.1
1989	2,031	500	44.9	31.3	15.6	7.3	15.7	0.8	13.4	9.1	0.1	17.4
1990	2,078	450	45.6	31.5	◎15.7	7.5	15.8	0.9	14.0	9.7	0.1	18.1
1991	2,107	326	45.6	31.8	15.6	7.6	16.20	0.9	13.7	9.3	0.1	17.9

자료 : 정성춘 외, 203쪽

2004년 3월말 현재 시장전체의 상호주식 보유비율 저하는 현저하지만 조사대상 기업의 83.2%에서 주식상호보유관계가 지속되고 있는 것으로

확인되었다.

최근의 일본전국증권거래소(2006. 6)가 발표한 주식분포상황조사에서 다음 세 가지 특징을 발견할 수 있다. 첫째, 금융기관 및 기업(사업법인)에 의한 주식보유가 최근 15년간 거의 일관되게 감소하고 있다. 둘째, 외국인에 의한 일본주식 보유가 급증하고 있다. 일본기업 발행주식 중의 외국인 주주 비율은 1990년대 초 5% 수준이었으나, 2005년에는 26.7%로 급상승하였다. 외국인 주식 보유비율이 높은 기업은 ROE(Return on Equity: 자기자본수익률)향상을 경영전략의 중심에 두게 된다. 셋째, 투자신탁과 연금신탁 등 국내 기관투자가에 의한 주식보유가 증가하고 있다. 이 투자가들의 투자동기도 기본적으로는 투자수익에 있기 때문에 기업은 ROE를 중시하게 된다.

이러한 변화, 즉 외국인 투자가와 국내 기관투자가의 주식보유비율 상승은 일본기업의 지배구조가 자본시장에 의한 규율요소를 점차 증가시키고, 경영을 효율화시킨다는 것을 의미한다.

(3) 기타 변화

이 이외에도 일본에서는 1990년대 말부터 기관투자가의 역할 확대, 바람직한 지배구조에 대한 관심 제고, M&A(인수합병)의 압력이 점차 증대하고 있다.

앞의 논의를 종합하면 일본에서는 1990년대 후반 이후 주거래은행 제도를 유지할 수 있었던 중요한 연결고리인 은행의 기업대출과 상호주식보유라는 핵심적 요소가 급격하게 붕괴되고 있다. 그러나 일본기업간에는 여전히 상호주식보유가 광범위하게 잔존하고 있는 점도 하나의 특징이라고 할 수 있다. 또 외국인과 기관투자가에 의한 주식보유 증대와 M&A 증대(금융시장의 글로벌화) 등은 기업규모의 확대보다도 자본의 효율성(ROE)을 중시하는 요인으로 작용하고 있다.

10
chapter

일본의 기업사회

10.1 시장과 조직

기업은 생산 등을 위해 많은 다른 기업과 거래관계를 통해 존재한다. 그런데 일본에서는 기업이 기업집단이나 계열, 하청 등과 같이 시장거래나 조직거래(기업 내에서 제작)가 아닌 중간조직적인 특징을 가진 존재로서 위치하며 이들 간에 장기적이고 계속적인 거래가 이루어지고 있는 경우를 흔하게 볼 수 있다. 여기서는 일본기업을 중간조직이라는 시각에서 설명한다.

(1) 시장거래와 조직거래

기업 간 거래에는 시장거래와 조직거래(기업 내에서 제작)가 있다. 먼저 시장이란 재화와 서비스가 공급자와 수요자 사이에 교환되는 프로세스 혹은 장소를 의미한다. 시장이 충분히 기능하기 위해서는 재화의 동질성, 다수의 수요자와 공급자의 존재, 정보의 완전성, 진입과 퇴출의 자유 등의 조건이 필요하다. 이는 통상적으로 완전경쟁의 조건으로 알려져 있는데 거래가 일회성이면서 지속성이 없고, 거래상대를 특정화시킬 필요가 없다(익명성)는 점이 전제가 된다. 그러므로 시장거래란 공급자와 수요자가 서로 대등한 관계에서 가격을 매개로 자유롭게 진입하거나 퇴출하면서 교환이 반복되는 거래를 말한다.

이에 비해, 조직거래는 거래가 수차례 혹은 장기에 걸쳐 이루어지는 지속성과 거래상대가 특정(特定)되고 지속적으로 계속된다는 특징을 가진다. 가장 대표적인 조직거래는 같은 기업 내의 다른 부서 간 거래(예를 들면 A 자동차 회사의 최종조립 부문에서 필요한 엔진을 동일 기업 내 엔진생산 부문에서 구입하는 경우), 즉 내제를 들 수 있겠다. 이런 의미에서 조직거래는 시장거래의 정반대편에 있는 거래형태라고 할 수 있다. 즉 동일한 멤버가 고정적이면서도 계속적으로 최종적으로는 권한에 기초한 명령에 의해 행해지는 거래를 조직(적) 거래라고 한다.

(2) 시장거래의 장점

시장거래의 경우, 거래처의 선정방법은 먼저 발주내용을 명시한 광고를 게재하고 응모해온 기업에 대해 기업체질, 경영방법, 품질, 납기 등에 대해 조사한 후, 기준에 합치한 기업을 2~3사 선정하여 견적서의 제출을 받은 후에 거래할 기업을 정하는 것이 일반적이다(미국의 경우). 이러한 공급계약은 모델 연도마다 경쟁 입찰에 의해 결정되고 그때마다 전술한 바와 같은 발주 내용의 광고에서부터 거래선 기업 결정까지의 일련의 과정이 반복된다. 이는 자유 경쟁이고 반면 계약 해제의 불안도 있다. 거래대상 기업의 수는 대단히 많기 때문에 부품 공급 기업 측으로서는 거래선을 분산화 하는 경향이 있다.

시장거래를 하는 이유는 시장거래가 많은 장점을 가지고 있어서이다. 자동차산업을 예로 들어 설명한다면 다음과 같다.

① 종합적 산업에 유용하다. 자동차 산업은 수많은 종류의 산업과 관련된 종합적 산업이므로 투하설비, 기술도 다양하기 때문에 이를 한 기업 내부에서 전부 내제로 조달하다는 것은 불가능하다.

② 경기변동에 대한 신축성의 확보를 위해서이다. 자사내부에서 생산할 경우 경기변동, 수요의 변화에 응해 생산축소, 조업중단을 할 경우 유휴설비가 발생하고 고정비용이 들게 된다. 내제를 적게 하고 외제를 늘이면 고정비용의 절약이 가능하게 된다.

③ 보다 장기적인 변동에 대한 탄력성의 확보를 위해서이다. 일단 조직내부의 일이 되면 이를 고정화하고, 유지, 확대하려는 경향이 발생하며, 이로 인해 외부환경의 변화, 신기술에 대한 적응이 어려워진다. 기업조직으로서 어느 부문의 생산축소, 철폐에 커다란 저항이 발생하며, 각 부문간의 관료주의적 편협성이 강해지고 조직 내 거래의 비용이 커진다. 또 내부의 조직이 복잡해지면 조직전체의 효율도 낮아질 가능성이 있다.

④ 각 공정의 최적생산규모가 달라서 규모의 경제성이 크거나 규모의 불경제성이 큰 공정의 경우 내제보다 시장조달을 통해 그 공정의 생산에 특화한 전문기업에서 구입하면 비용을 낮출 수 있기 때문이다.

〈그림 10-1〉은 이를 나타내고 있다. 여기서는 설명의 단순화를 위해 자동차 생산이 x, y, z라는 세 개의 공정으로 되어 있고, 각 공정의 비용함수는 각각 상이한 성질을 가진다고 가정한다. 그리고 각 공정의 코스트는 타공정의 그것과는 독립적이며 각 공정의 산출은 최종생산물의 산출에 비례한다고 하고, 거래에는 거래비용이 들지 않는다고 가정한다.

특정기업 a의 연간생산규모가 Q_a라고 하면 모든 공정을 자사 내부의 단일공장에서 생산하는 경우의 총평균 코스트는 P_1이 된다. 이경우 z공정은 최종 조립공정으로 내제해야만 한다고 하자. 그러나 y같은 공정은 규모의 불경제성이 크기 때문에 자사 내부에서 y공정의 최적규모인 Q_c 규모의 공장을 몇 개 설립하거나 외부의 코스트 조건이 맞는 몇 개 기업에서 구입하는 방법이 있다. 그렇게 하면 y공정의 코스트는 P_3 이상이 되지는 않고 그 차이(α) 만큼 총평균 코스트를 내릴 수 있다. 또 x공정과 같이 규모의 경제성이 너무 커서 a기업의 수요를 크게 초과하는 곳(Q_b)에서 최저생산비가 달성되는 경우(예를 들면 프레스 공정)는 이에 특화한 전문기업에서 P_2가격으로 구입하면 코스트는 β만큼 더 인하할 수 있다.

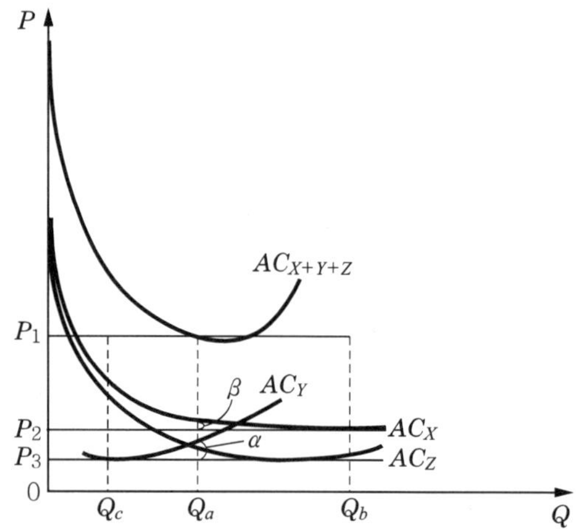

자료 : Stigler George J.(1963, 209쪽)을 수정하여 필자가 작성

〈그림 10-1〉 복수공정 생산물의 생산비 결정

(3) 조직거래(내제)의 장점과 단점

① 자동차 생산과 같이 많은 공정으로 이루어진 생산물의 경우는 각각의 공정의 품질, 수량, 납기의 준수가 중요한 과제가 되는 바 내제의 경우는 외제에 비해 그에 대한 불확실성이 감소할 가능성이 크다.

② 필요한 공정의 생산물 입수에 수반되는 거래 비용의 절약이 가능해진다. 왜냐하면 외제에 있어서는 가격결정 작업의 명세의 연락, 계약의 교섭 등에 상당한 시간과 노력이 들기 때문이다.

③ 생산에 수반되는 기술개발, 품질향상의 효과가 사내에 축적된다. 특히 그 공정의 성질상 실제 생산을 통한 학습이 중요한 요소이고, 또 전문인력의 획득이 어려운 경우는 이러한 효과를 얻기 위해서 내제하는 것이 유리하다.

반면 내제의 단점으로서는

① 경기의 변동으로 수요의 변화가 생긴 경우 외제에 비해 신축적으로 대응하기가 어렵다. 경기의 변동에 의한 수요의 변화에 따라 생산을 축소하거나 조업을 중단한 경우는 유휴 설비가 발생하여 그 경우도 고정비용(지대, 설비 렌탈료, 노무비 등)은 지출하지 않으면 안 된다.

② 일단 내재화 해버리면 그것을 고정화하고 또, 유지확대 하려고 하는 경향이 생기기 쉽고, 이로 인해 진부화한 생산 방법이나 신기술에의 적응을 어렵게 하는 경향이 있다. 나아가서 내부의 조직이 복잡해지면 조직 전체의 효율도 떨어질 가능성이 있다.

(4) 시장인가, 조직인가?

시장은 가격을 매개로 하여 자유롭게 교환을 계속하는 장을 말하는데 비해 조직은 고정적이면서도 계속적으로 거래를 하는 멤버가 명령에 의해 거래를 행하는 곳이다.

그러나 기업에서의 거래 관계는 시장 거래와 조직거래라는 양자택일에 의해서만 정해지는 것은 아니다. 시장 거래와 조직 거래간의 중간영역에 다양한 거래 형태가 존재하는데 이러한 영역의 거래를 중간조직이라고 한다.

거래의 일회성이 특징인 시장 거래에서부터 반복 거래, 장기 · 계속거래, 파트너십 전략적 제휴 등 권한과 명령에 근거한 수직 통합에 가까울수록 거래의 빈도는 높아지고 거래 관계는 강화된다.

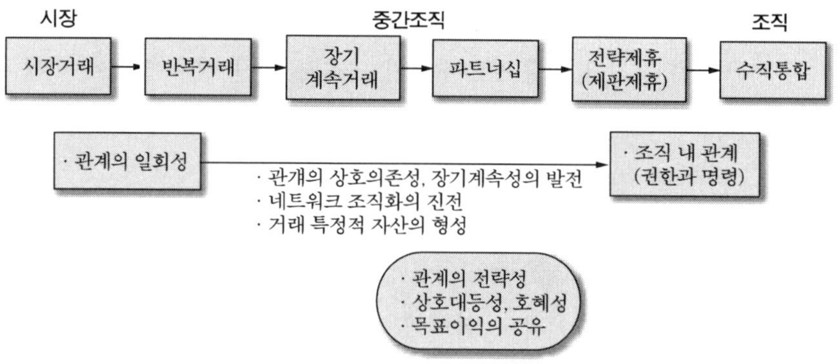

자료 : 정진성 · 손일선 · 김삼수(2004), 159쪽

〈그림 10-2〉 중간조직의 개념

거래관계가 강화되면 상호이해나 신뢰관계가 깊어지는 반면 탐색, 교섭, 감시 등의 거래비용은 저하된다. 시장거래는 비연속적이고 익명성이라는 특징을 갖고 있어 주체간의 연결성은 그렇게 밀접하지 않은데 비해 조직거래는 결합정도가 어느 정도는 강하다고 할 수 있다. 이러한 조직거래는 기업의 조직 내 거래와는 다른 개념으로 어디까지나 독립된 경제주체 간 거래의 한 형태를 말한다.

미국의 경우, 시장거래와 조직거래의 구분이 명확하다. 가격메커니즘이 정상적으로 움직이는 곳에서는 시장거래가, 시장의 실패에 의해 시장거래가 비효율적인 곳에서는 조직내 거래가 형성된다. 그러나 일본은 조직거래와 시장거래 사이의 중간적인 형태를 띠는 중간조직 등 다양한 형태의 조직 원리가 나타나고 있다. 1990년 미. 일 구조 협의의 보고서에서 일본시장의 폐쇄성이 문제가 된 것은 일본에서는 미국에 비해 많은 부분에서 이러한 조직된 시장이 존재하고 있기 때문이다.

일본적 기업 시스템을 이해하는 데는 중간조직(조직적 시장거래)이라는 점을 염두에 두는 것이 매우 중요하다. 중간조직이란 형태상으로는 시장거래이면서 내부조직과 유사한 성격을 가진 거래 형태로 하청관계, 계열적 거래, 유통에 있어서의 거래 관행, 주식의 상호보유, 메인뱅크 시스템 등 단순한 거래관계를 넘는 보다 조직적인 거래 관계의 형태로 나타

난다.[1]

(5) 중간조직의 특징

① 장기 · 계속거래

여기에서는 매수자는 특정한 소수의 기업에서 원재료나 부품을 구입하는데, 거래 시 수량이나 가격은 변화하지만 상대기업은 변하지 않는 거래형태이다. 다시 말하면 한번 성립한 거래관계는 장기에 걸쳐 계속된다. 장기적 거래가 성립하기 위해서는 거래관계에 있는 기업 간의 상호신뢰가 형성되어야한다. 여기서 상호신뢰란 각각의 기업이 기회주의적인 행동을 하여 거래관계를 파괴시키지 않을 뿐만 아니라 납기나 품질에 관해 충분히 보증할 수 있다는 것을 뜻한다.

장기 · 계속거래는 쌍방 간의 기업성장에 기여하는 여러 가지 경제적 합리성이 있다. 장기 · 계속거래가 성립하면 거래비용, 특히 상대기업의 신용조사에 관한 비용을 줄일 수 있고, 생산 공정의 효율화를 꾀할 수 있다. 납입조건이 엄격히 지켜진다면 구매자 측에서는 원료, 부품의 재고를 줄이고, 구입품의 검사 비용을 줄일 수 있다.[2]

② 얼굴이 보이는 경쟁

조직거래는 시장거래에 비해 보이지 않는 손에 의한 경쟁유발 메커니즘은 없지만, 그렇다고 경쟁메커니즘이 전혀 없는 것은 아니다. 경우에 따라서는 불특정 다수간의 경쟁보다 소수자간의 경쟁이 훨씬 치열할 수도 있다. 이와 같은 소수자 간의 경쟁을 얼굴이 보이는 경쟁이라고 한다. 얼굴이 보이는 경쟁의 특징은 경쟁하는 과정에서 서로의 특성이 라이벌 사이에 서로 잘 알려지고 이것이 경쟁의식을 더욱 고취시킨다는 점이다.

③ 중간조직의 장점

중간조직의 장점은 첫째, 중간조직에서는 거래 당사자 간에 정보가 축적되어 간다는 점이다. 즉, 중간조직의 거래관계에서는 재화의 거래과정

---

1) 정진성 · 손일선 · 김삼수(2004), 159-160
2) 정진성 · 손일선 · 김삼수(2004), 163

이 정보의 거래 과정으로 전환되고, 이것이 좀더 협력적인 관계를 유발시키면서 정보의 축적을 가능하게 하는 원천이 된다. 이러한 협력과 정보교환의 축적은 기업의 기술력을 높이는 요인으로도 작용한다. 둘째, 환경에 대한 적응력이 강하고 환경변화에 실패했을 경우, 그 조직만을 없애는 손실을 최소한으로 줄일 수 있다. 셋째, 통상의 내부조직에 대해서와 같은 관리 비용이 불필요하기 때문에 운영 코스트가 낮다. 넷째, 조직에 완전히 속해 있지 않기 때문에 그만큼 자립성이 강하고 의욕도 높다.[3)]

10.2 기업집단

(1) 기업집단의 정의와 6대 기업집단

다양한 업계의 유력 기업이 상호 간에 주식을 보유함으로써 성립된 기업집단으로, 기업집단에 소속된 기업 간에 자본관계, 거래관계, 인적관계를 가진다. 일본의 기업집단은 앞에서 지적한 중간조직의 전형적인 형태로 볼 수 있다.

기업집단은 흔히 6대 기업집단으로 나눈다. 제2차 대전 이전의 재벌[4)] 계통에 속하는 기업을 중심으로 하는 구 재벌계 3그룹인 미쓰이(三井), 미쓰비시(三菱), 스미토모(住友)와 은행을 중심으로 하는 은행(금융)계 3그룹, 후지 은행을 중심으로 한 후요, 다이이치 칸긴(第一勸業), 산와(三和)를 말한다. 이들 기업집단의 멤버기업은 대부분이 일본 내 상위 200사 내에 들어가는 대기업이다. 이들 기업집단은 2차 대전 이전의 구재벌과 같이 지주 회사를 중심으로 피라미드형의 지배구조에 의거하는 집단은 아니지만, 주식의 상호보유, 상호 임원파견, 장기적 거래관계를 가진다는 공통점이 있고, 법적으로는 독립되어 있으나 구성원 간에 자본적, 인적으

3) 정진성 · 손일선 · 김삼수(2004), 제7장 참조
4) 재벌이란 가족, 또는 동족에 의해 출자된 모회사(지주회사)를 중핵으로 하여 그것이 지배하고 있는 제기업(자회사)으로 하여금 다종의 산업을 경영하도록 하고 있는 기업집단으로서, 대규모의 자회사는 각각의 산업부문에서 과점적 지위를 점한다.

로 강한 유대관계를 가지고 있다.

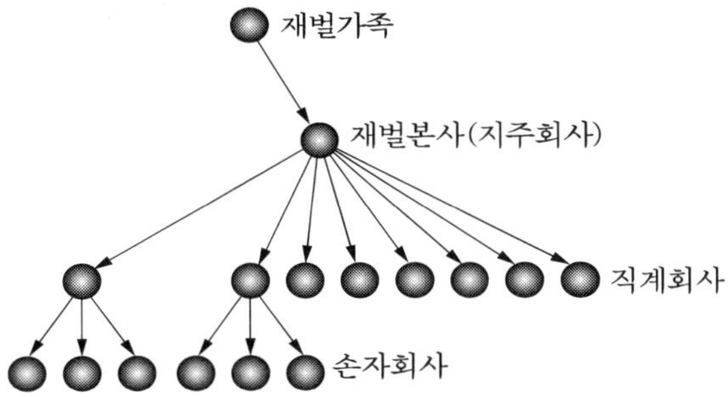

(a) 제2차 세계대전 이전의 재벌(피라미드)

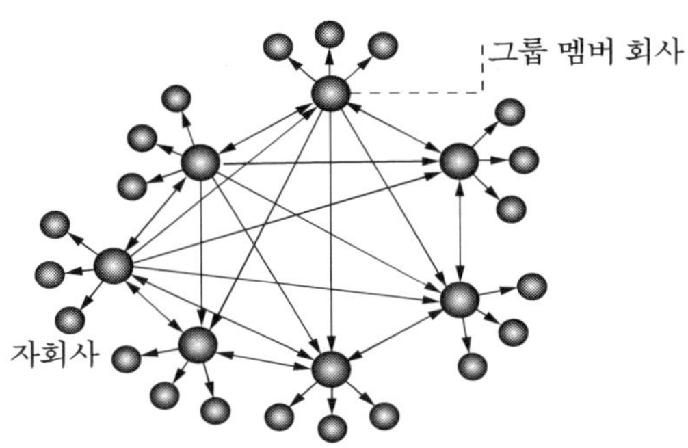

(b) 전후 기업집단

자료 : 정진성 · 손일선 · 김삼수(2004), 186쪽

〈그림 10-3〉 재벌과 기업집단의 개념도

한편, 기업그룹이라고 일반적으로 말할 때 위에서 말한 기업집단과는 별개의 것으로서 유력기업을 핵으로 하는 '관련기업 그룹(독립계 기업그룹)'을 포함하는 경우가 많다. 관련기업그룹은 기업집단이 다양한 업종에 속하는 독립적인 기업의 대등한 기업 간 관계인데 비해, 중핵적인 유력기업이 그룹 전체에 대해 영향력을 가지고 있다는 의미에서 계층적인 기업 간 관계라고 할 수 있다. 예를 들면 히타치(日立) 그룹, 마쓰시타 그룹(松下그룹), 토요타 그룹 등을 들 수 있다.

(2) 기업집단의 구성과 규모

기업집단은 각 기업집단에 설치된 사장회의 멤버기업에 의해 구성되는 것으로 간주된다. 사장회는 멤버기업의 사장 또는 회장을 출석자로 하여 정기적으로 개최된다. 일본공정거래위원회의 조사에 의하면 재벌계에서는 미쓰이그룹(二木會, 25사), 미쓰비시그룹(三菱 金曜會, 28사), 스미토모그룹(白水會, 20사), 은행계에서는 후요그룹(芙蓉會, 27사), 산와그룹(三水會, 44사), 다이이치칸긴그룹(三金會, 48사) 이라고 하는 6개의 사장회가 존재하며, 각 기업집단은 여러 업종에 속하는 다수의 기업으로 이루어진다.

위의 6대 기업집단의 사장회에 속하는 기업(금융업 제외)은 기업수로는 0.1%에도 미치지 못하나, 일본 전 법인기업(금융업 제외) 총자산의 11.21%, 매출액의 10.82%, 자본금의 13.15%를 차지하고 있다. 단, 1989년을 정점으로 기업집단이 일본경제에서 차지하는 비중은 떨어지고 있다. 한편, 모든 기업집단은 모두 자회사(주식보유비율 50%를 초과)나 관계회사(주식보유비율 10% 이상 50% 이하)를 소유하고 있고, 각 기업집단에 그 자회사나 관계회사를 포함시키면 일본경제에서 차지하는 기업집단의 비중은 더욱 커진다. [5]

(3) 6대 기업집단의 소속기업

여기서는 6대 기업집단에 소속되어 있는 기업의 면면을 살펴본다. 〈표 10-1〉은 6대 기업집단의 기업들을 기업집단, 업종별로 정리한 것이다. 표에서 보는 바와 같이 6대기업집단 모두 다양한 업종의 기업이 포진하고 있으며, 그 중심에 은행 등의 금융회사와 종합상사 등이 자리하고 있는 점을 주목할 필요가 있다. 그리고 자동차기업과 철강, 유리생산 기업 등의 관계에서 보는 바와 같이 상호 보완적인 관계의 기업들이 같은 그룹을 형성하고 있는 점도 주목된다.

5) 정진성 · 손일선 · 김삼수(2004), 173-176

① 미쓰이그룹(이목회, 25사)

미쓰이 그룹의 이목회의 소속 기업으로는 금융업에서 사쿠라 은행, 미쓰이 생명보험, 상업에서 일본을 대표하는 종합상사인 미쓰이 물산과 미쓰코시 백화점이 있다. 그 외에 미쓰이 광산, 미쓰이 건설, 왕자제지, 일본제지, 미쓰이 화학, 토레, 토시바, 토요타 자동차, 미쓰이 조선, 상선 미쓰이 등이 이목회 소속 기업이다(이하 〈표 10-1〉 참조).

② 미쓰비시그룹(미쓰비시금요회, 28사)

미쓰이 그룹의 미쓰비시 금요회의 소속 기업으로는 토쿄미쓰비시은행, 미쓰비시신탁은행, 미쓰비시상사, 미쓰비시 제지, 미쓰비시 화학, 아사히 유리, 미쓰비시 전기, 미쓰비시 자동차, 미쓰비시 종합연구소 등이 있다.

③ 스미토모그룹(백수회,20사)

스미토모 그룹의 백수회에는 스미토모 은행, 스미토모 상사(종합상사), 스미토모 건설, 일본판유리, 스미토모 금속공업, 일본전기 등이 있다.

④ 후요그룹(부용회, 27사)

후요그룹의 부용회에는 후지은행, 마루베니(종합상사), 대성건설, 삿포로 맥주, 닛싱제분, 닛싱방적, 태평양 시멘트, 히타치 제작소, 닛산 자동차, 캐논, 동부철도 등이 있다.

⑤ 산와그룹(삼수회, 44사)

산와그룹의 삼수회에는 산와은행, 닛쇼이와이 상사, 오바야시쿠미(건설), 산토리, 테진, 코베제강소, 히타치금속, 히타치 제작소, 샤프, 히타치 조선, 다이하쓰 공업, 일본통운 등이 있다.

⑥ 다이이치칸긴그룹(삼금회, 48사)

다이이치칸긴그룹의 삼금회에는 타이이치칸긴 은행, 이토츄 상사, 닛쇼이와이 상사, 시미즈건설, 시세이도(화장품), 카와사키 제철, 히타치제작소, 후지전기, 후지츠, 카와사키 중공업, 이스즈자동차, 일본통운 등이 있다.

〈표 10-1〉 6대 기업집단의 멤버기업

그룹	三井그룹 (二木會25社)	三菱그룹 (三菱金曜會28社)	住友그룹 (白水會20社)	芙蓉그룹 (芙蓉會27社)	三和그룹 (三水會44社)	第一勸銀그룹 (三金會48社)
金融・保險業	사쿠라 銀行 中央三井信託銀行 三井生命保險 三井海上火災保險	東京三菱銀行 三菱信託銀行 明治生命保險 東京海上火災保險	住友銀行 住友信託銀行 住友生命保險 住友海上火災保險	富士銀行 安田信託銀行 安田生命保險 安田火災海上保險	三和銀行 東洋信託銀行 日本生命保險	第一勸業銀行 朝日生命保險 富國生命保險 日產火災海上保險 大成火災海上保險 미즈호인베스터즈證券
商業	三井物產 三越	三菱商事	住友商事	丸紅	니치멘 日商岩井 岩谷產業 高島屋	伊蔚忠商事 日商岩井 兼松(休會中 川鐵商事 西武百貨店 이토키
林業			住友林業			
鑛業	三井鑛山		住友石炭鑛業			
建設業	三井建設 三機工業	三菱建設	住友建設	大成建設	大林組 東洋建設 鐵高組 積水하우스	淸水建設
食料品	日本製粉	麒麟麥酒		日淸製粉 삿포로맥주 나치레이	伊蘇햄 산토리	
纖維				日淸紡績 東邦레이론	유니치카	
紙・펄프	王子製紙 日本製紙	三菱製紙		日本製紙		王子製紙
化學	三井化學 도레 電氣化學工業	三菱化學 三菱瓦斯化學 三菱樹脂 三菱레이온	住友化學工業 住友베이클라이드	昭和電工 吳羽化學工業 日本油脂	帝人 도쿠야마 積水化學工業 宇部興產 日立化成工業 田邊製藥 蘇澤藥品工業 關西페인트	電氣化學工業 協和醱酵工業 日本제온 旭電化工業 三共 子生堂 라이온 旭化成工業
石油・石炭製品		日石三菱			코스모石油	昭和셀石油
고무製品					東洋고무工業	橫濱고무

그룹	三井그룹 (二木會25社)	三菱그룹 (三菱金曜會28社)	住友그룹 (白水會20社)	芙蓉그룹 (芙蓉會27社)	三和그룹 (三水會44社)	第一勸銀그룹 (三金會48社)
窯業・土石製品	太平洋시멘트	旭硝子	日本板硝子	太平洋시멘트		太平洋시멘트
鐵鋼	日本製鐵所	三菱製鋼	住友金屬工業	日本製鋼(NKK)	神戶製鋼所 日新製鋼 中山製鋼所 日立金屬	神戶製鋼所 川崎製鋼 日本重化學工業
非鐵金屬	三井金屬鑛業	三菱머티리얼 三菱알루미늄 三菱電線工業 三菱伸鋼	住友金屬鑛山 住友金屬工業 住友電氣工業		日立電線	日本輕金屬 古河機械金屬 古河電氣工業
一般機械器具		三菱化工機	住友重機械工業	구보타 日本精工	NTN	新潟鐵工所 井關機械 荏原製作所
電氣機械器具	東芝	三菱電氣	日本電氣	日立製作所 沖電氣工業 橫河電氣	日立製作所 岩崎通信機 샤프 日東電工 京세라	日立製作所 富士電氣 安川電氣 富士通 日本콜롬비아
轉送用機械器具	토요타自動車 三井造船 石川重工業	三菱重工業 三菱自動車工業		日産自動車	日立造船 新明和工業 다이하쓰工業	川崎重工業 石川島播磨重工業 이스즈自動車
精密機械器具		니콘		캐논	호야	旭光學工業
不動産業	三井不動産	三菱地所	住友不動産	東京建物		
陸運業				東武鐵道 京浜急行電鐵	阪急電鐵 日本通運	日本通運
水運業	商船三井	日本郵船			商船三井	川崎汽船
倉庫・運輸關聯業	三井倉庫	三菱倉庫	住友倉庫			澁澤倉庫
서비스業・기타		三菱綜合研究所			오릭스 大阪가스	東京돔

주 : 1) 三井그룹의 토요타자동차는 옵저버임.
2) 그물표시가 있는 기업은 복수의 사장회에 중복 가입하고 있음.
3) 第一勸銀그룹의 兼松은 1999년 10월 1일부터 휴회하고 있음.
4) 자료는 각 사장회 사무국의 보고에 의함.

자료 : 公正取引委員會(2001).

(4) 기업집단의 특징

① 사장회

기업집단 내에서 사장회가 하는 역할에 대해서는 의견이 나누어진다. 먼저 멤버기업의 경영에 대해 사장회가 매우 중요한 역할을 한다는 견해이다. 특히 구재벌계 집단에서 이러한 경향이 강하다고 한다. 반면에, 사장회가 존재하나 각 그룹 회사경영에 실질적인 영향력을 행사하는 것은 아니라는 주장도 있다. 사장회는 멤버기업들이 공동투자 등을 하는 경우 정보교환이나 의견교환의 장이 되기는 하지만 멤버기업의 투자 결정은 독립적으로 행해지고, 멤버기업의 의사결정을 통일할 정도의 권한은 갖고 있지 않다고 주장한다.

공정거래위원회의 조사(2000년 현재시점)에 의하면, 사장회 가입의 장점으로 다음과 같은 점을 들고 있다. 정보교환, 브랜드에 의한 신용력 향상, 축적된 정보, 노하우의 활용, 장기적 거래의 확보, 안정주주 대책, 경영위기시의 융자대책 등 다양한 측면에서 이점이 있는 것으로 나타나고 있다.

② 자본관계-주식상호보유

주식상호보유란 복수의 기업이 안정주주로서 상호간에 발행주식을 장기적으로 보유하는 기업관행을 말한다.

주식소유관계율은 A사가 멤버기업 중 몇 사에 대해 출자하고 있는가를 나타내는 지표이다. 이 비율이 100%이면 멤버기업 각 사는 동일 기업집단 내의 모든 멤버기업에 대해 출자하고 있다는 의미인데, 1999년도의 주식소유관계율은 54.53%로서 1985년도 이후 큰 변화가 없다.

평균 지주율은 멤버기업 주주가 1회사에 대해 어느 정도 출자를 하고 있는가(예: A사가 멤버기업 B사의 주주구성에서 차지하는 비중)를 나타내는 지표이다. 1999년도의 평균 지주율은 1.38%로 1989년 이후 큰 변화가 없다.

집단내 주식상호 보유비율은 멤버기업이 발행하고 있는 전 주식 중 동일기업집단의 멤버기업이 소유하고 있는 주식의 비율을 말한다. 집단 내 주식소유비율은 1999년도의 경우 6대기업 평균은 20.05%이며, 구재벌계는 24.95%로 은행계의 15.16%에 비해 높은 비율을 차지하고 있다. 이 비율은 1981년 이후 감소경향에 있다.

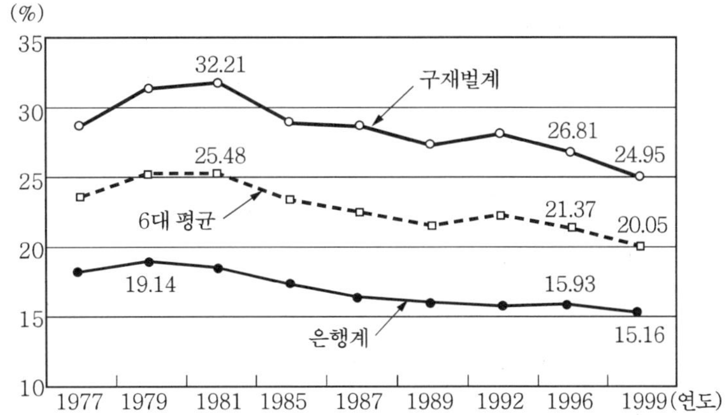

자료 : 정진성 · 손일선 · 김삼수(2004), 180

〈그림 10-4〉 6대기업집단 주식상호보유비율

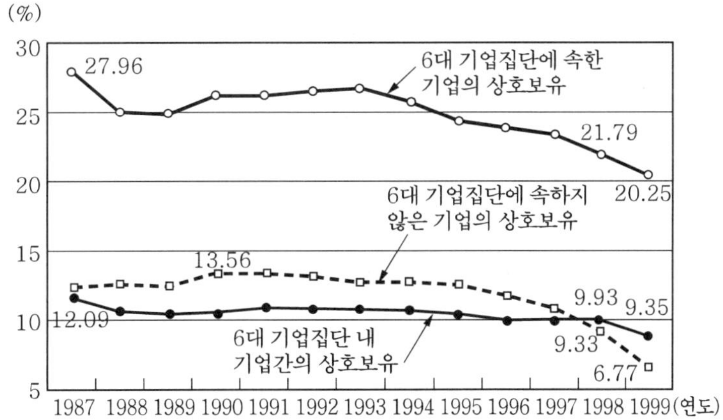

자료 : 정진성 · 손일선 · 김삼수(2004), 181

〈그림 10-5〉 6대기업집단 멤버기업의 주식상호보유비율 추이

③ 거래관계

먼저 기업집단내 금융기관의 대출총액에서 차지하는 동일 기업집단내 기업에 대한 대출금 비율은 1981년에는 7%를 상회하였으나, 그 이후 감소하여 1996년 3.27%, 1999년 3.53%로 하락하였다.

다음으로 기업집단내 기업들의 총 구입액 중에서 다른 멤버기업으로부터의 구입액이 차지하는 비율은 1996년 7.47%에서 1999년도에는 6.44%로 떨어졌다. 집단내 구입의 대부분은 종합상사와의 거래가 차지하였는데, 1996년 6.31%에서 1999년 5.30%로 떨어졌다. 집단내 거래에서의 종합상사의 지위는 상대적으로 하락하고 있다.

④ 인적관계

기업집단의 멤버기업들은 임원의 파견 등에 의해 인적으로도 결합하고 있다. 멤버기업에서 임원파견을 받아들이고 있는 기업비율은 1999년 6대기업 평균으로 37.17%로 낮은 비율을 나타낸다.

(5) 기업집단의 형성배경

기업집단 중에서 미쓰이, 미쓰비시, 스미모토 등 구 재벌계 기업집단은 GHQ(연합군사령부)에 의한 전후 경제민주화 정책에 의해 실시된 재벌해체에서 비롯된다. 재벌해체에 의해 산하기업을 결속시키고 있던 지주회사가 해산되고, 재벌계 기업주의 처분이 본격화 되면서 외부세력의 주식매수에 의한 회사점령 위기에 봉착하였다. 이에 구 재벌계 기업의 경영진은 안정주주를 확보하여 경영권을 방어하려고 하였다. 그 방안으로 구 재벌계 기업은 과거 같은 재벌에 속해있던 기업 간에 주식을 상호 보유함으로써 서로에게 대해 안정주주로서 기능했다. 동일 계열기업간의 주식상호보유는 일본경제의 부흥, 성장과 함께 각 기업이 증자를 행함에 따라 더욱 진전되었다.

한편, 구 재벌계 기업집단과는 달리 후지은행, 산와은행, 다이이치칸교은행 등 대은행을 축으로 하는 기업집단이 형성된 것은 1960년대 후반경이다. 1964년 일본은 OECD의 가맹을 계기로 자본자유화가 실시되면서, 외국자본에 의한 주식매수 가능성이 높아졌다. 이에 대처하고자 대은행과 융자관계를 맺어오던 기업 사이에는 상호 주식보유를 통해 안정주주를 확보하려는 움직임이 일어났다. 그 결과 대은행을 중심으로 한 단순 융자 계열 관계에 있던 기업들도 주식의 상호보유를 통해 기업집단을 형성하게 되었다.[6)]

(6) 기업집단의 부차적인 기능

위에서 제시한 기능 이외에도 기업집단의 기능에는 장기간의 거래를 통해 신뢰가 쌓임으로서 거래비용을 절감할 수 있고, 사장회 등을 통해 공식, 비공식적인 정보교환이 이루어진다. 또 기업집단은 집단안전보장 체제와 같은 위험분담기능을 가진다. 특히 쇠퇴산업에 대한 공동지원, 신흥 산업에 대한 공동투자 등의 형태로 나타나기도 한다. 또 주주에 대한 고배당, 고주가라는 단기적인 이익의 압력을 받지 않고, 장기적 관점에서 적극적인 설비투자, 연구개발, 기술혁신 등을 가능하게 하며, 이로 인해 경영자 지위의 안정화 및 경영방침의 장기적 일관성을 유지하기가 용이하다.

10.3 하청생산제[7)]

(1) 정의와 실태

하청의 정의는 자기 기업보다 큰 기업(모기업)에서 위탁을 받아 모기업의 제품에 사용되는 제품, 부품, 부속품, 원료 등을 제조하거나. 모기업이 제품제조를 위해 사용하는 설비, 기구, 공구 등을 제조 또는 수리하는 것을 말한다.

6) 정진성 · 손일선 · 김삼수(2004), 185-187
7) 정진성 · 손일선 · 김삼수(2004), 9장 참조

이때 양자 간의 법률관계는 청부계약, 판매계약, 제조수리의 위탁계약, 또는 이를 혼합한 형태의 계약 등 여러 가지 형태를 생각할 수 있다. 그리고 하청생산을 주문할 때는 모기업이 직접 주문해야 하며, 이때 규격, 품질, 성능, 디자인 등을 지정하는 행위를 필요로 한다.[8)]

그리고 하청이라고 할 경우는 거래관계가 1회로 끝나는 단기거래가 아니라, 어느 정도 계속적인 거래를 전제로 하는 것이 일반적이다.

일본 중소기업 중에 하청기업 비율은 1981년 65.6%로 최고조에 달한 후 감소 경향에 있으며, 1996년에는 51.6%를 기록했다.

〈표 10-2〉 하청중소기업비율의 추이

(단위: %)

	1966	1971	1976	1981	1987	1996
하청중소기업비율	53.3	58.7	60.7	65.5	55.9	51.6

자료 : 中小企業廳(2000), (정진성 · 손일선 · 김삼수(2004), 199쪽에서 전재)

업종별로는 섬유, 자동차, 전기기계, 의복섬유, 일반기계, 금속제품 등에서 하청기업의 비중이 높다.

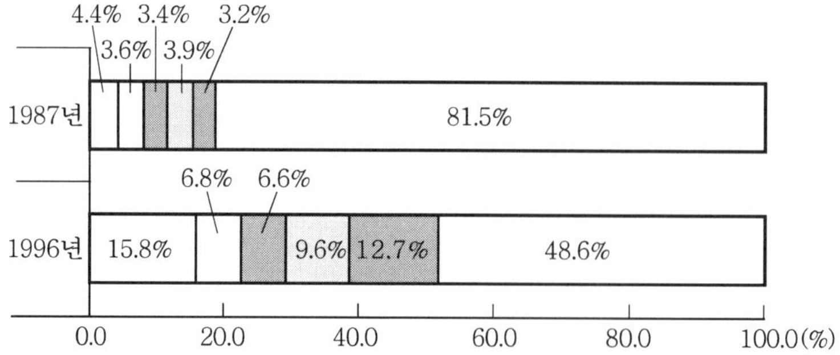

주: 왼쪽 끝부터 30% 미만, 30~50% 미만, 50~70% 미만, 70~90% 미만, 90~100% 미만, 100%임.

자료 : 정진성 · 손일선 · 김삼수(2004), 199

〈그림 10-6〉 하청중소기업의 하청거래 의존도

8) 통상산업성의 실태조사시 정의

그리고 하청중소기업의 하청거래의존도를 〈그림 10-6〉에서 보면, 중소기업의 61.3%가 매출의 90% 이상을 하청거래에 의존하고 있다. 이는 일본중소기업의 하청거래 의존도가 매우 높음을 나타낸다(1996년).

(2) 하청관계의 특징[9)]

하청관계의 특징으로는, 다음과 같은 점을 들 수 있다.

① 제조업에서 높은 외주비율

완성품 조립업체의 외주율이 높고, 분업관계가 광범위하게 전개되고 있다. 하청생산이 광범위하게 실시되고 있는 자동차 산업을 살펴보면 일본자동차 기업의 경우, 미국에 비해 높은 외제화율을 나타내고 있다.[10)]

② 중층적 분업구조

하청분업이 중층구조로 되어 있다. 자동차 산업의 경우 완성차 업체와 부품업체간의 분업관계는 피라미드형을 띠고 있다. 이때 완성차 업체는 피라미드의 정점에 위치하며, 그 밑에 완성차 업체에 직접 부품을 납품하는 1차 하청업체, 다시 그 밑에 1차 하청업체에만 납품하는 2차 하청업체, 이하 3차식으로 중층적인 구조를 가진다.

1차 부품업체는 1,000명 이상의 대기업이지만. 2차 부품업체는 50-100명 규모의 중소기업 규모이며, 3차 부품업체 이하가 되면 많아야 종업원 10인 이하의 영세기업이 대부분이다.

---

9) 정신성 외(2004), 200-211

10) 일본의 토요타, 닛산자동차의 매상고 대비 부품, 원재료 구입 비중은 70% 내외에 달한다. 미국의 GM의 동 비중은 52%, FORD의 경우는 41%이다.(토요타, 닛산은 1974년, GM은 1973년, FORD는 1974년 수치임)(임천석, 1993, 19)

〈표 10-3〉 자동차산업의 하청시스템의 계층별 특징

		1차 메이커	2차 메이커	3차 이하 메이커	비고
기업개요	종업원 평균총수	대규모(1,198명)	중규모(69명)	소・영세규모(10명)	계층 간에 명확한 규모차이가 존재
	종업원 평균연령	저(39세)	중(42세)	고(46세)	상층일수록 젊음
	생산부문 종업원 구성	-	-	가족, 여자, 고령자, 기간공, 파트, 외국인, 공정외주 등 비율 높음	3차 이하는 고령 남자 노동자의 비율이 높고, 다양한 노동력 구성
거래구조	거래처	자동차 메이커, 1차 메이커가 중심이지만 2차, 3차도 있음	1차, 2차가 중심이지만 자동차메이커 3차도 있음	2차, 3차 메이커가 중심이지만 1차도 있음	수직거래가 중심이지만 그 외 다양한 거래관계 있음
	제품이 최종적으로 살용되고 있는 자동차 메이커	닛산, 이스즈, 미쓰비시, 닛산디젤 중심이나 도요타 포함하여 다양함	닛산, 이스즈, 미쓰비시, 닛산디젤 중심이나 도요타 포함하여 다양함	닛산, 미쓰비시, 이스즈 중심으로 다른 메이커 적음(미쓰다, 다이하쓰는 없음)	3차 이하는 특정 메이커에 의존하는 로컬 거래관계 주체
	상동(上同) 메이커수 평균	5, 3사	4, 5사	2, 5사	상층일수록 많음
거래처와의 관계	주요 거래처와의 거래개시기	1950년대(45%)	1960년대(32%), 1970년대(24%), 1980년대(20%)	1970년대(47%), 1980년대(42%)	하층일수록 거래역사가 짧음
	주요 거래처와 협력회, 가입상황	79%가 가입	70%가 가입	30%가 가입, 45%는 조직 자체가 없음	협력회에 참가하고 있는 것은 2차까지, 3차 이하를 대상으로 하는 조직 적용
	주요 거래처에서 받는 원조	자본참가(41%), 임원・관리직파견(33%), 경영지도 21%), 기계・설비의 대여(25%), 특히 없음(38%)	기계・설비의 대여(25%), 기계가 공기술지도(19%), 특별히 없음(54%)	기계・설비의 대여(11%), 기계가 공기술지도(11%), 특별히 없음(79%)	1차 메이커는 자본 참가, 임원파견, 경영지도 등 강력한 지원을 받고 있음. 3차 이하에 대해서는 원조 적용
주력제품 거래상황	사업내용(공정)	조립, 프레스, 절삭, 용접 주체	저립, 프레스, 절삭 용접 주체	용접가공이 주체, 기타 프레스, 절삭 등	3차 메이커는 용접 주체, 1차・2차는 조립 중심으로 다양

	원생산 개수	대규모(454만개)	중규모(53만개)	소규모(14만개)	상층일수록 대규모생산
	제품종류	다품종(504 종류)	중품종(107 품종)	소품종(35종류)	상층일수록 제품종류 많음
	제품종류당월산개수	다(7,651개)	중(4,977개)	소(4,040개)	상층일수록 양산형)
	설계분담	자사독자(27%), 납품처 기본설계, 자사상세설계(3.2%), 납품처 설계(42%)	자사독자(7%), 납품처 기본설계, 자사상세설계(16%), 납품처 설계(77%)	납푼처 설계(100%)	1차 메이커는 설계 능력이 있으나 2차는 적은 편이고, 3차 이하는 전혀 없음
	납입단가변화율	약간 증가(0.7%)	저하(-26%)	저하(-6.6%)	상층일수록 인하율 높음
	외주, 위탁가공 단가변화율	약간 상승(0.5%)	약간 상승(0.15%)	없음(0%)	상층일수록 외주단가 상승
	발주량변화율	증가(4.1%)	약간 증가(0.3%)	축소(-21.0%)	3차 이하만 발주량 대폭 축소
사업환경 경영방침	사업환경에 영향을 크게 받는 것(현재, 상위 4개)	수주량 감소, 제조코스트 상승, 단가인하, 품질요구고도화	수주량감소, 단가 인하 수주량 변동, 노동력 부족(숙련, 다능공)	수주량감소, 수주량 로트 소규모화, 단가 인하, 후계자 부족, 발주처 내제화	수주량 감소가 공통의 과제, 3차 이하는 후계자 부족, 발주처 내제화가 문제
	사업환경에 영향을 크게 받는 요인(장래, 상위 4개)	수주단가 인하, 수주량 감소, 품질요구고도화, 시간단축요청	수주량 감소, 수량 변동, 수주단가 인하 품질요구고도화	수주량 감소, 수주량 변동, 단가 인하, 수주 로트 소규모화	1차는 양감소에 의한 단가인하, 3차 이하는 양의 문제를 걱정
	금후 사업환경 악화에 대한 대응(상위 4개)	생산합리화, 자동화, 기존거래처와의 관계강화, 자동차제품 다각화	기종거래처와의 관계강화, 생산 합리화, 자동화, 신규거래처 개척	기존거래처와의 관계강화, 생산 합리화, 자동화, 신규거래처 개척	1차는 양감소에 의해 단가인하, 3차 이하는 양의 문제를 걱정
	금후의 경영방침(상위 4개)	자동차부문 강화, 비자동차부문으로 다각화, 현상유지, 해외현지생산	비자동차부문으로 다각화, 자동차부문 강화, 현상유지, 해외현지생산	비자동차부문으로 다각화, 현상유지, 비자동차부문으로 전환, 자동차부문 강화	1차는 자동차부문 강화, 3차는 다각화, 비자동차부문으로 전환을 중시

주 : 샘플 수는 항목에 따라 약간 다른데 1차가 40사, 2차가 60사, 3차 이하가 20사이다.
사료 : 정진성・손일신・김삼수(2004), 202-203

③ 장기 · 계속적 거래관계

일본자동차 산업내 기업 간의 평균 거래기간은 기본적으로 장기 · 계속적이다. 일본 공정거래조사위원회의 조사에 의하면 일본자동차 기업의 구입량 30위 업체와의 거래기간은 그 대부분 기업이 20년 이상 장기거래를 하고 있다. 그리고 하청구조의 상층 부품기업일수록 거래의 장기 · 계속성이 나타난다.

하청관계에서 모기업이 갖는 장점은 거래처를 매회 찾아야 하는 거래비용의 절감, 연구개발시 하청기업이 중요한 기술의 정보원이 되며, 납기의 안정과 거래의 유연성 확보 등의 장점을 들 수 있다.

반면, 하청기업은 모기업에서 유익한 정보나 노하우를 획득할 수 있고, 매번 거래처를 찾는 비용을 절약할 수 있다. 장기거래를 전제로 한 안정거래를 배경으로 적극적인 설비투자가 가능하다.

마지막으로 이러한 계속적 거래는 기업 간의 협조, 정보공유를 촉진하며, 이것이 누적되어 전체적인 제품의 가격, 비가격 경쟁력 향상을 가져오게 된다.

〈표 10-4〉 모사업자와 하청기업의 관계

모사업자 수	9.9사
거래금액이 최고인 모기업과의 거래연수	31.1년
거래액이 최대인 모사업자 전속 자산의 비율	47.2%
모사업자의 요구가 기술개발 활동에 영향을 주는 기업의 비율	·47.3%

자료: 중소 기업청, 중소기업백서, 2003

④ 주식소유 및 임원파견

완성차 업체는 주요 거래 부품기업(주로 1차 하청)에 투자하고 있으며, 임원파견을 하는 경우도 많다. 2차 하청 이하에서는 이런 경향은 잘 나타나지 않는다. 완성차 업체의 부품업체에 대한 투자(주식보유)는 상호 신뢰관계의 유지, 강화, 거래의 원활화 등의 기능을 하고 있다.

⑤ 소수기업간의 치열한 납품경쟁

일본 완성차 기업이 직접 거래하는 부품기업 수는 백수십사에서 500사 이내로 미국의 완성차 기업이 거래하는 부품기업 수 1만사보다 훨씬 적다. 즉 일본이 내제율은 낮은 반면 거래 부품기업 수는 극단적으로 적다. 완성차 업체는 부품을 발주할 때 단일 특정업체가 아닌 과거부터 거래관계에 있는 부품업체를 중심으로 2-5사 정도에 발주하며, 이를 차종별로 나누어 복사 발주하는 시스템을 채택하고 있다. 이때 수주기업은 단일 기업이 아닌 선별과정을 통해 살아남은 소수의 기업으로 구성되므로 그들 간에는 경쟁이 발생할 수밖에 없다. 이러한 경쟁은 완성차 업체의 부품업체에 대한 시장지배력을 유지시키며, 동시에 부품업체의 비용최소화를 실현하도록 작용한다.

⑥ 복수기업 납품과 다종 부품생산

흔히 일본의 하청생산구조를 피라미드형 구조로 설명하는데, 이러한 이미지는 일본의 부품 메이커가 특정한 자동차 기업에 전속되어, 전체적으로 폐쇄적인 구조를 가지고 있는 것처럼 보일 수 있다. 그러나 실제로 많은 1차 부품업체는 평균 3사 정도의 완성차 업체와 거래를 하는 것으로 나타나고 있다.

자동차 생산이 아직 소규모 생산에 그치던 1950년대까지는 부품메이커의 특정 완성차 기업에 대한 전속성이 강했으나, 1960년대에 들어와 부품납입처 복수화(복수 완성차 기업과 거래) 움직임이 현저하게 나타났다. 이는 부품기업 입장에서도 거래처의 확대를 통한 양산효과, 경영안정화라는 장점이 있지만 완성차 기업 입장에서도 거래 부품기업의 생산증가를 통한 가격, 비가격 경쟁력 향상을 도모한다는 측면에서 적극적으로 장려하였다. 다만 경향적으로는 토요타 계열 부품기업의 경우 복수완성차 기업에의 발주가 활발하나, 중소완성차 업체 계열 부품기업 중에는 특정 완성차 기업 1사와만 거래하는 전속성이 높은 기업도 다수 존재하고 있다.[11)]

부품생산의 또 하나의 특징은 1개 하청기업이 다수의 부품을 생산, 공급한다는 점이다. 1차 부품기업이 생산하는 제품종류는 평균 500-600종 가까이 이르는 대형 부품기업도 있다. 1개 부품기업이 복수의 부품을 생산, 납품하는 것은 관련기술을 여러 제품 생산에 이용한다는 의미에서 이른바 범위의 경제가 발생하고 있고, 부품업체가 이를 적극적으로 활용하고 있는 것으로 볼 수 있다.

⑦ 부품기업 간 개발 콤페(competition)

일본 자동차 부품기업의 대부분은 설계도면이 정해지기 이전에 개발경쟁을 벌인다. 이는 당해 부품의 상세 설계도면에 입각하여 입찰을 하고, 주로 입찰가격을 기준으로 발주하는 것이 전형적인 미국식과 크게 다르다. 자동차 업체는 부품기업 선정시 가격뿐만 아니라 부품메이커의 설계, 개발능력, 장기적 개선능력 등 다면적, 동태적 측면을 고려하여 개발초기 단계에서 부품 발주처를 선정한다.

⑧ 기술지도와 커뮤니케이션

일본의 자동차 메이커는 제품기술이나 생산기술 양면에서 부품메이커에 대해 세부적인 평가와 기술 지도를 하고 있다. 토요타 자동차의 경우 1950년대부터 부품기업에 대한 기술지도, 경영 지도를 강화해 왔다. 또 2차 부품업체의 평가, 지도는 1차 부품업체에 완전히 맡기는 계층적 관리방침을 취하고 있다. 개발단계는 물론, 생산개시 후에도 양 기업의 생산, 개발담당자가 빈번하게 왕래하는 것이 일본의 하청생산 시스템의 특징이다.

⑨ 대여도 대 승인도

전자는 부품기업의 부품생산 설계도를 완성차기업이 제작하여 대여하

---

11) 일본의 자동차 부품업체는 어떤 완성차 기업과도 거래하는 독립계 부품기업, 닛산계 이외의 자동차 메이커와 거래하는 토요타계 부품기업, 토요타 이외 자동차 메이커와 거래하는 닛산계 부품기업, 각 완성차 전속의 부품기업(주로 특정 공정을 의뢰받은 가공외주형 기업), 기타(비토요타, 비닛산, 비전속)로 구분할 수 있다(정진성 · 손일선 · 김삼수(2004), 206).

는 경우, 후자는 부품기업이 설계도를 제작하여 완성차 업체의 승인을 얻는 경우이다. 1980년대 일본의 자동차산업에서 승인도방식 부품은 약 60%를 차지하며, 미국, 유럽에 비해 높았다. 이는 일본 부품기업의 기술력이 높음을 의미한다.

대여도의 경우는 그 부품의 기본적인 기술을 완성차 업체가 가지고 있으므로 기술이 부품업체에 이전되는 효과가 있다. 승인도의 경우는 기술은 기본적으로 부품업체가 소유하지만 승인과정을 통해서 완성차 기업과 기술을 공유하게 된다. 이러한 맥락에서 보면 승인도 또는 디자인-인에 의한 부품개발의 경우, 기본적으로 완성차, 부품기업 간 기술, 정보의 공유가 전제가 되고 있다.

(3) 하청관계의 형성과 발전

일본에서 하청관계의 원형은 1930년대 후반에서 1940년대 전시체제하에 성립되었다. 그 원인은 군수산업의 수요 급증에 대해 대기업의 생산능력이 미치지 못하였고, 부품 등을 생산 가능한 중소 기계공업도 영세하고 기술수준이 상당히 낙후되어 있었기 때문에 정부는 군수생산 확충을 위해 하청관계의 편성을 추진하였다. 1920년대 이후 기계공업을 중심으로 기업규모 간 임금격차가 형성되어 있었는데, 이러한 조건도 대기업이 저렴한 노동력 활용을 위해 중소기업에 발주를 확대하게 되는 원인이 되었다.

전후인 1950년대에 생산의 확대과정에서 하청생산이 부활하였다. 또 외주의 효율화와 품질, 기술수준의 향상을 목적으로 유력 하청(부품)기업의 전속화, 계열화가 추진되었고, 이들 기업을 중점적으로 지도, 육성하게 되었다. 한편, 발주의 집중화, 유닛화(단품 부품이 아닌, 여러 개의 부품을 모아 어떤 성능, 기능을 낼 수 있는 복수 부품으로 된 집약부품) 가 추진되면서 거래부품기업의 재편성이 추진되는 과정에서 하청거래의 계층화(중층화)가 진전되었다. 이와 함께 하청기업의 기술력과 경영관리 능력도 향상되었다.

한편 버블붕괴 이후의 장기불황 하에서 대기업을 중심으로 생산을 해외로 이전하는 추세가 활발해지고, 부품의 해외조달 확대, 부품 개수의 삭감과 공통화를 추진하여, 하청기업에 대한 비용 삭감도 강화되고 있다. 앞으로 하청기업간 경쟁이 더욱 치열해지고 하청관계에 새로운 재편성, 유연성이 더 진행될 것으로 예상된다.

제3부

일본의 산업

1990년대 말까지만 하더라도 한국은 자동차나 가전제품과 같은 내구소비재의 대일 수입을 제한하고 있었기 때문에 국내시장에서 일반 소비자가 일본상품을 대량으로 접하기는 그리 쉽지 않았다. 그러다가 2000년대 이후 이들 내구소비재의 대일 수입이 자유화되면서 최근에는 컴퓨터, 디지털 카메라 등의 전기전자 제품은 물론 자동차 분야에서도 대일 수입이 폭발적으로 증가하고 있다.

최근의 신문보도에 의하면 2007년 국내에서 가장 많이 팔린 수입차 10위 안에 6개 차종이 일본차였고, 일본승용차의 수입증가율은 37%를 기록했다. 이와 같은 추세는 앞으로도 계속될 것으로 전망된다. 뿐만 아니라 산업계에서는 훨씬 이전부터 각종 기계류, 철강, 반도체, 자동차 부품, 전자부품 등 다양한 자본재 분야에서 대규모의 대일수입이 이루어지고 있다.

2007년의 대일무역적자 금액은 약 290억 달러를 기록했고 대일무역적자는 매년 크게 증가하고 있는데, 이는 기본적으로는 한국이 산업계에서 필요로 하는 자본재 분야에서도 대일의존이 크기 때문이다.

그러면 한국의 수입차 시장에서 일본차가 강세를 나타내고, 한국의 산업이 일본산 자본재에 크게 의존하는 이유는 무엇일까. 이는 기본적으로 일본의 자동차, 전기전자, 기계 산업의 경쟁력이 강하기 때문이다. 제2부에서는 일본기업에 대해 살펴보았는데, Fortune지가 선정한 글로벌 100대기업에 들어있는 13사의 일본기업 중 가장 많은 업종은 전기·전자 6사, 자동차 3사였다. 또 글로벌 500대 기업 67사 중에는 자동차, 전기·전자 이외에도 조선, 기계, 금속 등 많은 제조업 산업분야가 포함되어 있다.

이상에서 알 수 있는 사실은 일본은 제조업이 강한 나라이고, 제조업이 산업의 중핵에 위치하고 있다는 점이다. 많은 일본인들은 앞으로도 일본이 세계경쟁에서 비교우위를 가지고 일본경제가 건재하기 위해서는 제조업의 국제경쟁력 유지가 필요불가결한 조건이라고 보고 있다. 세계경제의 글로벌화가 급속하게 진행되고 경제의 국경 개념이 무너지고 있는 현재 일본 산업에서는 어떤 변화가 일어나고 있을까. 그리고 일본은 현재까지 이룩한 제조업의 경쟁력 유지를 위해 향후 어떤 대응을 하려고 하는가. 이는 장기간 일본 산업을 캐칭업하면서 현재의 성공에 이른 한국에게도 크게 주목해야 할 점이다.

11
chapter

안행형태론과 일본의 산업발전

일본의 근대적 산업발전은 1868년에 시작된 메이지(明治)유신을 계기로 본격화되었다고 볼 수 있다. 일본산업 발전의 가장 큰 특징은 산업혁명, 산업의 근대화에서 크게 앞선 서구국가로부터 사회, 경제관련 제도는 물론 기술과 자본재를 수반한 근대적 산업을 도입하여 산업발전을 추구하였다는 점이다.[1] 즉 일본의 산업발전 과정은 서구에서 도입한 새로운 산업생산품의 경쟁력을 서구의 선진국 수준에 근접시키는데 주 목표를 두고, 구미선진국을 추격하는 과정이었다고 할 수 있다.

11.1 안행형태적 산업발전 이론

(1) 각 단계의 특징과 발전 원인

여기에서 일본산업의 발전 특징을 일본산업의 발전경험에서 도출된 후

1) 근대경제성장의 시작을 W. W. Rostow의 경제적 이륙이라는 개념에서 보면 영국은 1783-1802년, 프랑스 1830-1860년, 벨기에 1833-1860년, 미국 1843-1860년, 독일 1878-1883년, 일본 1878-1900년으로 볼 수 있다. 이륙기는 대개 20년이 걸렸으며, 일본은 구미 국가보다 30-40년 늦게 근대경제성장이 시작되었다(南亮進(1981), 6-7쪽).

발국산업의 발전이론 즉, 안행형태론(catching up product cycle)[2]에서 살펴보면, 후발공업국의 산업발전은 먼저 선발국으로부터 새로운 상품의 수입과 이 신상품의 국내생산이 개시되는 도입단계에서 시작되어 수입대체 → 수출성장 → 성숙 → 역수입 단계로 변화한다(〈그림 11-1〉 참조).

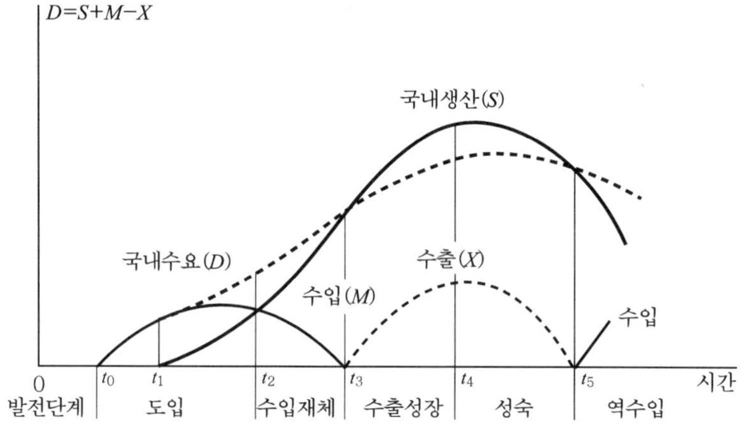

자료 : 山澤逸平(1984), 74쪽

〈그림 11-1〉 후발국산업의 발전과정

각 단계의 특징을 간단히 살펴보면, 도입단계에서는 신제품이 수입을 통해 도입되고, 이에 대한 수요가 서서히 확대되면서 수입이 큰 폭으로 확대되는 과정이다. 이 과정에서 모방 또는 기술도입에 의한 국산화가 시도되지만 수입품이 품질, 가격 모두에서 우위를 유지한다. 수입대체단계에서는 국내수요가 크게 늘어나며 이에 영향을 받아 국내생산의 증가율이 국내수요의 증가율을 웃돌면서 서서히 수입대체가 달성된다. 이 과정에서 생산기술은 표준화되고, 대량생산체제가 확립되며, 품질의 개선, 가격인하가 실현된다.

한편 국내수요의 증가가 둔화되나, 이를 수출로 보완하면서 생산 확대가 계속되는 과정이 수출성장 단계이다. 다음 단계인 성숙단계는 국내수

2) 山澤逸平(1984), 73-76쪽

요, 수출 모두 정체되어 지금까지의 성장요인이 소멸되어 생산이 정체하게 된다. 수출정체는 후발국의 추격에 의한 것으로 이 과정에서 수출이 감소하게 되고, 생산도 축소된다. 반면 후발국의 저렴한 수입품이 유입되어 국내생산 축소가 빠르게 진행되는 것이 역수입 단계이다.

해외투자는 수출성장단계에서 시작된다. 이 시기의 해외투자는 수출마케팅의 연장선상으로 시장점유율의 확보 내지 확대를 노린 것으로 해외투자와 수출은 함께 증가하게 된다. 반면 성숙단계에서는 국내시장보다 유리한 생산지를 찾아 해외투자가 발생하며, 현지생산이 증가하는 만큼 수출이 감소하게 되고 해외투자 증가, 수출 감소 경향이 나타나게 된다.

다음으로 한 산업이 각 발전단계로 이동하는 원인을 살펴보면, 도입단계에서는 새로운 상품의 보급으로 국내시장이 확대되어 국내생산이 시작되지만 그 후에는 학습효과 등에 의해 품질, 생산비용면이 개선되면서 시장점유율이 높아진다. 다음으로 수입대체단계와 수출성장단계로 이동하게 되는 요인은 국내수요와 수출의 성장에 따른 생산비용의 하락, 외국상품에 대한 경쟁력 강화이다. 이는 구체적으로 ① 생산규모의 확대 ② 높은 수준의 기술채택 ③ 노동숙련, 경영관리의 개선이며 모두 생산 확대와 설비투자 과정에서 달성된다.

수출성장단계에서 성숙단계로 이동하는 원인은 국내수요 증가율이 크게 하락하고 정체되기 때문에, 이로 인해 기업의 국내투자 의욕은 상실되고, 지금까지 작용하던 비용인하 요인도 소멸된다. 반면 수출증가가 안정적으로 계속되는 경우는 국내수요의 정체를 수출이 대신하여 생산 확대가 계속되고 성숙단계로의 이행을 지연시킬 수 있을 것이다. 그러나 수출시장에서 수입대체화가 진행되면 수출자체의 증가가 어려워지고, 드디어는 생산이 감소하게 될 것이다. 이때 해외투자의 필요성이 커지게 되며, 이 시기에 해외투자에 의한 현지생산이 수출을 대체하며, 해당산업의 성숙화를 더욱 촉진하고 이 과정이 그대로 역수입단계로 연장된다. 이와 같은 해당산업 요인에 한 나라 경제 전체의 발진과정에서 발생하는 외생적인 요인이 성숙화를 가속시킨다.

공급 면에서는 급속한 공업화에 따른 국내 노동력의 부족, 환경오염, 공장입지난이 발생하여 생산확대에 제동이 걸리게 된다. 이는 노동비용의 상승, 공해 방지비 부담 등을 통해 산업의 국제경쟁력을 약화시키고 수출을 감소시키게 될 것이다. 또 경제성장율 둔화, 복지에 대한 수요증가 등에 따른 최종 수요구조 변화도 각 산업의 국내성장에 많은 영향을 미치게 될 것이다.

(2) 일본 주요산업의 캣칭업형 발전과 산업구조의 고도화

앞에서는 후발국산업의 일반적인 발전과정을 살펴보았다. 실제로 일본의 주요 근대산업은 대부분이 이와 같은 발전과정을 거치고 있다. 〈그림 11-2〉는 앞에서 서술한 캣칭업형 산업발전 이론에 의거해 면제품, 강재, 자동차, 일반기계의 발전과정을 나타낸 것이다.

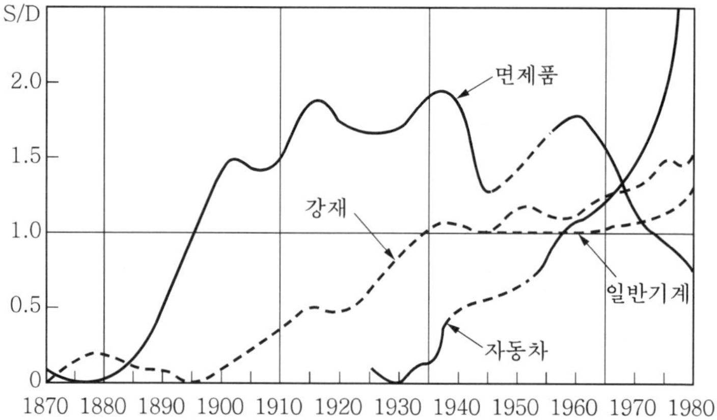

〈그림 11-2〉 일본 주요 산업의 캣칭업형 발전

각 산업에 있어서 S(국내생산)/D(국내수요)선이 1.0 아래에 있는 단계는 국내생산이 국내수요를 충족시키지 못하는 도입 및 수입대체단계에 있는 것을 나타내며, 1.0을 웃도는 단계에서는 그 산업이 수출 내지 성숙단계에 있는 것을 나타낸다. 반면 S/D선이 다시 1.0 보다 아래로 하락하면 그 산업의 경쟁력 약화로 국내생산이 국내수요 이하로 떨어지고 이를 수입으로 충족시키는 역수입 과정을 의미한다.

먼저 면제품의 경우는 1890년대까지의 수입대체 과정을 거쳐 1900년대에 수출성장단계로 이행한 후 1960년대까지 상당히 긴 기간 일본의 주요 수출품의 자리를 차지하였다. 강재의 경우는 면제품과 비슷한 시기에 국내생산이 시작되었으나 수입대체 과정에서 오랜 기간이 걸렸으며, 제2차 세계대전이후에 수출성장단계로 진입하였다.

자동차 산업은 앞의 두 산업보다 훨씬 늦은 1930년대에 수입대체가 시작되었으나 1960년대 이후부터 1970-80년대에 걸쳐 수출이 가속된 것을 알 수 있다. 자동차산업의 경우 수입대체에서 수출성장으로의 이동에 걸린 시간이 타 산업에 비해 크게 단축된 점도 주목할 만하다.

(3) 산업발전과 생산요소의 부존 정도, 국내시장 규모

앞에서는 일본의 주요 산업의 발전과정을 개략적으로 살펴보았다. 경제 근대화가 시작된 1870년대 이후 최근에 이르기 까지 산업발전의 다양화, 즉 새로운 산업이 계속적으로 시작된 것을 알 수 있다. 산업의 발전이 시작되기 위해서는 자본 및 기술 등과 같은 생산요소의 부존, 국내시장의 수요(시장규모) 등이 필요하며, 산업에 따라 요구되는 수준이나 규모가 다르다.

이로 인해 섬유산업 등의 노동집약적 산업이 공업화의 초기에 도입된 반면, 규모의 경제성이 크고, 관련 산업(기술)의 발전이 필수적인 자동차 등은 나중에 여건이 갖추어 지면서 발전이 가능했던 것으로 설명할 수 있을 것이다.

한편 일본 산업이 산업에 따라 정도의 차이는 있지만 비교적 긴 수입대체단계를 거친 후 수출성장단계로 이동하게 된 이유로 비교적 큰 국내시장을 가지고 있었던 점을 지적할 수 있다. 이는 2차 세계대전 이후 급속한 경제발전을 하게 된 한국 등의 아시아 NIEs국가, ASEAN등과 비교하면 더 뚜렷하게 대비된다. 즉 일본보다 늦은 1960년대에 근대공업화를 시작한 한국의 경우 대부분의 산업이 생산규모, 생산요소의 부존 정도에서 일본보다 훨씬 이른 단계에 수출에 치중하는 산업발전패턴을 보이고 있다. 이는 한국이 일본의 경험과는 달리 내수보다 수출에 치중하는 형태의 소위 수출지향형 경제발전 전략을 채택하게 된 원인이기도 하다.

이는 특히 자동차 등과 같은 규모의 경제성이 큰 산업일수록 일본에 비해 훨씬 작은 국내시장 규모를 수출로 보완할 필요성이 컸기 때문으로 해석할 수 있다. 한편, 한국의 자본, 학습효과를 통한 기술축적 등이 기대되는 수입대체 기간의 단축, 생략은 일본 등 외국의 부품 등에 대한 과도한 의존을 초래하는 결과를 가져왔다. 이로 인해 국내 중소기업의 발전기회가 줄어들고, 일본에서 보는 바와 같은 긴밀한 하청관계의 형성에 많은 한계가 되고 있다.

11.2 산업정책[3)]

일본산업의 발전은 서구 선진국 산업과의 경쟁 속에서 진행되었기 때문에 일본정부는 자국 산업의 보호와 육성을 위한 정책을 추진하였다. 전후 일본의 산업정책은 시대의 변화에 따라 수단과 목적이 변화되어 왔으나 그 내용을 정리하면 첫째, 산업구조에 영향을 미치는 정책(유치산업, 또는 성장산업의 육성 및 진흥)과 사양 산업으로부터의 자원이동을 조정 및 지원하는 정책. 둘째, 개별산업의 내부에 행정적으로 개입하여 경제후생을 높이는 정책(산업재편성, 생산, 설비투자, 가격안정 등에 대한 조정). 셋째, 산업일반의 인프라(공업용지, 도로, 항만, 공업용수, 전력공급 등)등에 관한 정책. 넷째, 횡단적 산업조직 정책(중소기업정책)을 들 수 있다.

3) 서정해 · 이기동 · 정진성, 일본의 산업, (한국방송대학교, 205쪽)

(1) 산업보호정책[4)]

전후 일본의 자동차, 기계 등과 같이 구미에 비해 경쟁력에 크게 열세에 있던 주요 산업이 1970년대 이후 본격적인 수출산업으로 등장하게 된 것은 여기에 도달하는 과정, 즉 수입대체기에 있어서 자국 산업에 대한 적극적인 보호조치가 있었기 때문이다. 이 기간 중 정부는 외환관리, 관세의 부과, 신중한 무역자유화 등 자국 산업에 대한 보호조치를 실시하였다.

〈외환정책〉

일본은 제2차 세계대전 후의 경제부흥기에 석탄, 철강, 전력의 생산회복에 중점을 두는 경사생산방식(1947~50)을, 1950-61년까지의 산업합리화 시책기간에는 기계공업 등 주요 산업의 생산효율화, 국제경쟁력 강화가 중시되었는데 여기에 정부의 외환관리정책이 중요한 역할을 하였다. 즉 일본은 1950년대 초의 만성적인 경상수지 적자로 인해 IMF에 의한 무역·외환관리 조치의 완화·철폐가 유보되었으나, 이는 국제수지 대책으로서의 의미 이외에 국내의 산업보호 효과를 갖는 것이었으며, 정부의 민간규제, 산업정책의 중요한 도구로서의 역할을 하였다. 이 시기 일본정부가 실시한 외환관리의 내용은 먼저 외환 및 외국무역 관리법(1949. 1912~1982. 1)에 의거하여, 민간이 입수한 외화도 모두 외국환 은행을 통해 정부(대장성)의 관리 하에 두어지는 외환집중제가 실시되었다(1969년 폐지).

상품의 수입에 있어서는 수입업자가 필요한 외화구입을 신청하여, 허가를 받아야만 하였는데 상품의 종류에 따라 개별 품목마다 정해진 수입한도 내에서 할당을 받는 수입할당제, 형식적으로는 수입할당을 받았으나 수입한도액이 탄력적인 자동할당제, 신청한대로 인정되는 자동 승인제의 세 가지 허가방식이 실시되었다.

자동자산업을 예로 들면 외국차의 수입을 저지하기 위해 완성차의 수

4) 임천석, 전게서, 35-37쪽

입에 외화할당제가 실시되었다. 일본에서 제2차 세계대전 이후 일본인에게 외국차의 판매가 가능해진 것은 1952년 4월부터였는데 그것도 유럽산 차에 한정되었다. 그 후 1952년 10월에 외화할당의 80%는 외국인 수요용, 20%는 국내의 일반인에게 할당 되었다. 이를 계기로 자동차의 수입이 급증하자 1954년부터는 외환사정의 악화와 국내 메이커를 보호할 목적으로 외화의 할당을 외국인 관광객을 운송하는 택시회사, 보도기관에 한정시키고 수입 대수도 연간 370대로 제한하였다. 자동차에 대한 외화할당조치가 크게 완화된 것은 1960년대 중반에 들어서인데 자동차의 수입억제에 외환관리를 통한 수입 할당제가 커다란 역할을 한 것으로 평가된다.

〈표 11-1〉 승용차의 수입할당 상황

(단위: 대)

구 분	관 광 용	보 도 용	일 반 용	합 계
1956	556	161	없음	727
1957	681	223	"	904
1958	547	146	"	693
1959	753	161	2	898
1960	955	152	1,267	2,374
1961	1,088	158	2,503	3,749
1962	361	154	5,764	6,279
1963	구분 없음	구분 없음	구분 없음	11,703
1964	"	"	"	13,577
1965	"	"	"	13,492
1966	"	"	"	15,569

자료 : 임천석(1997), 37쪽

(2) 무역자유화의 단계적 실시

일본정부는 1960년 6월 세계경제 자유화의 분위기 속에서 국제적인 자유화 요청의 증대, 국제수지의 개선 및 외환준비고의 증가 등을 배경으로 무역, 외환자유화 계획을 발표하였다. 그러나 단계적인 자유화 계획을 표방하여 산업보호 중시 자세를 유지하였다. 자유화 계획에서는 곧 자유화할 상품, 3년 정도 이내에 자유화할 상품, 일정한 시간을 둔 후 자유화할 상품, 자유화가 상당기간 곤란한 상품의 네 종류로 분류 되었다. 1960년 이후 주요 상품의 수입자유화 추이를 살펴보면 1965년 승용차, 1974년 집적회로(IC), 1975년 전자계산기가 수입자유화 되었는데, 자유화 시기는 국내 산업이 상당한 정도로 국제경쟁력을 획득하는 시기에 맞추어 시행되었는바 상당히 신중한 자유화였다고 평가되고 있다.

〈표 11-2〉 무역자유화의 실시상황

연도	자유화율 (%)	수량제한 품목		주요자유화 품목
		자 동 할당제	수 입 할당제	
1960	44	-	-	커피원두, 영화용 필름
1961	70	-	-	原綿, 라디오, 인스턴트 커피, 손목시계
1962	88	254	-	판유리, 만년필, 원유
1963	92	192	155	바나나,
1964	93	162	123	사료용 수수, 발전기
1965	93	161	122	승용자동차
1966	93	167	124	코코아가루, 스트렙트마이신
1968	93	164	121	향수, 크림
1969	93	161	118	브랜디
1970	94	133	90	와인, 마아가린, 공작기계, 발전기 (400kw/h 이상), 엔진새시, 모직물
1971	95	87	40	豚肉, 캔디, 홍차
1972	95	86	33	햄・베이컨,
1973	-	-	31	전자계산기, 고급전탁, 일부수산물
1974	-	-	29	맥아, 집적회로(소자수 200 이상)
1975	-	-	27	전자계산기 및 부분품
1977	-	-	27	담배

주 : 1979년 현재의 잔존 수입수량 제한품목은 농・축・수산물 이외에는 석탄, 피혁제품이 주류를 이룸

자료 : 임천석(1997), 38쪽

이들 품목의 자유화 시기를 일본정부 및 통산성에 의한 해당 산업부문의 육성시점과 비교하면 자동차의 경우에는 방침이 정책적으로 구체화된 1952년의 자동차산업 보호의 정부결정과 1955년 통산성에 의한 「국민차

육성요강」이 발표되었다. 기계·전자공업에서는 1945년의 「기계공업진흥임시조치법」과 1957년의 「전자공업진흥임시조치법」의 제정과 같이 해당 산업의 수입자유화까지는 유치단계에 있던 국내 산업이 장기간에 걸쳐 수입제한으로 보호되었다.

(3) 관세정책

자국 산업을 보호 육성하기 위한 수단으로서 수입품에 대한 고율의 관세가 부과되었다. 같은 업종에 있어서도 일본이 산업경쟁력 강화를 위해 중점을 둔 분야의 수입품에 고율의 관세를 부과하였다. 높은 관세가 부과되었던 자동차의 경우 특히 소형차가 주력 생산차종이었던 국내메이커를 보호하기위해 〈표 11-3〉에서 보는 바와 같이 승용차, 트럭을 불문하고 차륜거리가 짧은 소형차에 대한 세율을 가장 높게 설정하였다.

완성차 수입에 대한 관세율은 그 후 일본차의 국제경쟁력 강화를 반영하여 서서히 인하되었으나, 국산 소형차에 대한 보호조치는 강하게 남아 1980년 까지는 차륜거리 254cm이하의 승용차, 트럭에는 각각20%, 21%의 세율이 적용되었다. 따라서 트럭의 수입자유화가 1961년부터, 승용차는 1965년부터 시행되었으나, 관세율은 수입자유화 이전과 같은 비율을 유지, 외국차의 수입증가는 발생하지 않았다.

이상의 사실에서 볼 때 일본산업, 특히 전략적인 주력산업에 대해서는 경쟁력을 보유 할 때까지 보호 정책이 실시되었다.

〈표 11-3〉 완성차 수입에 대한 관세율 추이

(단위:%)

구 분	1951.5	1955.9	1962.4	1968.7	1969.4	1970.5
승용차[1] 바퀴간 길이 254cm 이하 254cm초과	40 40	40 35	40 35	26 28	36 17.5	20 17.5
트럭 바퀴간 길이 254cm 이하 254cm초과[2]	30 30	30 30	30 27	24 21.6	24 21.6	21 18.9
버 스	30	30	30	24	24	21
구 분	1971.4	1972	1973.4	1975.4	1978.4	
승용차 바퀴간 길이 254cm 이하 254cm초과	10 10	8 8	6.4 6.4	6.4 6.4	0 0	
트럭 바퀴간 길이 254cm 이하 254cm초과	10 10	10 10	8 8	6.4 6.4	0 0	
버 스	10	10	8	6.4	0	

주 : 1) 1962년부터 기준 바퀴간 길이 270cm로 변경
2) 1957년부터는 적재능력 18톤 초과의 조건이 부가됨

자료 : 임천석(1997), 40쪽

(4)산업정책의 개략[5]

① 2차 대전 이후–1950년대 후반

전쟁으로 인해 일본 산업은 커다란 피해를 입었다. 1946년의 광공업 생산은 전전수준의 30%까지 떨어지고, 물자부족과 악성 인플레이션이 진행되었다. 일본정부는 광공업생산의 신속한 회복을 위해 희소한 자금, 수입원재료, 외환을 엄격한 관리 하에 두었으며, 경제재건을 위해 중요시 되는 주요 전략산업에 이를 우선적으로 배분하였다. 당시 주요 에너지원은

5) 이하 서정해・이기동・정진성(1999, 207-224)

석탄이며, 석탄채굴에 필요불가결한 철강업이 전략산업으로서 우선시 되었고, 정책수단으로서 부흥금융금고에 의해 산업자금이 석탄과 철강 산업에 집중적으로 공급되었다.

한편, GHQ에 의한 점령정책의 일환으로 재벌해체, 과도경제력집중배제법(1947. 12-1949 시한입법), 독금법 등이 실행, 제정됨으로써 시장경제가 활성화 될 수 있는 기반이 마련되었다.

산업정책의 기본방침으로서 산업합리화가 제안되었으며, 1949년 12월 산업합리화 심의회가 발족되었다. 이 심의회의 설립은 정부의 정책결정 과정에서 민간과 정부 관료의 의견교환이 이루어지고, 정부의 정책형성에 민간주체가 참가하는 기회가 열렸다는 점에서 그 의미가 크다. 그리고 산업합리화 정책에서 사용되는 정책수단은 조세특별조치, 재정투·융자 등 간접유도방식이 중심이었다. 특히 우편저금을 최대 자금원으로 하는 재정투융자 자금은 일본개발은행, 일본수출입은행 등 정부의 금융기관을 통해 민간부문의 투자활동을 지원하였다. 일본개발은행은 전력, 해운, 석탄, 철강 등 중점산업의 설비투자에 시장보다 저금리 융자를 하였으며. 이는 사실상의 생산보조금, 수출보조금 지급이라고 할 수 있다.

세제 면에서는 설비투자, 수출촉진을 위한 여러 가지 조세특별조치가 취해졌다. 설비의 합리화, 근대화를 목적으로 특정 고정자산에 대한 특별상각제도, 중요 기계, 기술수입에 대한 관세감면, 과세특례, 수출촉진을 위한 준비금 제도, 특별상각제도 등이 실시되었다.

국제거래 면에서는 수입제한, 또는 경쟁 제한적 조치 등 직접통제의 수단이 동원되었다. 1949년 12월에 외국환 및 외국무역관리법(외환법)이, 1950년 5월에 외자에 관한 법률(외자법)이 제정되었다. 이로써 정부는 원료수입에 관한 수입수량 할당, 기술도입의 인허가권 등 직접 통제적 수단을 가지게 되었다.

1950년대 후반에는 신규, 성장산업의 육성과 진흥에 보다 중점이 두어졌다. 이 예로는 합성섬유(합성섬유육성 5개년 계획:1953. 4), 석유화학(석유화학육성대책:1955. 7), 전자공업(전자공업진흥임시조치법:1957. 6),

일반기계(기계공업진흥임시조치법:1956. 6), 합성수지, 석유정제 등을 들 수 있다.

② 고도성장기(1960-72)의 산업정책: 무역, 자본자유화에 대한 대응

이 시기의 가장 중요한 정책으로서 전술한 바와 같은 무역·외환의 자유화 및 자본의 자유화가 추진되었다. 또한 1964년에는 일본이 IMF8조국으로 이행하고, OECD에도 가입하였다. OECD가맹은 자본거래의 자유화를 국제적으로 의무화시키는 것이었다. 1967년 7월 1차 자본자유화, 1969년 3월 2차 자본자유화, 1973년 5차 자본자유화로 자본자유화 과정이 거의 완료되었다.

한편, 경제의 자유화, 국제화가 전개되는 가운데 산업정책의 목적도 일본산업의 국제경쟁력 강화를 위한 정책이 필요해졌다. 과당경쟁을 막고 규모의 경제 추구에 의한 경쟁력 강화를 위해 기업의 집중, 합병, 공동행위를 촉진하는 정책이 추진되었다. 이를 근거로 화학, 석유, 금속(철강), 자동차, 기계 등의 대규모 기업합병정책이 추진되었다. 1964년 3월에 미쓰비시 중공업의 합병, 1966년 8월에 닛산자동차와 프린스 자동차의 합병, 1970년 3월에는 야하타제철과 후지제철이 합병되어 신일본제철이 탄생하였다.

또 이 시기에는 특정산업진흥임시조치법이 제정되어, 1950년대 제정된 기계공업진흥임시조치법(기진법), 전자공업진흥임시조치법, 항공기공업진흥법 등이 계승되어 개별산업에 대한 육성정책이 지속적으로 추진되었다.

③ 석유위기 이후의 산업정책

1970년대 1, 2차 석유위기를 거치면서 일본경제를 둘러싼 환경변화와 함께 일본경제는 커다란 구조변화를 맞이하였다. 첫째, 고도성장의 종식과 안정 성장으로의 전환이다. 연평균 실질 성장률은 고도성장기의 10% 대에서, 1976-1978년에는 5%대로 하락하였다. 둘째, 에너지 가격의 현저한 상승으로 에너지 다소비형 기초 소재형 산업은 구조불황산업이 되고, 자동차, 기계 등 가공조립형 산업은 국제경쟁력 향상으로 수출을 확대하여 고성장 산업이 되었다. 셋째, 수출급증으로 무역수지의 흑자가 확대되고 구미 각국과의 무역마찰이 빈번히 발생하게 되었다.

따라서 석유위기 이후의 정책과제로서 위의 구조변화에 대한 대응이 긴요해졌으며, 그 중요한 내용은 산업구조의 지식집약화, 산업구조 조정, 무역마찰에 대한 대응을 들 수 있다.

산업구조의 지식집약화와 관련한 산업은 ① 연구개발집약산업(컴퓨터, 산업용로봇, IC, 파인캐미컬, 신소재) ② 고도조립산업(통신기계, 사무용기계, NC, 공해방지용 기계, 교육기기 등) ③ 패션형 산업(고급의류, 고급가구 등) ④ 지식산업(정보처리 서비스, 시스템엔지니어링, 소프트웨어 산업 등)과같이 네 가지로 분류할 수 있다.

산업구조 조정정책은 사양산업이나 구조불황산업에 대한 원활한 산업조정을 위한 정책적 개입을 말한다. 특히 중요한 것으로는 1978년 제정된 특정불황산업안정임시조치법(특안법), 1983년 산업구조개선임시조치법(산구법), 1987년 구조전환원활화법 등이 각각 시행에 들어갔다.

다음으로 무역마찰에 대한 대응으로서는 수출급증에 대한 수출자율규제정책(VER), 국내경제의 규제완화와 경제개방정책(시장개방)으로 대별할 수 있다. 수출자율규제정책은 섬유제품을 비롯한 자동차, 철강, 공작기계, 반도체 등 주요 수출품이 자율규제의 대상이 되었으며, 행정지도의 형태로 실시되었다.

다음으로 시장개방에 대해서는 잔존 수입제한품목의 삭감 및 철폐, 관세·비관세 장벽의 완화 및 철폐 등의 조치를 들 수 있다. 잔존수입 제한품목 수는 1962년 466개에서 1992년에는 12품목까지 감소하였다. 한편 관세율도 1979년 일본의 총 평균 관세 부담률은 3.1%로 선진국과 유사한 수준까지 내렸다.

이와 같이 무역마찰에 대한 여러 가지 대응정책이 실시되었으나 일본의 대미, 대EC무역불균형은 1980년대에 들어와서도 개선되지 못하였다. 그래서 구미 선진국은 일본의 산업조직상의 특성, 예를 들면 기업집단, 하청계열, 유통문제, 사업자 단체의 존재, 일본의 산업정책, 농업정책, 기술개발정책 등이 비관세장벽을 형성하고 있다고 비판함으로서 무역마찰 문제는 산업조직 또는 제도상의 문제로 변화하고 있다.

④ 산업정책의 평가

고도성장기의 경제성장에 산업정책이 수행한 역할에 대해 특히 외국에서 일본주식회사론으로 대표되는 적극적인 평가가 있는 반면, 일본의 경제성장은 기본적으로 경쟁을 통한 가격기구의 작동 및 기업가 정신이 중심이라는 견해가 있어 평가는 나누어지는 경향이 있다. 그러나 부분적인 정책수단, 예를 들면 무역제한을 통한 자국 산업의 보호, 육성정책, 심의회, 연구회, 위원회, 비젼 제시 등 민간기업 활동에 대한 유용한 정보제공 메커니즘의 존재, 재정투융자, 조세특별조치, 공적기관의 저리융자 등 금전적 유인에 의한 산업정책 등은 분명히 일본의 산업성장에 일정한 역할을 하였다고 볼 수 있다.

일본의 산업정책에 대해서는 1970-1980년대 이후 국제적으로도 많은 관심의 대상이 되고 있으며. 이를 긍정적으로 평가하는 견해가 있는 반면, 일본의 보호주의와 결부하여 강도 높은 비판의 대상이 되기도 하였다.

11.3 산업구조의 변화[6)]

(1) 산업별 취업자 수

일반적인 경험법칙으로서 국민경제의 발전에 따라 취업인구는 제1차 산업에서 제2차 산업으로, 나아가 제3차 산업으로 이동하는 정형화된 산업구조발전의 패턴이 나타난다(페티・크라크의 법칙). 일본의 경우도 산업별 취업자 수가 1970년대 이후 30여년 간 농림 수산업의 취업자 비중은 19.9%에서 7.1%로 급감했고, 제조업도 27.1%에서 22.0%까지 하락했다. 반면 협의의 서비스 분야의 취업자는 15.2%에서 28.2%로 추세적으로

6) 三井トラスト・ホールディングス(2004), 13-18쪽을 요약

상승했다(〈그림 11-3〉참조).

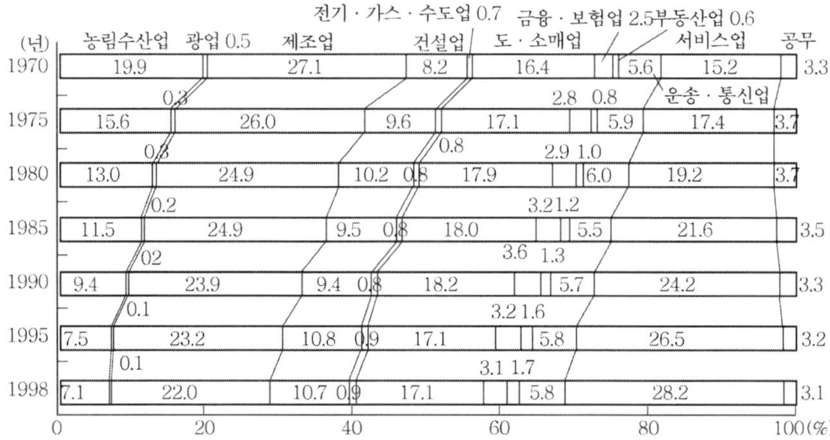

자료 : 三井トラスト・ホールディングス(2004)

〈그림 11-3〉 취업자수 산업별 비중 추이

(2) GDP에서 차지하는 각 산업별 비중

1970년 이후 약 30년간 명목 GDP에서 차지하는 각 산업별 비중은 제조업이 감소하고, 서비스업이 증가하는 경향을 보이고 있다(〈그림 11-4〉참조). 반면, 실질GDP[7] 기준으로는 거의 변화가 없는 것으로 나타나고 있다. 즉 실질 GDP에 있어서의 제조업 비중은 1970년 26.2%에서 1998년 26.5%로 거의 변동이 없다. 서비스업 비중도 1970년 19.0%에서 1998년 19.8%로 거의 변화가 없는 것으로 나타나고 있다. 도소매업은 실질GDP 기준으로 동 기간 중 8.9%에서 12.5%로 상승했다(〈그림 11-5〉참조).

이를 종합하면 제조업은 지난 30년간 고용은 억제하면서도 설비투자와 기술혁신, 제품의 품질향상으로 노동생산성을 높임으로서 실질산출물의 가치를 증대시켜왔다고 판단된다. 그리고 세계적으로 치열하게 전개되는 가격경쟁으로 인해 산출물의 가격이 떨어졌기 때문에 명목기준으로는 제

7) 명목 GDP는 그 시점에서의 시장가격(경상가격)으로 평가한 국내총생산이며, 실질 GDP는 어떤 기준시점의 가격(불변가격)으로 디플레이트(deflate)한 국내총생산이다.

조업의 비중이 떨어지는 결과로 나타났다고 볼 수 있다.

반면, 협의의 서비스업은 노동집약적인 산업으로 수요의 확대에 수반하여 취업자도 증가하고, 산출물의 가격도 임금상승으로 완만한 상승을 계속했다. 그렇기 때문에 명목 GDP 기준에서도 비중은 상승했으나, 기술혁신 및 질적 개선의 요소도 별로 없었기 때문에 실질 GDP비중은 거의 상승하지 않았다(〈그림 11-4〉, 〈그림 11-5〉 참조).

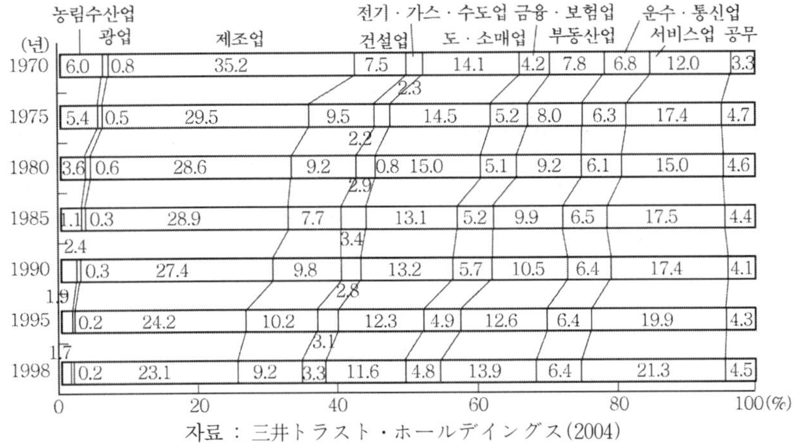

자료 : 三井トラスト・ホールディングス(2004)

〈그림 11-4〉 명목총생산 산업별 점유율 추이

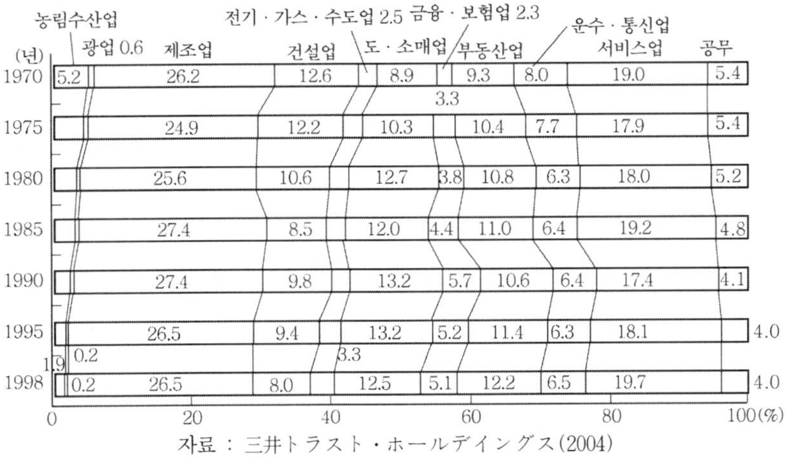

자료 : 三井トラスト・ホールディングス(2004)

〈그림 11-5〉 실질 총생산에서 산업별 점유율 추이

(3) 제조업 취업자의 비중 변화

다음으로 1970년 이후 약 30년간 제조업 업종별 취업자 수 비중의 변화상황을 살펴보면, 식료품, 전기기계의 취업자 비중이 크게 증가하였다. 식료품의 취업자 수 비중은 1970년 9.3%에서 1998년 12.1%로 비교적 크게 증가하였고, 전기기계도 1970년 10.1%에서 1998년 15.4%로 크게 증가하였다(〈그림 11-6〉).

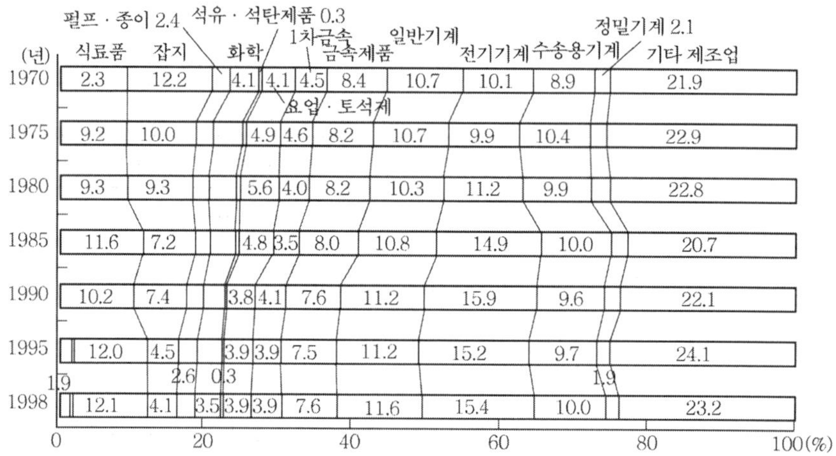

자료 : 三井トラスト・ホールディングス(2004)

〈그림 11-6〉 제조업 업종별 취업자수 비중 추이

같은 기간 중 섬유산업 등과 같이 취업자 수 비중이 크게 감소한 업종도 있다. 섬유산업에서는 취업자 수 비중이 1970년 12.2%에서 1998년 4.1%로 크게 감소하였다. 1차 금속, 화학 등 중화학공업도 1980년 이후 비중이 하락하는 추세를 보이고 있으나, 하락폭이 급격하지는 않다.

특기할 사항은 섬유산업의 취업자 수 비중은 급격하게 감소하고 있는 반면, 일본의 수출 등에서 중심을 이루는 광의의 기계 산업인 수송기계(자동차), 일반기계의 취업자수 비중은 1970년 이후 약 30년간의 기간 중에도 각각 10%를 웃도는 비중을 유지하고 있고, 전기기계는 비중을 크게 증대시켜 왔다. 또한 1차 금속, 금속제품 분야도 1970년에 비해서 1998년의 비중은 약간의 감소를 보이고는 있으나, 이들 산업은 광의의 기계 산업에 소재 등으로서 투입되는 성격상 수요산업인 기계 산업의 발전에 수반하여 비교적 큰 비중을 유지하고 있다.

(4) 제조업의 업종별 비중(GDP 대비)

이하의 〈그림 11-7〉, 〈그림 11-8〉은 같은 제조업분야를 명목 GDP기준과 실질 GDP기준의 추이를 본 것이다. 명목기준에서는 전기기계가 증가하고 있고, 섬유, 1차 금속은 추세적으로 비중이 낮아지고 있다. 더욱이 실질기준에서는 전기기계의 비중상승이 현저하다. 이는 전기기계, 즉 하이테크 제조업의 실질생산력이 기술진보, 제품의 품질향상, 즉 1970-80년대의 IC혁명, 1990년대의 IT혁명 등을 통해 크게 높아진 것을 나타낸다. 그리고 이 분야의 생산력 확대가 제조업 전체의 실질 GDP비중을 유지시켰다고 보여 진다.

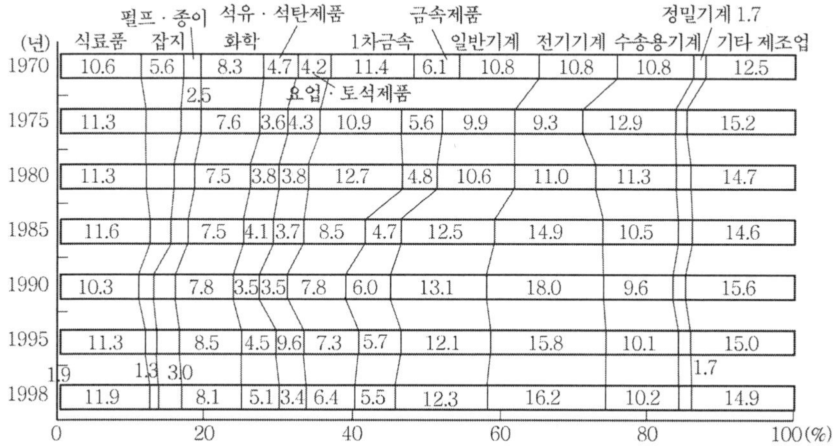

자료 : 三井トラスト・ホールディングス(2004)

〈그림 11-7〉 명목총생산 제조업 업종별 점유율 추이

한편, 석유·석탄업, 1차 금속은 산업계 전반에 걸친 省에너지 기술의 발달, 생산성의 향상에 따른 투입원료의 감소로 인해 실질 비중이 떨어졌

다. 특히 두 차례에 걸친 석유위기를 통해 많은 가공조립제조업에서는 로봇, NC머신, 머시닝센터 등의 성력화 기술이 도입되었다. 또 산업용, 가정용의 다양한 기기가 경량화된 결과 원재료, 중간재의 투입량이 큰 폭으로 감소했다. 석유·석탄, 1차 금속 부문의 비중감소는 이러한 산업전체의 효율화를 나타내는 것으로 볼 수 있다.

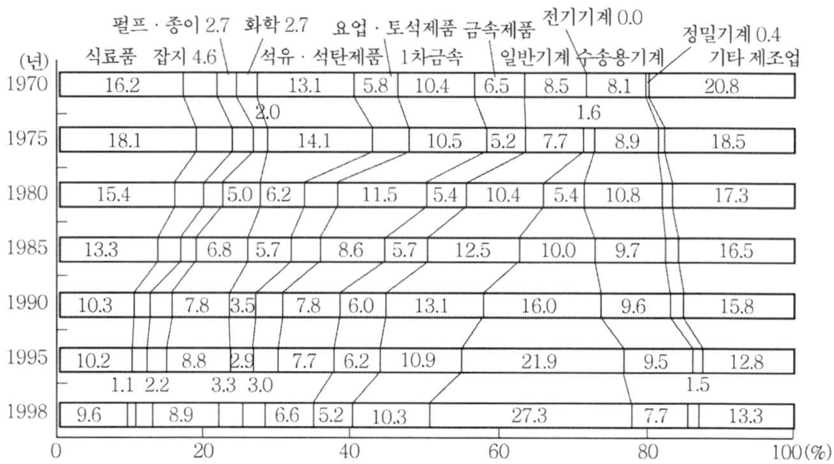

자료 : 三井トラスト・ホールディングス(2004)

〈그림 11-8〉 실질총생산 제조업 업종별 점유율 추이

12
chapter

주요 제조업의 발전과정과 최근동향

일반적으로 한 나라의 산업발전을 살펴보면 자본축적이 부족한 공업화 초기에는 노동집약적인 산업이 중심을 이루지만, 자본 및 기술축적이 진행되고 여기에 노동력 부족과 이에 따른 임금상승 등에 따라 노동절약적이며 자본집약적인 분야로 산업의 중점이 이동한다. 또한 기술수준의 측면에서는 저급기술 산업에서 고급기술 산업으로 이동해 가는 것으로 볼 수 있다.

한편 이와 같은 산업구조의 변화의 배후에는 국민소득의 증가에 따른 수요의 변동이라는 요인도 크게 작용하는 것으로 볼 수 있다. 실제로 일본의 산업구조는 1870년경부터 1980년경에 이르기까지의 기간 중 시간의 경과에 따라 면제품(섬유산업), 철강재, 자동차, 일반기계 등의 순으로 산업이 다양화되고, 더욱이 1960년대 이후에는 대부분 산업의 수출성장이 시작되었다.

12.1 섬유산업[1)]

(1) 발전과정

섬유산업의 특징의 하나는 화학섬유공업과 같은 예외도 있지만 일반적으로 노동집약적이며, 투하자본이 적어도 성립 가능한 산업이라는 점이다. 또 섬유산업은 의식주의 하나로서 반드시 수요가 있는 기초적인 산업이기 때문에 공업화의 초기단계부터 발달이 용이한 산업이다. 역사적으로도 18세기 영국의 산업혁명의 사례에서 보는 바와 같이 섬유산업이 견인차가 되어 공업화가 추진된 예가 많다.

일본에서도 에도시대부터 섬유산업이 발달하였으며, 메이지 시대에는 이를 기초로 섬유산업의 근대화가 진행되었다. 1872년에는 정부에 의해 제사공장이 설립되었으며, 메이지 이후 섬유산업이 산업근대화의 견인역을 했다.

한편, 메이지 초기 일본수출의 60% 가까이를 생사, 견직물이 차지하여, 섬유산업이 근대화에 필요한 외화획득의 가장 중요한 수단으로서의 역할을 했다. 그 후 면방직에 대해서도 정부는 진흥책을 취하게 되고, 섬유산업은 일본의 선도 산업으로 발전하였으며 1920년대까지 레이온 등 합성섬유가 등장하고, 합섬메이커가 계속적으로 등장하였다.

2차 대전 이후 섬유산업은 철강, 석탄 등과 함께 기간산업으로서 부흥정책의 대상이 되었다. 그 후 나일론, 폴리에스텔 등 석유를 원료로 하는 합성섬유의 등장으로 급성장하였다.

1960년대 후반이 되면 타 중화학공업의 성장으로 산업구조상의 지위가 상대적으로 하락하였고, 미일섬유교섭 등에 의한 수출규제의 대상이 되었다. 한편 홍콩, 한국, 타이완 등 후발국의 추격과 1973년의 석유위기 이후

1) 일본흥업은행 조사부, (1989)

고도성장기가 끝나고 국내시장은 성숙기에 들어가게 되었으며, 1974년 이후 내수는 정체기조가 계속되었다.

1980년대 중반부터는 엔고의 영향으로 국내 섬유산업은 점점 어려운 상황이 되고, 수출산업에서 수입 산업으로 전환되었으며, 산업 공동화가 시작되었다. 1990년대 들어서는 섬유산업의 사업소수, 고용자수가 급속히 감소하였다.

(2) 섬유산업의 구조적 특징

섬유산업의 원료는 견, 모, 면, 마 등의 천연섬유와 나일론, 폴리에스텔 등과 같은 화학섬유로 나눌 수 있다. 그리고 가공공정은 이상의 원료를 사용하여 먼저 실의 제조(제사, 방적) 및 가공(연사 등)이 이루어진다. 다음으로 천을 만드는 공정(직물, 니트)과 여기에 염색하는 공정, 그리고 최종공정으로서 의복이나 다른 용도에 맞게 제품을 생산하는 봉제공정으로 나뉘어 진다.

〈표 12-1〉 섬유산업의 구조

가공공정 (왼쪽에서 오른쪽 공정으로 이동)	실의 제조 (제사, 방적)	실의 가공 (연사 등)	천 제조 (직물, 니트)	염색, 정리	봉제
원료	견, 모, 면, 마, 화학섬유, 기타				
가공법	직물, 니트, 부직포, 기타 직물				

자료 : 일본흥업은행 조사부(1989), 98쪽

가공공정상 실을 제조하는 합섬(합성섬유), 방적업은 대기업이 중심이다. 특히 합섬은 요구되는 기술수준이 높고, 설비에도 많은 자금을 필요로 하는 장치형 산업이기 때문에 진입기업이 많지 않다. 반면 염색가공, 봉제 등과 같이 노동집약적이고, 적은 자본투하로도 충족되는 분야는 많은 중소영세기업이 진출하고 있다. 따라서 섬유산업 전체적으로는 중소영세기업이 중심을 이루고 있다.

또 섬유산업은 생활 밀착형 산업이기 때문에 전국 대부분 지역에 분포하고 있다. 그러나 직포 등의 분야에서는 역사적 배경 때문에 특정지역에 집중하여 분포하는 경우도 있다.

(3) 섬유의 생산, 무역

일본의 주요 섬유소재의 생산추세를 보면, 1950년대 전반에는 면과 레이온이 중심을 이루었으나, 1960년대 후반 이후 감소하였다. 합성섬유는 나일론, 폴리에스테르를 중심으로 1960년대 이후 급성장하였고, 1980년대 이후 1,400만톤 대로 변동 없이 유지하다가 2000년 이후 큰 폭으로 감소하고 있다.

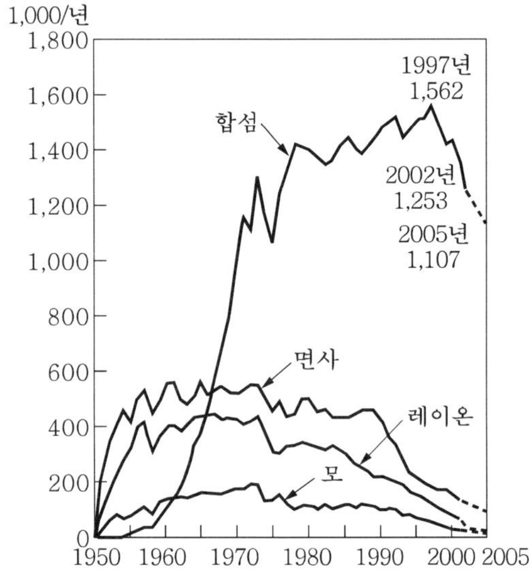

자료: 叶芳和編著[2003], 115

〈그림 12-1〉 일본의 주요 섬유생산량

일본의 섬유산업은 한국, 타이완, 동남아시아, 중국의 생산증가와 1985년 이후의 급격한 엔고로 인한 가격경쟁력 하락 등으로 인해 수입이 급증하였다. 1996년의 수입은 1985년에 비해 약 4.5배나 증가하였다. 수출입 균형에서 볼 때 일본은 1987년 이후 섬유수입국으로 전환하였고, 그 이후

2000년 약 200억 달러, 2006년 약 240억 달러 정도의 수입초과(무역적자) 상태를 기록하고 있다.

(4) 공동화 문제

섬유산업은 최근에도 수출은 정체된 반면 수입이 급증하고 있다. 이러한 양상은 산업공동화가 상당히 진행되고 있음을 나타낸다. 그러나 토레이, 테이진 등의 합섬분야 대기업(업 스트림 분야)은 합섬생산 기술을 응용하여, 플라스틱, 의료, 의약, 주택, 건재, 화장품, 정보통신 등의 사업에 다각화하고 있으며, 이 배경에는 우수 인재의 역할을 들 수 있다.

〈표 12-2〉 주요 6사의 섬유사업 비율

	1994년도		2002년도	
	매상고(억엔)	섬유비율(%)	매상고(억엔)	섬유비율(%)
토레이	9,005	46	10,330	40
아사히 화성	11,549	15	11,936	9
테이진	5,667	57	8,904	55
일청방	2,243	47	2,312	32
동양방	5,055	60	3,764	49
카네보	5,900	34	5,182	31

자료 : 叶芳和編著[2003], 119

12.2 철강산업

(1) 산업의 특징

철강산업은 대규모 생산설비를 필요로 하는 전형적인 장치산업으로 제조원가에서 차지하는 자본비(고정비)의 비중이 다른 산업에 비해 대단히 높은 특징을 가진다. 철강수요는 민간설비투자에 크게 의존하기 때문에 경기변동의 영향을 다른 산업에 비해 크게 받는 경향이 있다. 철강 산업은 연료 코크스, 전력, 중유 등 각 공정에 있어서 대량의 에너지를 소비하는 바, 그 에너지를 대부분 외국에 의존하는 일본의 특성상 세계 에너지 수급동향에도 크게 영향을 받는다.

일본의 철강산업은 거대 고로[2] 메이커가 생산의 절반 이상을 차지하는 전형적인 과점산업이다. 일반적으로 고로 5사로 불리는 신일본제철, NKK, 스미토모금속공업, 카와사키 제철, 코베제강소가 비교적 큰 생산규모를 가지고 있다. 고로메이커 이외의 기업으로는 중견규모 기업인 전로[3] 메이커가 있는데, 보통강 전로메이커 50여사와 특수강 전업 메이커 11사로 구성된다. 이 이외에도 압연전문 기업, 주단조 기업, 2차, 3차 가공기업 등이 있고 모든 기업을 포함하면 철강업계는 저변이 넓고 중층적인 구조를 형성하고 있다.

(2) 발전과정

일본철강업의 조강생산량은 일본경제의 고도성장에 수반하여 증가하였으며, 1973년도에는 1억 2000만톤으로 최고를 기록했다. 그 후 석유위기, 엔고불황, 버블붕괴후의 금융위기 등으로 어려운 국면을 맞이하였으나, 과거 30년간 1억톤 전후로 안정된 생산량을 기록하였다.

석유위기 이후 에너지와 자원 절약을 위한 투자가 적극적으로 추진되었다. 제품개발 면에서는 고급강, 특수강 분야의 제품개발력은 타국의 추격을 불허하는 수준이다. 또 산업사회의 고도화에 따른 고급 철강재에 대한 수요, 수요의 다양화에 대응하기 위한 고부가가치 강재의 개발에서도 세계를 리드하고 있다. 예를 들면 건축, 토목분야에서는 내화성, 내후성강판, 고강도구조용강판, 경관재 등을 들 수 있고, 자동차용에서는 각종 표면처리 강판, 고강도박강판, 제진강판 등이 있다. 선박용에서는 고장력강판, 가전, 전기용에서는 고효율고기능전자강판, 프레코트 강판, 스테인리스 제진강판 등을 들 수 있다. 일본강재 생산에서 고급강의 비율은 35%

2) 금속광석에서 맥석(脈石 : gangue)을 분리하여 용융상의 금속을 얻는 공정(금속용융정련)에 사용하는 노. 그 중에서도 철광석에서 선철을 생산하는 용광로는 키가 크므로 고로(高爐 : shaft furnace)라고 한다.

3) 고로에서 나온 용선을 용강으로 정련하는 제강로. 선철을 강으로 전화시키는 노를 말한다. 회전로라고도 한다.

에 달한다.[4)]

일본이 철강 산업에서 경쟁력을 확보하게 된 요인으로는 다음과 같은 점을 들 수 있다. 1) 경영자의 중기적 시야에서의 적절한 경영전략 구축. 2) 양호한 노사관계-노동자의 높은 질. 노조의 협력과 고수준의 기술력을 배경으로 한 신설비 도입. 3) 최신설비의 적극적인 도입. 4) 수요자와의 공동연구. 예를 들면 자동차 기업과의 가공성이 높은 고급표면처리박판 개발, 조선기업과는 파괴에 대해 저항성이 강한 후판을 공동개발. 5) 정부의 조세, 재정투융자 등 지원책. 6) 1990년대까지 신일본제철이라는 거대 기업을 중심으로 한 대기업 5사체제가 유지되어 경쟁과 협조가 적절하게 추진되었다. 그러나 버블 붕괴 후 일본 철강업계는 신일본제철연합과 JFE라는 체제로 변화하였다.

(3) 국제경쟁력

주요 외국의 철강생산을 보면 중국, 한국, 타이완, 인도 등이 주요 생산국이며, 범용분야에서는 이들 국가와의 임금격차, 아시아 제국의 생산성 향상 등에 의해 생산코스트 면에서 일본의 우위성은 상실되고 있다.

〈표 12-3〉 주요국의 철강 생산동향

(단위:1,000톤)

	일본	중국	한국	타이완	인도	미국
2004년	112.718	282,911	47,521	19,595	8,682	109,879
2005	112,471	353,240	47,820	18,567	9,404	104,606
2006	116,226	419,150	48,455	20,092	9,789	108,234
2007	120,203	489,660	51,517	20,908	10,051	108,226

자료 : 일본철강연맹 통계자료

4) 叶芳和編著[2003], 272쪽

(4) 공동화 문제

철강은 일본 내에 자동차, 기계 등 철강을 대규모로 수요로 하는 산업이 건재하고 있으며(약 8,000만 톤), 한국, 중국, 아세안, 타이완 등 아시아 국가를 비롯한 대세계 수출 증가가 계속됨에 따라 일본 국내생산은 증가세가 계속되고 있다. 중국을 비롯한 세계 각국도 철강에 대한 설비투자와 생산을 증가시키고 있으나 이들 나라가 일본에서 수입하는 강재 중에는 국산으로 대체가 불가능한 품목이 많고, 이들 국가의 높은 성장이 계속되면 일본강재에 대한 수요는 앞으로도 강하게 유지될 것으로 전망된다. 일본 국내의 커다란 철강수요와 높은 기술수준, 국제경쟁력 등으로 일본 철강 산업의 지보는 앞으로도 견고할 것으로 예상된다.

12.3 조선업

(1) 발전과정

일본의 조선업은 1850년대 구미로부터 조선기술이 도입되면서 시작되었다. 1853년에 대선(大船)건조금지령이 해제되고, 조선소 건설이 시작되었다. 일본의 조선업은 1956년 건조량에서 영국을 추월하여 세계 최고의 자리를 차지하기에 이르렀다. 그 후 1970년대에 발생한 석유위기로 세계적인 석유소비량이 감소하면서 석유탱커의 과잉재고가 발생하고, 이후 10여년 간 신조선수요가 격감하였다. 이에 따른 세계조선불황은 서구와의 무역마찰을 야기하기도 했다.

1970년대 후반 한국, 폴란드, 유고, 브라질 등 중진국의 대두와 급격한 엔고로 일본의 조선건조 점유율은 1976년부터 하락하였다. 특히 한국은 1970년대 조선입국을 국책으로 내걸고 저선가 수주로 국제시장에 진출하였다. 1985년 9월 이후의 급격한 엔고로 한국의 건조 점유율이 1975년

1.2%에서 1988년 29%까지 상승했다. 그러나 아직 이 시기에는 한국이 건조능력, 기술축적 면에서 부족하였고, 이를 극복하고 한국이 일본을 추월하는 것은 2000년 경 부터이다.[5)]

(2) 일본 조선업의 경쟁력 요인

일본의 조선업 발전 요인으로는 다음과 같은 점을 들 수 있다.

첫째, 조선업은 종합조립산업으로 경험이 중요한 산업이다. 수 만점에 달하는 강재를 절단, 가공하고, 용접하여 조립하는 노동집약적인 산업이기 때문에 재료, 일정, 공정, 품질, 재무관리 등 생산관리가 결정적으로 중요한 산업이다. 따라서 작업자의 숙련과 이를 종합하여 완성품으로 만들어내는 생산관리 시스템이 요구된다. 이 숙련과 노하우는 오랫동안의 경험으로 배양된다. 일본의 조선업은 생산현장에서의 숙련도가 높은 기술자와 질이 높은 노동력이 풍부했다.

둘째, 기술혁신능력이 높았다. 세계의 새로운 수요, 즉 1차 에너지의 다각화, 지구환경보전을 위한 조선기술의 요구에 신속히 대응하였다. 그리고 2중선체구조의 채용(해상오염방지), 고도의 저온기술을 필요로 하는 LNG선 등 새로운 선종을 건조할 수 있는 설비, 기술을 일찍부터 가지고 있었다. 또 선박설계기술CAD, 생산공정설계・관리기술 CAM이 가공속도, 정도향상을 가져왔다. 또 설계, 자재의 관리, 생산라인, 제품검사에 이르는 모든 과정을 포함한 일관생산 시스템인 CIMS 등의 고도한 전산화 시스템이 생산현장의 고도화를 촉진했다.

기능공 1인당의 생산성 상승도 일본 조선업 경쟁력 향상의 요인이다. 즉 주요 조선소의 공원수가 1970년대 전반 12만 명에서 2000년대 초 3만 3,600명으로 1/3로 줄었으나, 신조선 건조량은 1,200만총 톤으로 변화가 없다. 이는 기능공 1인당 생산성이 3배 이상 상승했다는 것을 의미한다.

셋째, 관련 산업, 특히 양질의 강재(고장력강판 등)를 공급하는 철강업, 선박용기기공업의 경쟁력을 들 수 있다. 강재, 터빈, 펌프, 프로펠러 등

5) 叶 芳和編著(2003), 131

조선업은 종합조립산업으로 저변이 넓은 산업인데, 일본조선업은 저변이 넓은 기반산업이 존재한다는 것이 또한 강점이다.

넷째, 정부의 지원 및 상사의 융자 중개기능도 조선업 발전을 촉진하였다. 선박은 자금융자의 기간이 길기 때문에 특히 전후 일본조선업 발전에 정부의 지원, 상사가 융자의 중개기능을 담당하였는데, 이것이 선주를 돕고, 신조선수요를 창출했다는 점도 중요하다. 현재의 선박금융은 해외의 금융기관이 발달해있다.

(3) 한국, 중국의 대두

조선업에서는 한국과 중국 등 후발국의 추격이 빠르게 진행되고 있다. 2000년 이후 생산규모, 세계시장 점유율에서 한국이 일본을 추월하였고, 중국이 그 뒤를 빠르게 쫓고 있는 형세이다. 전문가의 예측에 의하면 2005년에서 2015년경까지의 건조 점유율은 일본이 30-35%, 한국 38-40%, 중국 10% 전후로 예측하고 있다.

〈표 12-4〉 글로벌 경쟁속의 한, 중, 일 삼국의 비중

		1995	2000	2005	연평균 증가율(%) (1995-2005)
세계시장규모 (만CGT)		1468	2004	2897	7.0
생산규모 (만CGT)	한국	305	648	1009	12.7
	일본	576	641	831	3.7
	중국	76	114.5	419.4	18.6
세계시장 점유율(%)	한국	20.8	32.3	34.8	
	일본	39.2	32.0	28.7	
	중국	5.2	5.7	14.5	

자료 : 산업연구원, KIET 산업별기초분석, 조선(산업연구원 인터넷 자료에서 채록 http://www.kiet.re.kr/kiet/portal/portal03.jsp, 2008. 2. 25 채록)

(4) 공동화 문제

조선업은 조립 산업이라는 산업적 특성을 가지고 있기 때문에, 일본의 조선업도 후발국에 추격당하기 쉬운 특성이 있는 반면, 인재, 기술혁신 능력, 관련 산업 등의 면에서 후발국이 캣칭업하지 못하는 부분이 있다. 그러나 한국, 중국 등에 비해 일본의 시장점유율이 하락하는 추세는 현저해지고 있다. 조선 산업은 공동화하지는 않을 것으로 예상되나, 임금인하(사외공의 증가), 재편, 분사화, 부가가치선으로 이동이 불가피 하다.

12.4 자동차산업

(1) 자동차 제조의 특징

자동차는 수만 점에 이르는 부품으로 구성되고 대량생산방식에 의해 생산되는 특징을 가진다. 또 고가격차에서 저가격차에 이르기까지 각각의 차 특성에 따라 전용의 부품을 개발하기 때문에 부품종류가 대단히 많다. 따라서 자동차의 기능을 최대한 발휘하도록 하기위해서는 재료, 부품산업의 집적을 필요로 하고, 이러한 저변산업과의 설계, 생산기술면에서의 면밀한 조정이 불가결하다. 더욱이 자동차 제조에는 일정 수준 이상의 생산규모가 필요하고 대규모의 설비투자가 요구된다.

한편 자동차 생산은 인테그럴형(integral : 각 기능부품을 조정하여 맞추는 형) 생산의 대표적인 산업으로, 완성차 기업과 재료, 부품기업과의 면밀한 조정이 불가결하며, 이에 따라 생산의 효율성(생산비용인하)과 고품질 제품이 실현된다.[6)]

6) 叶 芳和編著(2003), 152

(2) 발전의 역사

일본의 자동차 산업은 1930년대 전시기를 거치면서 발전하기 시작했으며, 본격적인 발전은 2차 대전 이후 시작되었다. 1950년대에는 자동차산업 육성을 둘러싸고 일본은행은 일본에서의 자동차 산업 발전을 회의적으로 바라본데 비해 통산성(현, 경제 산업성)은 보호, 육성을 주장하였다. 결국 통산성의 견해가 채택되었고, 1960년대까지의 수입대체기간 동안 일본정부에 의한 다양한 보호, 육성정책이 실시되었다.

1960년대 외국차 수입자유화, 1970년대는 자본자유화 등이 실시되면서 비로소 국제경쟁이 도입되었으며, 1970년대에는 일본이 어느 정도의 국제경쟁력을 확보한 것으로 평가되었다.

일본은 일본의 좁은 도로사정, 연비 등을 고려하여 정책적으로 소형차 생산에 주력하였다. 1970년대의 석유위기를 계기로 해외에서도 연비가 좋은 일본차에 대한 수요가 급등하였고, 일본자동차 산업이 발전하는 계기가 되었다.

1980년대에는 미국과의 통상마찰의 결과 대미수출자율규제를 실시하게 되었고, 1985년 10월 플라자 합의 이후의 급격한 엔고에 대한 대응책으로서 미국 등 해외에서의 현지 생산이 빠르게 진행되었다.

〈표 12-5〉 일본의 자동차 산업의 생산, 수출동향

(단위: 대)

	승용차	사륜차 합계	수출
1970	3178708	5289157	1086776
1975	4567854	6941591	2677612
1980	7038108	11042884	5966961
1985	7646816	12271095	6730472
1990	9947972	13486796	5831212
1995	7610533	10195536	3790809
2000	8359434	10140796	4454885
2005	9016735	10799659	5053061
2006	9756515	11484233	5966672

자료 : 일본자동차공업회 인터넷 자료

(3) 해외생산동향

일본 자동차의 해외생산은 1960년대 동남아시아에서 knock down(녹다운) 생산으로 시작하였다. 1980년대가 되면 미일마찰, 급격한 엔고에 대응하여 미국을 중심으로 한 선진국에서의 현지생산이 급증하였다. 또 상대국에서 부품 등의 현지 조달률 향상을 강하게 요구했기 때문에 많은 부품 메이커도 동반적으로 진출하였다.

그러나 최근의 해외진출, 특히 중국에 대한 직접투자는 현지의 시장규모, 성장성에 주목한 투자이고, 이를 의식한 선행 투자적 성격이 강하다.

아세안 지역에서도 AFTA(아세안자유무역협정:ASEAN Free Trade Area)의 발효로 5억 인구를 대상으로 한 시장의 확대가 기대되기 때문에 각국에 분산된 생산거점의 선택과 집중을 추진하여, 각각의 거점의 네트워크 구축을 서두르고 있다.

일본자동차의 해외생산 비율이 1990년에는 약 20%정도였으나, 2002년에는 약 40%로 증가하였고, 반면 수출비중은 하락하고 있다.

〈표 12-6〉 일본자동차 산업의 해외생산 동향

(단위:대)

	2000	2003	2006
아시아	1673740	3007348	4129856
중근동	4258	5820	11400
유럽	953170	1338476	1702836
EU	837679	1156237	1509402
북미	2992062	3487012	4001639
미국	2992062	2812723	3281073
중남미	387732	457467	745827
아프리카	146435	162969	259050
대양주	130933	148471	121635
합계	6,288,330	8,607,563	10,972,243

자료 : 일본자동차공업회

(4) 공동화 문제

자동차 산업은 투입되는 부품수가 많고, 기술상품 개발, 생산기술, 생산시스템 등 종합력을 필요로 하는 특징이 있다. 따라서 한국, 중국 등 후발국이 특히 품질, 성능 등과 같은 비가격경쟁력에서 일본을 능가하는 데는 한계가 있다. 또 일본 국내에 커다란 자동차 수요가 있기 때문에 일본 자동차 산업은 상당기간 일본의 주력 산업으로서의 위치를 유지할 것으로 평가된다.

12.5 자동차 부품산업

(1) 자동차 부품의 종류

자동차부품 공업회 통계에 따르면, 자동차 부품은 크게 부품, 용품, 정보관련 부품으로 나누어진다. 또 이를 더 상세하게 구분하면 부품에는 엔진부품, 전장품 · 전자부품, 조명, 계기 등 전기 · 전자부품, 구동 · 전도 및 조종장치 부품, 현가 · 제동장치 부품, 차체부품으로 나뉜다. 다음으로 용품에는 카오디오, 라디오 및 카스테레오, 냉방장치 및 난방장치, 기타용품으로 나누어진다.

또 자동차부품 산업의 시장은 완성차 제조에 필요한 부품의 제조, 판매에 그치지 않고, 시장에 판매된 자동차용 보수용 부품을 자동차 메이커에 공급하거나, 소매시장용으로 부품의 제조, 판매를 한다.

〈표 12-7〉 자동차부품 산업의 품목별 출하액

		출하액(억엔)	구성비(%)
품 목	엔진부품	23,791	15.6
	전장품, 전자부품	13,764	9.0
	조명, 계기등전기, 전지부품	21,132	13.9
	구동 전도 및 조정장치부품	28,959	19.0
	서스펜션, 제동장치부품	10,355	6.8
	차체부품	36,160	23.7
	부품계	134,162	88.1
용 품	카오디오 및 스테레오	4,661	3.1
	냉방장치 및 난방장치	8,223	5.4
	기타 용품	1,085	0.7
	용품계	13,969	9.2
기 타	정보관계부품	4,149	2.7
합 계		152,280	100.0

자료 : 三菱總合硏究所(2006), 67쪽

(2) 발전과정

일본 자동차부품 산업은 자동차(완성차) 산업발전과 궤를 같이 하여 발전해 왔다. 1930년대 포드, GM 등 외국자동차 기업이 일본에서 생산을 시작하면서 일본 내에서의 부품조달처로서 부품기업이 육성되기 시작했다. 전후 일본자동차 산업이 재출발하면서 자동차부품 산업도 모방생산으로서 재출발하였으나, 당시의 품질수준은 상당히 문제가 있었다.

한편, 1947년 제정된 우량 자동차부품 인정규칙, 1958년 제정된 기계공업진흥임시조치법 등 일본정부의 자동차부품공업 육성정책 등에 힘입어 부품산업의 합리화, 성능, 품질 향상이 촉진되었다.

1960년대에는 수입 자유화에 대한 대응으로서 자동차 기업의 기술혁신, 생산성 향상 노력이 강화되었고, 이러한 움직임이 부품 기업에도 침투되었다. 또 부품 기업의 전문화, 거래선의 다양화가 장려되었다.

1960년대 중반이후 본격적인 승용차 보급시대가 시작되고, 1970년대에는 수출의 증가와 석유위기의 발발로 자동차 산업은 환경기술 개발 추진,

감량경영이 주요 과제가 되었다. 그 결과 부품 기업도 부품 생산비의 삭감과 품질, 납기 관리가 중요한 과제가 되었다.

1980년대에 들어서는 빈발하는 무역마찰의 영향으로 완성차 기업의 해외생산이 적극적으로 추진되었다. 1985년 90만대 미만이었던 해외생산대수는 2004년에는 980만대로 확대되었다. 반면 국내생산은 1,230만대에서 1,051만대로 감소했다. 따라서 부품기업으로서도 해외진출을 포함한 국제화 대응이 주요 과제가 되었다.

(3) 부품업계의 구조

일본자동차 부품기업 중(2003년 시점) 연간 출하액이 2,000억 엔을 초과하는 기업 수는 전체의 3.5%에 불과하나 출하액 비중은 30.6%를 차지하였다. 반면, 출하액 100억 엔 이하 기업은 기업수로는 44.7%를 차지하나 출하액에서 차지하는 비중은 4.1%에 불과한 실정이다.

〈표 12-8〉 자동차부품 기업의 규모별 구성(2003년)

출하액구분(엔)	회사수 점유율(%)	출하액 점유율(%)	종업원 수 구분	회사수 점유율(%)	출하액 점유율(%)
2000억초과	3.5	36.6	2,000 초과	7.7	50.5
1000억~2000억	6.0	20.3	1,001~2,000	10.4	19.9
500억~1000억	8.4	15.5	501~1,000	16.6	15.8
300억~500억	10.9	11.4	301~500	15.9	7.4
100억~300억	26.6	12.1	101~300	26.3	5.4
100억이하	44.7	4.1	100 이하	23.1	1.0
합 계 (사, 억엔)	403	152,280	합 계 (사, 억엔)	403	152,280

자료 : 三菱總合硏究所(2006), 72쪽

이와 같이 자동차부품 기업 간에는 그 규모에서 큰 차이가 존재하며, 기술력 및 개발력에서도 완성차 기업에 손색이 없는 1차 부품기업부터 2차, 3차 기업까지 여러 부류의 기업이 병존하고 있다.

(4) 향후 전망과 과제

자동차부품 산업은 지금까지 완성차 제조업의 발전에 수반하여 발전해 왔다. 앞으로도 지금까지와 같은 구조에는 큰 변화가 없을 것으로 예상되며, 향후 자동차부품 산업이 당면한 주요 과제로서는 다음과 같은 세 가지를 지적할 수 있다.

첫째, 일본경제의 성숙화, 인구감소 등의 변화로 인해 일본 자동차 생산은 크게 증가하기 어려울 것으로 예상된다. 또 해외와의 마찰회피 등의 이유로 수출은 감소하고 해외현지생산은 확대될 것이다. 따라서 부품생산 기업에게도 완성차의 해외생산 확대에 맞추어 해외에서의 생산 확대 등 활동 강화가 더욱 더 요구될 것이다.

둘째, 이미 비용절감, 개발효율 향상을 목적으로 진행되고 있는 제품개발, 부품조달의 모듈화로 부품메이커의 종합력이 요구된다. 또 지금까지와는 다른 기술 분야로의 확대 노력도 필요하다. 그 대표적인 예로 전자기술을 들 수 있다. 또 하이브리드 카, 연료전지 차 등 환경대응기술, 차의 전자화 기술의 강화도 중요한 과제가 되고 있다.

셋째, 완성차 기업은 지금까지도 납기, 가격조건에 뛰어난 대응을 하는 부품메이커의 발굴, 거래관계의 장기·안정화를 추구해 왔다. 앞으로도 비용 삭감을 위한 부품의 공통화가 부품기업의 집약화를 촉진할 것이다. 또 이 과정에서 부품업계의 재편성이 나타날 것이고, 수주확대를 위해서는 부품메이커의 독자적인 기술력, 개발력 보유 여부가 크게 관련될 것이다.

향후에도 부품산업은 보다 집약화 되어 가면서도 지금까지의 피라밋형 생산구조 내부에서의 변질, 변용이 진행될 것으로 예상된다.

12.6 전자 · 전기산업

(1) 산업개요

전자·전기산업은 자동차, 기계와 더불어 일본을 대표하는 산업이며, 전자산업과 전기산업으로 크게 나눌 수 있다. 전자산업은 민생용 전자기기(TV, DVD, 오디오기기 등), 산업용 전자기기(컴퓨터, 의료기기, 계측기 등), 전자디바이스(반도체, 액정, 수동부품 등)로 구분된다. 전기산업은 중전기기(발전용 원동기, 회전전기기계, 정지 전기기계 기구 등), 민생용 전기기기(냉장고, 세탁기, 에어컨, 전자레인지 등) 등으로 구분할 수 있다.

(2) 산업의 최근 동향

일본의 전자·전기산업은 국내시장의 포화, 아시아 경쟁국가의 대두 등으로 생산증가는 기대하기 어려운 실정이다. 1990년대 초 30조 엔을 넘었던 국내 생산고는 경기부진의 영향으로 2000년 이후 25조엔 전후로 하락했다. 이중에서 전자산업 생산은 80%를 차지하며, 전자산업의 약 50%는 전자디바이스이며 그 중심은 반도체와 액정이다. 그리고 그 뒤를 이어 전자부품, 통신기기, 컴퓨터 관련기기, 영상기기가 따르고 있으며, AV(음향, 영상기기)제품, 백색가전은 전체의 20% 이하에 그치고 있다. 전자제품에서는 산업용제품과 전자부품이 각각 10조엔 정도를 차지한다.

AV상품은 모듈화, 디지털화의 진행으로 해외이전이 추진되고 해외제품에 시장을 많이 잠식당하고 있다. 가전제품의 국내시장에서의 수입품 점유율은 냉장고가 총수요의 30%, 청소기 40%, VTR이 90% 이상이다.

다음으로 전자기기·부품에서는 가전수출의 주력이 전자부품, 반도체 등 산업용제품으로 크게 변화하고 있으며, 완성품의 수출은 부진한 상태

에 있다.7)

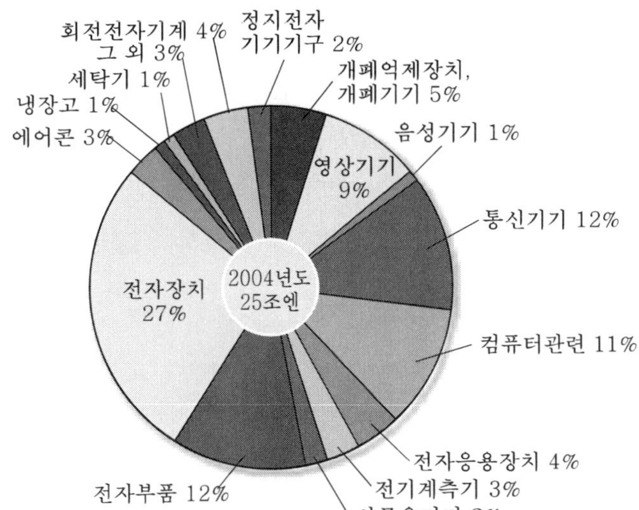

자료 : 三菱總合硏究所(2006), 81쪽

〈그림 12-2〉 전자·전기기기의 분야별 생산현황

(3) 공동화 문제

정보가전 분야는 생산의 글로벌화, 모듈화의 급진전으로 중국기업이 급속하게 성장하고 있다. PC, 휴대폰도 중국기업의 가격경쟁력 향상, 대량생산으로 아세안 진출도 현저하며, 구미시장에 중국기업의 저가격 수출이 급증하는 추세이다. 이에 따라 일본은 세트의 고급화, 하이테크 부품생산으로 중심을 이동하고 있다. 전자기기, 부품의 수출실적을 보면 부품, 디바이스, 산업용제품이 주력이며, 완성품 수출은 부진하다.

반면 가전제품 수입은 급증하고 있다. 일본 국내시장에서 냉장고의 30%, 청소기의 40%, VTR의 90% 이상을 수입품이 차지하고 있다. 또 AV상품은 모듈화, 디지털화, 해외이전 추진으로 국내생산을 계속하는 것이 곤란한 상태이며, 산업용전자는 사무기계, 통신기계, 컴퓨터 등 상품의

7) 叶 芳和編著(2003), 211-212

복합화가 진행 중이고, 표준화, 성숙상품의 해외이전이 추진되고 있다.

(4) 전자부품 수출

정보가전품 등의 수입이 급증하는 반면, 전자부품은 수출이 급증하고 있다. 다만 범용부품 일부에서는 중국품의 가격경쟁력이 급속히 강화되어 수입이 크게 증가하고 있다. 국내부품산업은 고부가가치 유지, 경쟁력 유지가 가능한 것으로 생각되나, 모듈화 진행분야에서는 외부조달도 적극 활용할 것으로 전망된다.

12.7 공작기계

(1) 제품특징

공작기계는 금속의 불요부분을 제거하여 필요한 형상으로 가공하는 기계이다. 가공 방법은 절삭가공, 연삭가공, 특수가공이 있다. 공작기계는 금속소재를 가공하여 이 가공된 부품이 여러 가지 기계를 만들기 때문에 공작기계를 mother machine이라고도 한다. 또 공작기계는 모든 상품의 제조에 관계하고 있다.

세계의 공작기계 생산고는 일본이 1982년 미국을 제치고 세계 1위가 된 이후 2002년까지 21년간 그 지위를 유지했다. 그 배경에는 공작기계를 수요하는 자동차 산업의 급속한 발전 등이 있었다.

일본과 경합하는 국가는 독일, 스위스 등의 유럽세와 한국, 타이완 등이 있고 이 나라들의 기술수준도 착실히 향상되고 있다.

(2) 공동화 문제

일본은 세계유수의 공작기계 생산대국으로 그 배경에는 세계 최대의 자동차 생산과 관련 산업의 존재를 들 수 있다. 특히 NC장치 공작기계의 기술력은 세계를 주도하며. 중고급기의 특정 분야에서 일본공작기계가 비가격경쟁력을 보유하고 있다. 수요구조는 자동차, 일반기계, 전기기계, 정밀기계 산업이며, 기업별로는 판매의 40-50%를 중소기업에 납입한다. 한편, 중국에도 공작기계 생산기업이 많고, 가격에서는 경쟁력을 보유하나 크게 위협적인 상태는 아닌 것으로 판단된다.

일본 기업 중 양산범용기 메이커는 모듈화를 철저히 추진하고 시장 확보, 가격인하 대책으로 중국 등 해외진출로의 가능성이 크나, 일본 수요자의 엄격한 요구에 대응하고, 새로운 기능을 가진 기계, 닛치분야 기계 등은 일본에서의 생산을 계속 유지할 것으로 전망된다. 공작기계의 수입 확대 가능성은 수입품 가격이 저렴하다고 해도 성능, 품질, A/S 등 종합적인 비가격면이 중요하기 때문에 극히 한정된 분야에 그칠 것으로 전망된다.

(3) 생산, 수출입통계

일본의 공작기계 생산은 1990년 196,131대에서 그 이후 점차 감소하여 2007년에는 106,157대를 기록하였다. 생산금액은 1990년 약 1조 3,034억억원에서 그 이후 감소하였으며 2007년에는 1조 3,040억엔을 나타냈다. 수출은 1990년 약 4,558억엔에서 2007년 8,920억엔으로 기간 중 약 2배의 증가를 나타냈다.

〈표 12-9〉 공작기계 생산, 수출입 추이

(단위: 백만엔)

	생산		수출(금액)	수입(금액)
	대수	금액		
1990	196,131	1,303,442	455,809	68,645
1995	100,293	699,351	478,054	41,032
2000	90,916	814,636	620,056	85,572
2005	92,385	1,110,257	815,110	107,453
2006	100,171	1,211,230	921,456	135,649
2007	106,157	1,304,049	892,032	72,601

자료 : 일본공작기계공업회 통계자료(인터넷)

수입도 1990년 약 686억엔에서 점차 증가하여 2006년에는 1,356억엔으로 기간 중 약 2배의 증가를 나타냈다.

12.8 산업기계

(1) 산업의 특징

산업기계의 종류로서는 펄프 · 제지기, 농업용 기계, 인쇄 · 제본기, 액체용 펌프, 기체압축기, 사출성형기, 증기원동기, 하역기계, 섬유기계, 보일러 · 부속기기, 건설 · 광산용 기계, 공업용 재봉틀, 반도체 제조장치 등 다양하다.

산업기계 산업의 수요는 민간설비투자에 크게 의존하고 있다. 일반기계는 원료처리를 하는 기계부터 최종제품에 이르는 제조공정을 담당하는 것까지 그 종류가 다종다양하며, 다품종, 소량 생산하는 경우가 많다. 수요자측의 요구도 수요자의 필요에 따라 다양하기 때문에 기계 메이커는 기기의 기본기능에다 필요에 응하여 부가기능을 추가하여 출하하게 된다. 이에 대해 주로 사무용기기 분야에서는 가전제품과 유사한 대량형 생산이 제조형태의 중심을 이루고 있다.

또 일반기계가 전자기술을 채용하여 진보하는 메카트로닉스화도 상당히 진전되고 있다. 그 대표적인 예는 로봇이다. 로봇은 모터에 의해 움직이는 복수의 관절을 가지고 있다. 그리고 그 관절을 움직이게 하는 것이 로봇에 내장된 마이크로컴퓨터인데, 로봇뿐만 아니라 공작기계나 인쇄기계, 건설기계 등 모든 분야에서 진행되고 있다. 메카트로닉스화가 가져다주는 메리트를 정리하면 (1) 기기의 자동운전에 의한 성력화 효과 (2) 숙련자의 감에 의존하지 않아도 아주 정밀한 작업이 가능 (3) 기계의 무인화로 위험한 작업, 사람이 기피하는 작업이 쉽게 가능하다 등이다. 이로 인해 메카트로닉스화는 일반기계의 고부가가치화, 차별화의 수단으로

서 앞으로도 점차 진전될 것으로 전망된다.[8)]

(2) 공동화 문제

산업기계는 부품수가 많고, 그것들을 통합한 후의 상호조정이 제품품질에 결정적으로 중요하며, 기능의 축적 등 암묵지가 중요한 분야로 일본이 강한 수출경쟁력을 갖는 산업이다. 그러나 모듈화의 급진전 등으로 일본의 산업기계에도 영향이 나타나고 있다. 일본의 경쟁력이 하락한 분야로는 농업용 기계, 공업용 미싱, 액체용 펌프, 기체 압축기, 하역기계 등을 들 수 있고, 일본이 여전히 강한 분야는 밸브, 제지기, 인쇄, 제본기, 사출성형기, 증기원동기, 섬유기계, 반도체 제조장치 등이다.[9)]

12.9 금형

(1) 산업의 특징

금형은 재료의 소성(塑性), 유동성의 성질을 이용하여 재료를 가공해서 제품을 얻기 위한 금속재료를 이용하여 만든 틀을 말한다. 분류로서는 프레스형, 단조형, 다이캐스트형, 프라스틱형, 유리형, 고무형, 분말야금 등이 있다. 생산통계에서 볼 때 가장 많은 것이 프레스형과 프라스틱형으로 2002년 통계에서는 각각 42%, 38%를 차지하고 있다.

일본의 금형산업은 기업수는 약 12,000사로 나타나고 있으나 300인 이상 기업이 11사에 불과하며, 1기업 평균 종업원은 10인 미만으로 대단히 영세한 산업이다. 일본의 금형산업은 세계 1위 생산국이나 수요산업의 해외진출 등으로 경영기반이 취약하며 한국, 중국과의 경쟁이 격화되고 있다.

8) 일본산업독본, 138-144쪽
9) 叶芳和編著(2003)

(2) 공동화 문제

수출은 1997년을 경계로 감소하고 있으나, 수입은 수출의 1/7정도로 크지 않다. 한편, 금형은 생산을 디지털화하는 데는 한계가 있고 직인의 기술이 요구되는 분야가 많다. 따라서 기술이 표준화 되지 않은 최첨단 개발상품, 다품종 소량 상품, 시장이 일본 특유인 상품, 직인적 기술을 크게 필요로 하는 상품 등은 일본에서 생산될 것으로 전망된다. 따라서 금형의 국내생산은 완만한 감소에 그칠 것으로 전망된다.

〈표 12-10〉 금형의 수출입 추이

(단위:억엔)

연	1997	1998	1999	2000	2001	2002
수출	3334	2980	2915	2943	3260	3250
수입	338	448	316	381	425	452

자료 : 叶芳和編著(2003), 253

13
chapter

일본산업의 기술적 특징

13.1 구미의 캣칭업에 의한 산업발전

일본의 근대산업 발전은 1868년에 발생한 메이지유신을 전후하여 시작되었다. 근대산업의 발전과정에서 일본은 산업혁명, 경제근대화에서 앞선 서구에서 기술, 자본재 등을 수반한 근대적 산업을 도입하고 생산의 효율화를 추구하였다. 즉 일본의 산업발전 과정은 서구에서 도입한 새로운 산업생산품의 경쟁력을 서구 수준에 근접시키는데 주 목표를 두고 구미 선진국을 추격하는 과정이었고, 일본산업의 구조적 특징들도 이 과정에서 형성, 발전되었다고 볼 수 있다.

13.2 기술도입과 산업발전

일본은 제2차 대전 이전과 전쟁 중에는 구미에서 개발된 기술과 고립되어 있었다. 따라서 전쟁 직후 일본의 기술수준은 구미와 비교해 대디수

분야에서 열세에 있었다. 가정용 전기기기와 같이 제2차 대전 이전 또는 전쟁 중에 구미에서 발전된 산업은 패전 직후 일본에는 존재하지 않았고, 전전에 이미 일본에서 발전해 있었던 산업도 세계 최첨단 기술과는 상당한 격차가 있었다. 이와 같은 격차를 메우기 위해 일본은 구미 선진국에서 적극적으로 기술을 도입했다. 이러한 적극적 기술 도입이 일본의 기술 발전에 커다란 공헌을 하였다.

(1) 기술도입의 채널

사람에 체화된 기술은 사람의 이동을 통해 이전되며 기술지도, 기술연수의 형태를 통해 기술이 이전된다. 또 기계나 장비의 도입을 통해 기술이 함께 들어오는 경우도 있다. 이는 비용의 절감, 신제품의 생산을 가능하게 하며 기계의 사용, 테스트, 분해 등을 통해 그 기계에 체화된 기술의 학습기회를 제공한다.

다음으로 기술의 매매가 중요한 기술 이전의 채널이다. 라이센스 계약, 설계도, 청사진, 데이터의 매매 등을 포함한 다양한 기술거래가 있다. 또 해외직접투자도 기술이전의 중요 채널이다. 해외직접투자는 단순히 재화, 서비스의 생산방법에 관한 기술뿐만 아니라 경영관리 기술도 현지기업에 이전시키는 수단이 된다. 이외에도 업계지, 학회지, 박람회 등도 기술전파의 수단으로 작용한다.

그런데 최근의 중국, 아세안 등의 산업발전 과정에는 해외직접투자의 유치를 통한 기술이전(도입)이 빈번히 이용되나, 일본은 외국기업의 대일 직접투자를 극력으로 피하고 이를 제외한 채널을 활발하게 이용했다.

(2) 기술도입현황

전후 일본기업은 구미기업과 기술제휴 및 기술도입을 경쟁적으로 추진했다. 자동차 산업에서는 토요타를 제외한 대부분의 기업이 구미기업과 기술제휴 계약을 맺었다. 또 전기·전자산업에서도 토시바, 미쓰비시, 히타치, 일본전기 등 주요 기업이 GE(미), 웨스팅하우스(미), RCA(미), 지멘스(독) 등과 기술제휴를 맺었다. 또 철강산업에서는 LD전로법의 기술을, 섬유산업에서는 합성섬유 기술을 중심으로 경쟁적으로 기술을 도입했다.

전후 활발하게 이루어진 기술도입의 개략적인 추이를 살펴보면 1958년까지 연간 200-300건으로 안정적인 추이를 보이다가 1973년 1차 석유위기 발생 전까지는 착실하게 증가했다. 그 후 1980년대 초까지 도입증가 속도가 둔화, 1980년대 후반부터 다시 급속하게 증가하여, 1990년에는 3,200여건의 기술을 신규로 도입하였다.

신규도입 기술을 산업별로 보면 첨단 기술적 성격이 강한 전기기계 부문의 도입비중이 압도적으로 높고, 그밖에 일반기계, 섬유, 화학의 순으로 되어있다. 1990년의 경우 61%가 전기기계분야의 기술도입이다.

〈표 13-1〉 연도별 기술도입건수

(단위: 건)

분야 / 연도	기기계 기구	일반기계 기구	정밀 기계	수송 기계	화학 제품	섬유 및 섬유제품	기 타	합 계
1975	304	400	58	103	178	265	528	1836
1980	413	494	89	126	221	295	504	2142
1985	900	355	62	113	246	262	498	2436
1990	1,972	295	66	80	207	191	400	3211

자료 : 서정해 · 이기동 · 정진성(1999), 392쪽

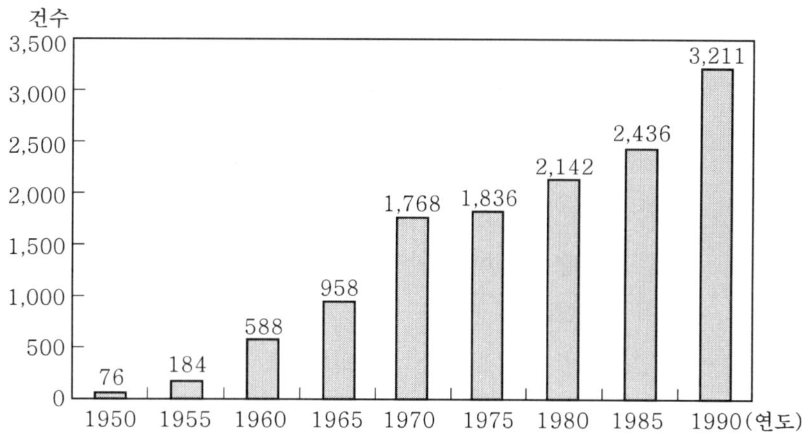

자료 : 서정해 · 이기동 · 정진성(1999),330쪽

〈그림13-1〉 산업분야별 기술도입건수

(3) 정부의 기술도입 정책[1)]

일본정부의 기술도입정책을 시대 순으로 개략해 보면, 1950년대에는 외화부족으로 인해 기술도입의 인허가가 활발하지 못하였다. 1960년대 들어 외환사정의 개선과 함께 기술도입의 인허가 기준도 단계적으로 완화되었다.

일본정부의 기술도입 정책에서 가장 특징적인 것으로는 외국기업의 대일직접투자방식에 의한 기술수입을 철저하게 배제하고, 라이센싱에 의한 기술도입을 장려한 점을 들 수 있다. 따라서 일본시장 진출에 관심이 있는 외국기업은 일본정부의 외국제품 수입금지와 외국기업의 대일직접투자 제한으로 기술을 직접 파는 길 밖에 없었다.

또 일본정부는 기술도입 가격의 엄격한 심사 등을 통해 도입기업의 교섭력을 높이려고 노력했고, 기술도입 내용에 대해서도 국제수지의 개선, 중요산업 발전, 공익사업 발전이라는 기준에 부합하는 기술에 대해서만 인허가를 내주었다. 일본정부는 전후 부흥 및 고도성장과정(1950-60년대)에서 정부관리하에 외국기술을 적절하게 도입함과 더불어 도입기술을 개량, 흡수하게 함으로써 외국에 대한 기술종속화를 피하는 노력을 했다. 그리고 인허가 제도의 완화와 더불어 일본이 높은 기술경쟁력을 확보한 현재는 기술도입이 자유화 되었다.

(4) 기업의 기술도입 특징과 전략

한편 일본기업의 기술도입의 내용적 특징으로는 첨단기술과 실용화 전단계의 미공업화 기술도입이 두드러진다. 이러한 특징은 일본기업의 연구개발 행위를 규정하는 한 요인이 된다. 즉 첨단, 미공업화 기술은 그만큼 추가 개량이나 상품화에 대한 개발 잠재성을 가지고 있기에 연구개발의 특징도 외국에서 도입한 기술의 개량, 응용에 특화하고 있다고 할 수 있다. 일본의 기술도입의 또 다른 특징은 도입대상 기술과 관련한 유사기술

1) 서정해 외(1999), 333-341쪽

이 이미 내부에 축적되어 있거나 연구개발에 착수한 경우가 많았다. 이는 기술도입과정에서 교섭력을 높일 수 있고, 기술 도입 후의 빠른 흡수, 소화, 개량을 가져올 수 있다. 또 일본은 직접투자 이외의 자본재, 생산재의 수입 등 다양한 채널을 활발하게 이용했다. 수입된 기계, 장비는 비용절감과 품질향상에 커다란 공헌을 하였고, 국산화를 촉진하는 계기가 되었다. 또 일본기업은 구미의 기술 컨설턴트를 자주 이용했고, 높은 수준의 기술자를 자주 해외에 파견하여 유망한 기술의 도입을 가능하도록 지원했으며, 일본생산성본부나 업계, 단체 등도 구미의 기술 및 산업동향을 살피는 시찰단을 정기적으로 파견하였다.

13.3 하청생산제의 기술이전, 기술력 향상 촉진

앞에서도 살펴본 바와 같이 일본에서는 완성품 생산기업과 이들 기업에 부품 등을 공급하는 기업이 하청생산제에 의해 거래가 진행되는 경우가 많다. 업종별로는 섬유공업에서 76.4%, 수송용기계기구에서 69.3%로 많은 기업이 하청거래를 하고 있다.[2] 하청비율이 높은 업종으로는 전기기계기구, 섬유공업, 의복섬유제품, 일반기계기구, 수송용기계기구, 금속제품 등을 들 수 있다.

하청거래관계는 하청기업이 비교적 소수의 모사업자를 상대로 장기적으로 계속되는 거래관계를 통해 설비나 기술과 같이 관계 특수적인 자원이 축적되고, 모사업자도 하청기업을 생산능력을 보완하기 위한 존재로 간주한다는 관계를 기본으로 형성되어 왔다. 이러한 생산방식은 완성품생산 대기업의 기술을 부품중소기업에게 이전하고, 부품중소기업의 기술력 향상을 촉진하는 작용을 하고 있다는 점을 주목할 필요가 있다.

2) 하청기업의 통일된 정의는 없으나 여기서는 자본금 3억엔 이하 또는 종업자수 300인 이하의 기업 및 개인으로서 자기보다 자본금 또는 종업자수에서 규모가 큰 기업 또는 개인으로부터 제조, 가공의 위탁을 받고 있는 자로 한다.

중소기업청의 조사에 의하면 하청기업이 하청거래를 하는 중요한 이유로 모기업으로부터 기술 지도를 받을 수 있다는 점을 들고 있다. 즉 하청생산을 통해 모기업에서 하청기업으로 기술 이전이 일어난다는 점이 주목된다(〈표 13-2〉).

또 하청생산을 통한 장기, 계속적인 거래라는 거래의 안정이 하청기업이 설비투자와 기술력 축적에 적극적으로 나서게 하는 역할을 한다는 점도 주목하게 된다. 중소기업청 조사에 의하면 하청기업이 앞으로 강화하고자 하는 점으로서 비용절감을 위한 기술력, 생산관리 능력, 독자의 신제품 개발, 특수한 가공기술, 노하우 개발 가공, 제품의 안정공급, 품질확보를 위한 기술력, 단납기, 다품종소량생산을 위한 기술력 등 기술에 대한 분야가 대다수를 차지하고 있다(〈표 13-3〉).

〈표 13-2〉 외주선에 대한 방침(기대)

외주선에 대한 방침 항목	비중
생산능력 보완	70.9%
외주선의 전문기술나 제조설비 활용	57.4%
현재 거래가 없어도 우수한 기업에 발주	38.2%
외주선을 활용하고 자사는 비교우위 분야에 집중	34.1%

자료 : 중소기업청, 중소기업백서, 2003

〈표 13-3〉 하청기업이 앞으로 강화하려고 하는 분야(제조업)

항목	비중
비용절감을 위한 기술력, 생산관리 능력	39.6%
독자적인 신제품 개발력	34.9%
특수한 가공기술, 품질확보를 위한 기술력	34.7%
영업, 판매력	26.4%
단납기, 다품종소량생산을 위한 기술력	24.4%
첨단기술에 관한 연구개발력	23.8%
자사의 제품, 기술에 관한 정보의 발신능력	13.3%
고객, 거래선으로부터의 정보수집력	11.3%
제품, 유니트 부품의 조립능력	9.9%
제품의 설계, 디자인 능력	9.3%

자료 : 중소기업청, 중소기업백서, 2003

13.4 인테그럴형 생산 제품에 강점

앞의 개별 산업에 대한 검토에서 확인된 바와 같이 일본이 경쟁력 우위에 있는 산업은 자동차를 비롯한 광의의 기계 산업이다. 실제 일본의 수출에서도 광의의 기계 산업이 전수출의 70% 내외를 차지하고 있다. 한편 한국, 중국 등 아시아 국가의 수출에서 차지하는 기계비중도 최근 크게 증가하고 있다. 그러나 이들 국가는 수출품을 생산하는 과정에서 이에 투입되는 많은 부품, 기계설비 등을 일본에서 수입하고 있으며, 수출 기계류 제품도 PC나 IT 제품처럼 모듈형 생산제품이 주종을 이루고 있다.

산업을 분석하는 한 기준으로서, 인테그럴형(integral : 각 기능부품을 조정하여 맞추는 형)과 모듈형(module : 부품의 조합형)으로 나눌 수 있다. 모듈형 생산제품은 기존부품을 끌어 모으면 다양한 제품을 만들 수 있는 성격의 제품으로 PC, 자전거 등이 대표적인 상품이다. 인테그럴형 제품은 제품설계를 상호 조정하여, 제품마다 최적설계를 하지 않으면 제품전체의 성능이 나오기 어려운 성격의 제품으로 자동차가 그 전형적인 예라고 할수 있다.[3)]

모듈형 제품생산은 대량생산, 단능공으로 생산이 가능한 분야이므로, 부품을 끌어 모아서 대량생산하는 경우 중국의 일부에서 나타나는 생산, 노동환경이 갖는 우위성이 발휘되기 쉽다. 예를 들면 화남지방에 많은 전자산업의 경우, 전형적으로는 도시에 나오는 내륙지역 출신의 18-20세 정도 연령의 젊은 여성노동자에게 3년 정도 기한의 체재허가를 내주고 있다. 그들은 선발된 우수한 작업자이나 3년 정도 일하면 고향에 집을 지을 정도의 돈을 벌어 귀향한다. 이들과 교대로 새로운 젊은 노동자가 계속적으로 밀려오기 때문에 이러한 여성노동자의 평균연령(19세 전후)도, 임금(월액 600위안 전후, 1위안=16엔)도 오르지 않는다. 인건비는 일본의

3) 藤本隆宏・新宅順二郎(2005), 3-4

1/20 혹은 그 이하라고도 한다. 단기채용이기 때문에 생산수량 변동에 대한 고용의 유연성이 있다. 단기채용의 단능공에 의한 인해전술, 및 대량생산 라인에서 경쟁이 가능한 제품, 특히 복잡한 상호조정을 필요로 하지 않는 모듈형 제품이다.[4)]

반면 인테그럴형 제품을 다품종 소량, 혹은 변종변량으로 생산해야만 하는 분야에서는 어느 정도의 장기고용을 전제로 유연한 다능공을 육성하는 것이 경쟁우위를 가질 수 있다. 예를 들면 승용차 생산에서는 통합과 제작의 종합력이 요구되기 때문에 최신설비나 저임금 같은 요소만으로는 경쟁력을 가질 수 없다.

일본은 자동차와 같은 인테그럴형 분야에서 강한 경쟁력을 가지고 있고, 따라서 일본수출의 주종은 인테그럴형 제품이 차지하고 있다. 중국과 같이 저렴한 노동력이 풍부한 국가는 물론 한국과 같이 산업이 상당히 발달한 나라도 이 분야에서 일본을 캣칭엎 하기가 그리 쉽지 않다.

13.5 조립·가공산업의 경쟁조건 변화

기업의 경영환경이 모듈화의 진행으로 크게 변화하고 있다. 즉 조립가공산업에서는 전자제품 등 모듈형 제품에 있어서 경쟁조건이 크게 변화고 있고, 단순한 조립공정은 중국과 협력하여 해나가지 않을 수 없는 상황이 되고 있다. 또 일본산업의 특징인 수직통합형 공급체인(하청생산시스템)도 이 분야에서는 해체압력을 받고 있다. 이로 인해 지금까지의 관련, 계열기업과의 장기 안정적 관계에도 변화가 발생하고 있다. 또 모듈형 제품에서는 조립가공공정의 저부가가치화에 따라 노동비용이 낮은 아시아로 생산 공정이 계속 이전되고 있다. 그러나 제품개발력, 고기능재료·부품분야에서는 기술력에서 일본이 크게 앞서 있고, 폭넓은 저변산업의 집적을 필요로 하는 통합도가 높은 제품에서는 일본이 여전히 우위에

4) 藤本隆宏·新宅順二郎(2005), 17

있다.

이와 같은 조류를 반영하여, 조립가공산업의 전개방향으로서 2가지의 선택이 가능하다. 첫째, 이미 모듈화가 진전되고 있는 분야에서는 보다 부가가치가 높은 공정으로 중점을 이동시키는 선택이다. 둘째, 모듈화가 발생하기 어려운 제품에 중점을 두는 선택이다. 모듈화가 발생하기 어려운 제품의 조건은 생산에 제약이 많은 제품이라고 할 수 있다. 즉 모듈화의 조건은 인터페이스의 표준화와 시스템 전체에 잉여가 있는 것 이었다. 제약이 걸리게 되면 잉여가 없어지고 모듈화는 어려워진다. 고밀도실장기술(高密度實裝技術)이 필요한 제품 등이 조합형 생산에 잘 맞지 않는 대표적인 예이다. 예를 들면, 부품면적에 제약이 큰 초소형전자기기, 구조계산상 정치한 전체 밸런스가 필요한 모노코크보디 승용차, 省에너지, 환경에 제약이 많은 소형, 저연비 엔진, 개별성・주문화가 필요한 의료기기 등은 모듈화가 발생하기 어렵다. 또 기술혁신이나 빠른 모델변환도 제약의 하나라고 할 수 있다. 기술혁신이 빠른 분야에서는 일반적으로 모듈화가 어렵다. 오토바이와 자동차를 예로 든다면, 오토바이는 최근 중국에서 지방기업에 의해 급속하게 모듈형 제품으로 전환하고 있다. 부품 수는 자동차에 비해 1/10 규모다(부품수가 적을수록 모듈화하기 쉽다). 또 한 가지 차이는 기술혁신이다. 100cc미만의 오토바이는 최근 10년간 엔진을 포함해 기본형에 발본적인 기술혁신이 없다. 오랜 기간 기본형에 변화가 없고 재료의 혁신 등도 일어나지 않았기 때문에 모조품이 쉽게 유통되는 원인이 되었다고 할 수 있다. 반면, 자동차는 겉에서 보면 별로 변화가 없지만 내용은 크게 달라지고 있다. 선진적인 재료와 가공기술이 없으면 점점 만들기가 어려운 제품이 되고 있다.[5)]

---

5) 藤本隆宏・新宅順二郎(2005), 50-51

13.6 부품산업, 소재형 산업

이러한 변화로 인해 부품제조업이 받는 영향은 다음과 같다. 첫째, 저부가가치품, 범용품에서는 아시아의 추격이 더욱 빨라지고 있다. 둘째, 모듈화의 진전으로 부품분야에서는 과점화가 진행되는 경향에 있다. 셋째, 핵심부품이나 고기능재료의 주도권을 쥔 기업은 높은 수익력을 나타내고 있다. 고부가가치부품 분야에서 세계적 점유율을 자랑하며, 높은 수익성을 달성하고 있는 일본기업이 많이 존재하며, 일본의 첨단부품 기업의 경쟁력은 여전히 강하다. 이상은 특히 디지털계 부품분야에서 두드러진 경향이다.

재료계에서 열처리・주단조・정밀가공처럼 경험의 축적이 필수적인 부품분야는 진보나 개선이 있는 한 쉽게 추격당하지 않는다. 그러나 장치의 존형의 부품, 진보가 멈춘 분야는 유사품이나 모조품으로 곤란을 당하게 될 것이다.

철강이나 화학 등의 소재형 산업에서도 일본의 재료기술을 살린 강한 경쟁력을 가진 분야가 적지 않다. 철강에서는 자동차에 사용되는 고장력강・표면처리강, 전자용의 하이니켈강 등을 들 수 있다. 이러한 고급제품은 중국의 보산제철소 같은 최신예 제철소에서도 생산되지 않고 있다.[6] 일본의 수출에서 부품, 소재의 비중이 크며, 최근 이의 비중이 증가하고 있는 것은 이를 반영한 것이다.

6) 藤本隆宏・新宅順二郎(2005)、52-53

14
chapter

기업의 해외직접투자 확대와 산업의 구조변화

14.1 해외직접투자 이론

(1) 해외직접투자(FDI)의 정의

해외직접투자는 국경을 넘은 투자의 한 형태이며, 기업이 해외기업의 경영을 지배하거나 관여하는 것을 목적으로 하는 해외자회사의 설립, 해외기업에 대한 출자 등을 가리킨다. 일반적으로 주식의 취득을 통한 출자의 경우는 출자비율 10% 이상이 직접투자로 분류되며, 10% 미만의 출자는 간접투자라고 불린다.

(2) 해외직접투자의 목적

해외직접투자를 하는 목적은 다양하지만 대략 이하의 네 가지로 유형화할 수 있다.

첫째, 자원확보형 투자이다. 자원확보형 투자는 천연자원의 안정적인 공급을 목적으로 개도국 등의 자원개발 사업에 참가하는 형태의 투자이다. 전후 일본의 대아시아 직접투자는 자원확보형에서 출발하였다. 천연가스, 목재, 철광석, 주석, 알루미늄, 천연고무 등의 확보를 목적으로 말레이시아, 인도네시아, 태국 등의 아세안 제국에 투자가 이루어졌다.

둘째, 저렴한 노동력 확보를 위한 노동력 확보형 투자이다. 이러한 목적의 투자는 개도국의 풍부하면서 저렴한 노동력 확보를 목적으로 하는 투자이다. 따라서 기본적으로는 노동집약형 산업이 투자의 대상이 된다. 1960년대부터 1970년대에 걸쳐 일본의 섬유산업과 전기기계 산업 등이 아시아 NIEs(신흥개발도상국)로 생산을 이동한 것은 이러한 형태이다. 그후 NIEs에서도 1970년대의 고도 성장기에 노동비용이 상승한 결과, 일본의 대외투자는 아세안 각국과 중국으로 대상국이 바뀌었다.

셋째, 시장확보형 투자이다. 시장확보형 투자는 투자 대상국 국내시장에서의 판매를 목적으로 한 투자이다. 수입규제가 심하여 선진국들의 수출이 곤란하거나, 시장의 수요를 빠르게 최종 제품에 반영시킬 필요가 있는 제품이 대상이 된다.

넷째, 무역마찰 회피형 투자이다. 무역마찰형 투자는 글자 그대로 무역마찰을 회피할 목적으로 이루어지는 투자이다. 주로 미・일간 무역마찰 회피의 수단으로 일본기업이 미국에 투자하는 경우를 가리키는 경우가 많다. 일본은 1960년대 후반에 섬유, 철강을 시작으로 1970년대와 80년대에 걸쳐서는 컬러 TV, 자동차, VTR, 반도체, 공작기계 등의 대규모 대미수출을 실시했다. 그 결과 미・일간 통상마찰이 격화되었고, 1980년대 후반, 90년대에 걸쳐 전기전자, 자동차 등의 현지생산이 크게 증가하였다.[1)]

14.2 일본산업의 해외직접투자 동향

(1) 거시동향

일본의 해외직접투자는 1950-1960년대는 자원확보형 투자와 아세안 등 개발도상국의 수입규제 정책에 대한 대응이 주요 목적이었다. 1970년대에

1) 이마이 히로시 외(2004), 46-50

는 철강, 칼라 TV, 공작기계 등을 중심으로 한 무역마찰이 격화되면서 이들 분야의 해외 현지생산이 해외투자 발생의 주요 요인이었다. 그러나 이 시기의 해외직접투자 규모는 1990년대, 2000년대에 비하면 아직 소규모 단계였고, 1980년대 중반이후 급격하게 증가하였다.

1980년대 중반이후 플라자합의에 의한 급격한 엔고, 미국 등 선진국과의 무역마찰, EU통합에 대한 대응으로서의 현지생산 확대, 그리고 1990년대 이후 중국의 시장개방확대와 2000년대 이후 WTO 가입을 계기로 한 시장개방의 가속 등은 일본의 해외직접투자를 더욱 촉진하는 요인으로 작용하였다. 그 결과 일본의 해외직접투자 금액은 1985년 약 122억 달러에서 1990년 약 569억 달러 1995년 약 514억 달러로 급격하게 확대되었다. 일본의 해외직접투자는 2000년대 들어서는 매년 350-360억 달러대로 감소하기도 하였으나, 2005년(약 455억 달러), 2006년(약 502억 달러)에는 다시 급증하는 경향을 나타내고 있다.[2)]

특히 지역별로는 중국에 대한 직접투자가 크게 증가하고 있는 점이 특징적이다. 중국에 대한 투자는 1990년대에 들어 큰 폭의 엔고와 일본경제의 장기불황에 따른 소비자의 저렴한 상품 선호 등 복합적인 요인에 의해 크게 확대되었다. 또 2000년대에는 중국의 WTO가입에 의한 시장개방 확대로 중국시장 진출을 목적으로 한 직접투자도 크게 증가하고 있다.[3)]

(2) 산업동향

산업 차원에서 해외생산이 어느 정도 진행되고 있는지를 정확하게 파악하기는 자료의 제약 때문에 쉽지 않다. 그러나 입수 가능한 여러 통계자료에 의하면 해외생산이 빠르게 확대되고 있다는 점을 알 수 있다. 경제 산업성 조사에 의하면 제조업의 국내 전 법인을 기준으로 한 해외생산비율(현지법인 매상고/국내법인 매상고 × 100)은 2002년 17.1%를 기록

2) 일본무역진흥회 자료에 의함. 상세는 17장 일본의 해외직접투자를 참조할 것.
3) 일본의 대중직접투자는 1990년 3억4900만달러에서 2000년 약 10억달러, 2004년 약 46억달러로 급증하였다(일본무역진흥회 자료), 상세는 제17장 일본의 해외직접투자를 참조할 것.

했다. 1993년의 동 수치는 7.4%였으며, 이후 매년 증가추세가 계속되고 있다. 이에 대해 해외에 진출한 기업 기준으로 본 해외생산비율(현지법인 매상고/본사기업 매상고)은 2002년 41.0%를 기록했다. 이 비율도 1993년 18.3%에서 이후 빠르게 증가하고 있다.

〈표14-1〉 해외생산비율

제조업	1993	1994	1995	1996	1997	1998	1999	2000	2001	2002	2003
국내전법인기준	7.4	8.6	9.0	11.6	12.4	13.1	12.9	13.4	16.7	17.1	18.0
해외진출 기업 기준	18.3	21.9	24.5	27.8	31.2	32.5	29.9	32.0	40.9	41.0	43.3

산업의 해외생산 동향을 일본의 주력산업인 자동차, 전자전기 산업의 몇 개 업종을 대상으로 살펴보자.

먼저 자동차산업은 2006년 국내생산이 11,484,233대, 해외생산은 10,972,243로 해외생산 비율(해외생산/국내생산+해외생산대수)이 48.9%에 달한다.

전기전자 산업에서는 전기냉장고는 2000년부터 해외생산이 국내생산을 상회하여, 2005년 국내생산은 약 300만대, 해외생산은 약 740만대를 나타냈다. 이로써 2005년의 해외생산비율(해외생산/국내생산+해외생산대수, 이하 같음)은 71.3%로 나타났다.

전기세탁기는 2001년부터 해외생산이 국내생산을 상회하였다. 2005년 국내생산 약 260만대, 해외생산 약 700만대로 2005년의 해외생산비율은 73.1%에 달하고 있다. 전기청소기는 2002년부터 해외생산이 국내생산을 상회하기 시작하여 2005년의 국내생산 약 450만대, 해외생산은 약 570만대로 2005년의 해외생산비율은 56.9%에 달하고 있다. 다음으로 전기밥솥은 2003년경부터 해외생산이 국내생산을 상회하고 있다. 2005년의 국내생산은 약 420만대, 해외생산은 480만대로 동년의 해외생산비율은 52.9%에 달하고 있다.

전자레인지는 1990년경부터 해외생산이 빠르게 증가하였다. 2005년의 국내생산은 100만대 이하로 낮은 수준에 있는 반면, 해외생산은 1,000만대를 약간 밑도는 수준에 있고 동년의 해외생산비율은 92.8%에 달하였다.[4)]

14.3 일본의 해외직접투자의 특징: 대중투자를 중심으로

(1) 현지 생산분야

기업의 해외생산 확대는 많은 경우에 국내산업의 공동화를 야기한다. 미국의 경우가 여기에 해당되는 전형적인 사례로 1980년대 이후 많은 산업이 해외 이전되면서 미국 내 생산은 공동화 현상이 진행되었다. 미국사회에서 나타나는 소위 탈공업화 현상(제조업의 비중이 크게 떨어지는 반면 서비스업 비중이 크게 증가)도 이에 크게 기인한다고 볼 수 있다. 이에 비해 일본의 해외생산에서는 미국 등에서 나타난 바와 같은 국내생산기반 전체의 공동화를 피하고, 일본 본사와 해외 거점간의 공정 간 분업을 유도하여 해당 산업의 생산을 유지, 발전시키고 있다.

이하에서는 A, B, C사의 실례를 중심으로 일본과 중국 현지공장에서의 생산이 어떻게 차별화 되고 있는지를 살펴본다.

A사는 디지털 카메라를 중국 현지법인에서 생산하는 기업으로 상품기획(마케팅 포함)에서 상품개발 및 설계의 개발공정까지는 일본의 본사가 기본적으로 관여하고 있으며, 중국은 가공조립을 위한 주력 생산거점으로 활용하고 있다. 이를 부가가치 측면에서 보면, 국내는 부가가치의 개발, 즉 기술개발에 특화하고, 중국은 부가가치의 생산, 즉 상품생산을 위한 장으로 구분할 수 있다. 또 국내에 연구개발만을 남길 경우, 생산능력의 축적이 약화될 염려가 있기 때문에 어느 정도의 대량생산 기능을 유지하

4) 일본전기공업회(2007), 21-22쪽

는 것이 불가결하다고 보고, 연구개발 이외에 試作, 핵심부품의 생산, 一眼레프 디지털 카메라 등 고기술, 소량제품의 생산은 국내에서 하고 있다.[5] A사는 앞으로의 일중 분업체제에 대해 광학부분인 鏡筒(경통)유닛이 핵심 유닛이며, 그 중에서도 렌즈, 통부품, 금형의 제조기술이 핵심경쟁력이기 때문에 앞으로도 이 부분은 일본 본사에서 제작할 예정으로 있다. 또 일본에서는 생산기술의 개발기능, 제품의 품질관리, 핵심부품의 제조기술, 중소량의 고난도 제품의 생산기능 등을 유지, 강화할 예정이다. 반면 중국에서는 대량생산 기능을 강화, 확충시킴으로써 일본과 중국의 역할분담을 명확히 하고 있다.

B사는 휴대전화를 생산하는 기업으로 상품기획에서 개발공정까지는 기본적으로 일본의 본사가 관여하고, 제품조립은 중국 현지법인에서 하고 있다. 연구개발은 중국의 생산거점에는 없으며, 일본에서 개발된 것이 중국생산 거점에 제공되고 있다. 액정, 카메라, 메모리 등 고부가가치 제품은 현재 일본계 기업에서 조달하는 경우가 많다.

앞으로도 일본이 최첨단 기술을 보유, 발전시키는 것이 중요하며, 소형화, 고밀도 實裝기술 등 고도기술의 연구개발은 일본에서 수행하고, 중국에서는 대량생산 기능의 강화, 중국 현지에서의 연구개발-중국 국내시장 특유의 디자인 설계, 중국어 컨텐츠의 충실 등 시장수요에 따른 고객지향 개발기능은 중국에서 수행 할 예정이다. 또 해외에서 판매할 제품의 대량생산 試作도 해외에서 할 필요가 있다고 보고 있다. 이 경우에서도 일본을 핵심기술의 연구개발 거점으로 위치시키고, 중국은 현지시장을 지향하는 제조거점으로서의 분업체제를 구축하고 있다.

다음으로 일본의 거대 전자제품 생산 기업들이 생산거점을 중국에 이동시킴에 따라 많은 일본계 중소부품 메이커도 중국으로 생산거점을 옮기고 있다. 중국에 진출한 중소기업 C사의 경우는 설계, 試作을 일본에서 하고, 대량생산 공정은 현지의 합작회사에서 하고 있다. 특히 설계, 시작공정을 국내에 남기는 이유는, 발주기업(모기업)도 제품의 조립공정은 중

5) 經濟産業省(2004), 164쪽

국으로 옮기고 있으나, 제품의 기획, 설계부문 등은 일본에 두고 있기 때문이다. 그리고 제품개발 과정에서 C사 개발부문은 발주정보가 들어오면 직접 발주기업의 설계부분과 상세한 의견교환이나 회의를 빈번히 하게 되고 그 과정에서 고객의 요구사항을 신속하게 반영하게 된다. 또 고정밀도가 요구되는 부품은 현물을 가지고 맞추거나 조정하는 작업이 불가결하다. 여기에다 C사 본사의 근방에는 적은 수량이나, 단기간에, 지시한대로 고정밀도의 가공이 가능한 소규모이지만 전문적 기술을 가진 기업군이 집적하고 있어서, 그러한 산업집적이 C사의 설계, 시작기능에 불가결한 조건이 되고 있다.[6)]

〈그림 14-1〉 A사의 일본과 중국과의 기능분업체제의 역할분담 상상도

일본(R&D거점)	중국(제조거점)
연구개발(일본) → (기술 창조)	공장기술(중국) → (제품생산, 이익 창출)

자료: 경제산업성(2004), 166쪽

〈그림 14-2〉 B사의 일본과 중국과의 기능분업체제의 역할분담 상상도

일본(R&D거점)	중국(제조, 판매거점)	
연구개발(일본) → (개발의 試作까지 수행)	공장기술(중국) → (대량생산 試作 수행)	생산(중국) (대량생산, 판매)

자료: 경제산업성(2004) 168쪽

〈그림 14-3〉 C사의 일본과 중국과의 기능분업체제의 역할분담 상상도

전자부품설계, 시작(일본) → (본사, 본사공장)	부품 대량생산(중국) → (합작회사)	제품조립(중국) (D그룹 각사)

자료: 경제산업성(2004) 169쪽

6) 경제산업성(2004), 164-169쪽

(2) 수출입 품목의 특징

위의 사실을 반영하는 것으로서 일본과 중국간 수출입 품목을 살펴보면, 일본의 대중수출은 현지생산에 필요한 기계류, 주요부품류의 비중이 상당히 높다. 반면 대중수입은 완제품 비중이 높은데, 이는 일본이 중국 현지법인에서 생산한 완제품의 수입을 늘이고 있기 때문이다.

① 대중수출 분야

1999-2005년간 일본의 대중수출 분야는 섬유비중이 크게 감소한 반면, 기계비중은 1999년 53.6%에서 2003년 62.1%, 2004년 60.5%, 2005년 57.4%로 증가하였다. 또 일본의 대중기계수출의 상품구성으로는 2005년의 경우 전기기기가 25.9%, 일반기계가 21.2%, 수송용기기가 5.0%, 정밀기기가 5.3%를 차지하였다.[7]

또 이들 수출 기계분야를 내용면에서 볼 때 〈표 14-2〉에 나타난 바와 같이 부품의 비중이 상당히 높아지고 있다. 또한 다른 품목도 총수출품목 평균에 비해 부품의 수출비중이 월등하게 높은 구조를 나타내고 있다. 이러한 변화는 일본의 중국에 대한 직접투자의 증가가 현지생산에 있어서의 부품수요를 확대시켜, 이것이 일본에서의 중국으로의 부품수입 확대를 유발하였기 때문이다. 동시에 일본의 대중수출이 완제품에서 부품 중심으로 변화하고 있음을 확인할 수 있다.

〈표 14-2〉 대중수출에서 차지하는 부품의 구성비

(단위: 백만 달러)

년	총수출품목	일반기계	전기, 전자기기	정밀기계	수송용기계, ( )는 자동차
1995	26.5	35.0	61.2	39.3	28.0(36.1)
2000	35.2	44.1	79.8	48.7	47.1(48.7)
2003	38.3	42.4	82.6	38.4	46.8(48.1)

자료 : 每日新聞(2005), 104쪽

7) 일본무역진흥기구 경제분석부(2004), 60쪽

② 대중수입 분야

수입은 1999-2005년 기간 제품수입이 수입의 대부분을 차지하였으며, 그 비중도 1999년 81.7%에서 2005년 88.1%로 증가하였다. 초기에 큰 비중을 차지하였던 섬유제품 비중은 1999년 30.7%에서 2005년 19.5%로 약 11.2% 포인트 감소한 반면 기계기기 비중이 24.1%에서 40.8%로 증가하여 수입 중 기계류(사무용기기, 음향영상기기가 중심) 비중이 빠르게 증가하는 경향을 보이고 있다.[8] 한편 중국에 진출한 일본계 기업이 중국의 대일수출과 수입의 약 60%를 차지하는 것으로 나타났는데, 이와 같이 최근 일본의 대중 수입이 급증하는 배경에는 1990년대 이후 일본기업의 중국 현지에서의 생산확대와 일본으로의 역수출 확대가 크게 관련되고 있다.[9]

14.4 일본의 해외직접투자가 일본산업에 미치는 영향

(1) 기계비중 하락

일본산업에서 자동차, 전기전자 등 광의의 기계가 가장 큰 비중을 차지하고 있다. 일본 산업에서 기계비중의 추이가 최근 어떻게 변화하고 있는지를 제조업 출하액 등과 같은 생산관련 통계로 추적하기는 쉽지 않다.[10] 그러나 앞에서 살펴본 바와 같이 자동차, 전기전자 등 일본의 주력 산업분야에서도 해외생산이 증가하고 있고, 따라서 일본 산업에서의 기계비중도 감소하고 있는 것으로 생각된다. 또 앞으로 살펴보는 최근 일본 산업에서 일어나고 있는 기계업종 기업의 해외이전 증가 및 이에 따른 해외생산의 증가와 같은 여러 가지 현상에서 일본산업에서의 기계비중 하락

8) 일본무역진흥기구 통계자료
9) 실제로 일본의 가전 대량판매점에 가보면 진열된 대부분의 가전제품이 중국에서 생산된 일본브랜드 세품임에 놀라게 된다.
10) 2006년판 '2005 日本の統計'에는 2003년 수치가 가장 최신자료임

을 추측할 수 있다.

기업의 해외이전 확대로 일본내 제조업 기업수가 감소하고 있다. 특히 섬유공업, 목재·목재품, 가구·장비품 등 경공업의 감소가 현저하며, 금속, 기계부문에서도 금속제품, 전기기계, 일반기계 등에서 양적으로 크게 감소하고 있다. 특히 영세기업의 감소가 현저하다.

제조업 업종별로 보면 섬유산업 등은 공동화가 상당히 진행된 것으로 판단된다.[11] 반면 기계, 금속 등은 섬유산업에 비해 감소가 소폭에 그치며, 지역 및 시기에 따라 감소폭에 차이가 발견된다. 예를 들면 대량 생산형 생산이 중심을 이루어 중국 등과 경쟁이 치열한 지방 공업단지 지역은 사업소수, 종업원 수가 크게 감소한데 비해, 도쿄나 히가시 오사카(東大阪) 등과 같이 시제품 제작용 부품생산이나 연구개발이 중심인 지역은 비교적 낮은 감소율을 나타냈다. 또 최근에는 기업감소율이 완만한데, 이는 많은 기업이 이미 1990년대에 해외진출을 시행하였고, 현재는 많은 기업의 일본거점이 연구개발형으로 변하였기 때문으로 생각된다.

(2) 산업입지의 국제화, 글로벌화의 진전

앞에서 확인한 일본 산업에서의 기계비중 하락은 1990년대 이후 급증하고 있는 해당분야 일본기업의 중국진출 증가에 크게 기인하고 있다. 그러나 일본기업의 해외이전 확대는 일본 국내 중심의 산업입지에서 중국 등 해외를 포함한 산업의 국제화, 글로벌화가 진전되는 것으로 볼 수 있다. 이때 앞에서 살펴본 바와 같이 중국에서는 대량생산공정을, 일본에서는 연구개발이나 고급품, 부품생산 등에 특화하는 공정간 분업이 추구되며, 이로 인해 일본에서 중국으로의 부품수출이 크게 증가하는 경향에 있다.

따라서 최근 현저해진 일본 기계비중의 감소는 1980년대까지의 일본국내 중심의 생산입지에서 중국 등 해외를 포괄하는 생산의 국제화, 글로벌화의 결과로 볼 수 있으며, 이러한 현상은 미국, 유럽 등의 선진국에서

11) 商工中金調査部[2003, 23-29]의 산지 중소제조업의 해외진출동향 등에 관한 조사(2002년11월 조사) 참조

이미 보편적으로 나타나고 있다. 단, 일본의 국제화, 글로벌화 사례에서 주목해야 할 점은 일본은 미국 등에서 나타난 바와 같은 국내생산기반 전체의 공동화를 피하고, 일본본사와 해외거점간의 공정간 분업을 유도하여 해당 산업생산을 유지, 발전시키고 있다는 점이다.[12)]

(3) 향후 전망

최근 일본은 기업의 해외직접투자와 이에 따른 생산의 해외이전이 활발히 전개되고 있다. 그 결과 섬유 등의 분야에서는 사업소 감소, 고용감소 등이 현저하게 나타나고 있다. 또한 기계를 포함한 다른 업종에서도, 국내생산의 감소와 같은 국내생산 분야의 이동, 국내와 해외간 공정분업의 확대 등으로 인한 많은 변화가 일어나고 있는 것으로 파악되었다.

그러나 이와 같은 변화를 해외생산 등에 따른 부정적 영향의 결과로 볼 수는 없다. 왜냐하면 중국과의 분업관계, 무역구조 등을 분석해 본 결과 이것이 일본산업의 약화나 공동화로 연결되는 징후는 찾아보기 어렵고, 오히려 이를 계기로 일본산업의 기계분야, 연구개발, 고부가가치 제품분야로의 집중, 이동을 촉진하는 결과를 가져온 것으로 보여지기 때문이다. 대중수입도 최근 크게 증가하고 있으나, 그 상당부분은 중국에 진출한 일본기업의 역수입에 의한 것으로 이들 기업의 국내생산과 보완관계 속에 진행되어, 국내산업에 부정적인 영향을 주고 있지는 않은 것으로 판단된다.

한편, 일본의 제조업은 다른 선진국에 비해 아직 해외생산 비율이 낮은 상태에 있으며, 해외생산의 확대에 있어서도 미국 등의 사례에서 보여지는 바와 같은 한 산업의 생산이 모두 해외로 이전되는 공동화 현상은 나타나지 않을 것으로 예상된다. 그리고 여기에는 앞에서 살펴본 일본기업의 종신고용, 거래의 장기·계속관계, 협력적 노사관계 등과 같은 기업구조적 특징이 크게 관련되는 것으로 생각된다.

---

12) 伊丹(2004)의 분석에서는 국제분업에서 일본의 역할은 개발, 시작공정, 자본재, 중간재 공급거점이며, 일본을 중심으로 긴밀한 생산 네트워크가 국제적으로 형성된다고 보았다. 그리고 여기에는 일본사회의 고용 중시 사상이 크게 관련되어 있다고 보고 있다.

15 chapter 일본시장의 특성

15.1 세계 2위의 선진국 시장

일본은 2003년을 기준으로 할 경우, 내수시장 규모가 약 4조 2,000억 달러로 미국에 이어 세계 2위를 차지하는 매우 큰 시장이다. 인구 면에서는 약 1억 2,000만 명으로 선진국 중에서는 미국 다음으로 많은 인구를 가지고 있으며, 1인당 국민소득도 약 37, 000달러로 상당히 높다. 또한 일본국민은 비교적 빈부격차가 적은 소득구조를 가지고 있으며, 도쿄 중심의 관동, 오사카 중심의 관서, 후쿠오카 중심의 큐슈 등의 상권으로 나눌 수 있다.

〈표 15-1〉 주요국의 내수규모

(단위: 달러)

미국	일본	EU	중국	한국
10조 9,000억	4조 2,000억	6조 8,000억	1조 3,800억	5,800억

주 : 내수규모: GDP+수입-수출

15.2 외국상품 진출이 어려운 시장구조적 특징

(1) 각 산업분야에 경쟁력 갖춘 일본기업의 존재와 높은 수준의 소비자

일본은 앞에서도 살펴본 바와 같이 많은 산업분야에서 세계적으로 경쟁력을 갖춘 많은 기업이 존재하고 있다. 따라서 기존 일본기업이 시장을 이미 장악하고 있는 시장에 외국기업이 일본제품과 유사한 상품을 가지고 진출하여 성공하기가 쉽지 않다.

최근 TV시장에서 세계 제1의 위치에 있고, 반도체나 휴대전화 등에서도 세계시장을 선도하고 있는 삼성전자가 일본 가전판매시장에서 철수했다. 또한 미국에서 판매량을 계속 확대하면서 빠르게 성장하고 있는 현대자동차도 일본시장에서는 고전을 면하지 못하고 있다.

삼성전자의 일본시장에서의 철수에 대해 외국기업의 평가는 '세계에서 가장 까다로운 눈을 가진 소비자'의 심판을 받아야 하는 일본시장 특유의 벽을 무너뜨리는데 실패했기 때문이다. 또 일본은 특별히 섬세한 브랜드 전략이 요구되는 시장이다'는 평가도 나오고 있다.

한편, 삼성의 초박형 TV에 대한 일본기업의 평가는 성능면에서나 기술적인 면에서도 일본제는 물론 세계수준에도 뒤지지 않는다고 하고 있다. 가격면에서도 일본제보다 대체로 저렴하다고 평가하였다. 그럼에도 불구하고 일본시장에 지보를 굳히는데 실패한 이유로 일본메이커의 한 관계자는 몇 만엔 만 더 내면 일본제를 살 수 있다는 소비자의 심리를 들고 있다. 즉 품질면에서도 손색이 없으면서 가격도 저렴한데도 불구하고 삼성이 일본시장의 벽을 넘을 수 없었던 원인은 일본의 지난 고도성장기 이후 쌓아올려진 '메이드 인 저팬'으로 상징되는 각 산업분야에서의 많은 일본 토종기업의 존재 때문이라고 생각할 수 있다.

한편 유통분야에서도 2000년대 들어 많은 외국기업이 일본에 진출하였는데, 최근에는 정착에 실패하여 철수하는 사례도 나타나고 있다. 예를 들면 프랑스의 까루프는 2000년에 외자 유통업체로는 처음으로 일본에 진출하여 전국에 8개의 점포를 개설하였으나, 2005년3월에 일본에서의 사업철수를 결정하기에 이르렀다. 까루프는 중국에도 진출하여, 중국시장에서는 좋은 실적을 내고 있는 것으로 알려지고 있다. 까루프가 일본시장에서 실패하게 된 주요 원인은, 다른 나라에서는 생산자와 직접 접촉하여 저렴한 비용으로 상품을 구입하는 것이 경쟁요소였으나, 일본에서는 유명상품 일수록 생산자로부터 직접 구입하기가 어려워서 다른 일본 유통업체와의 경쟁에서 불리한 위치에 서게 되었기 때문인 것으로 알려지고 있다.[1)]

(2) 거래의 장기, 계속화

일본에서는 앞에서도 살펴본 바와 같이 기업간의 거래관계가 장기, 계속적으로 진행되는 특징이 강하다. 예를 들면 철강이나 시멘트를 대량으로 사용하는 건설기업의 경우 이미 일본의 철강, 시멘트 제조기업과 장기, 계속적인 거래관계를 형성하고 있으므로 한국산이나 중국산과 같은 수입품이 저렴하더라도 쉽게 거래선을 바꾸기 어렵다. 즉, 이는 일본기업은 단기적인 가격조건 등 보다는 장기적 거래에서 오는 이익이나, 안정 조달 등을 더 중시하기 때문으로 볼 수 있다.

1) 이 경우 일본의 생산자는 이미 다른 유통기업과 장기, 계속거래관계를 진행 중에 있으므로 기존 거래선 보호 등의 이유로 신규 거래선(이 경우 까루프)과의 거래에 응하지 않거나 거래 초기에는 기존 거래선에 판매하는 가격보다 비싼 가격을 적용하는 경우가 많다.

15.3 일본 유통구조의 변화과정[2)]

(1) 1940년대

이 시기 일본유통구조의 특징으로는 소매상의 영세성, 과다성, 생계유지형, 그리고 도매상의 다단계성을 들 수 있다. 이 시기 패전의 충격에서 벗어나지 못한 중소 및 영세 제조기업들은 영세한 도소매기업을 통해 소비자에게 상품을 판매할 수밖에 없었다.

(2) 1950년대

이 시기는 일본경제의 고도성장 기간으로 특히 소비재 제조기업은 빠른 속도로 발전하였다. 이 시기에 미국에서 개발된 마케팅 기법이 일본에 이전되었으며 일본의 과점제조기업은 스스로는 생산에 경영자원을 집중하고, 유통은 전통적인 유통업자의 유통망을 이용하는 유통계열화를 본격 전개하였다.

(3) 1960년대

이 시기에 일반적으로 슈퍼라고 불리는 종합양판점이 발전하였다. 종합양판점은 본부 집중구매, 저가격, 셀프서비스 및 체인경영이라는 마케팅 기법이 도입됨과 동시에, 미국의 슈퍼마켓에서 힌트를 얻어 1957년 다이에가 오사카에서 1호점을 창업하였으며, 세이유, 이토요카도, 쟈스코, 니치이, 유니 등이 종합양판점 분야에 진입하였다.

(4) 1970년대

오일쇼크, 가격구속에 대한 공정거래위원회의 감시강화, 1973년에 제정된 대규모 소매점포법(일반적으로 대점법으로 칭함)으로 인해 종합양판

2) 이하 김현철・최상철(2006), 6-16쪽을 요약, 정리

점의 고속출점에 제동이 걸리게 되었다. 전후 일본의 유통시스템을 지탱해 온 제조기업의 유통계열화와 종합양판점의 확장이 동시에 제동이 걸리고 새로운 형태의 소매업태들이 등장하였다.

이 시기에 등장한 소매업태중 가장 주목할 업태는 편의점이다. 1974년에 세븐일레븐 재팬의 1호점이 개설된 후 편의점이 중요한 소매업태로 성장 하였는 바, 2000년도 결산기에는 세븐일레븐 재팬이 다이에를 제치고 일본 제1의 소매기업으로 등장했다.

소비재 제조 기업에 있어 새로운 소매업태의 등장은 유통채널의 다양화 전략을 적극적으로 추진할 계기를 주었으나, 대체로 제조 기업은 자사가 구축한 유통계열화 중심의 채널전략을 가장 중시했다. 제조 기업은 각종의 리베이트나 인센티브 등의 경제적 지원책과 영업사원의 파견 등의 인적 지원책을 계열화된 도, 소매기업에게 실시했다.

(5) 1980년대

이 시기는 1984년에 전전공사의 민영화로 정보혁명이 가속되고, 컴퓨터가 가지는 데이터 처리능력과 정보축적 능력을 대량정보통신 능력과 결부시킴으로써 유통시스템이 크게 변모되었다.

과점제조기업과 종합양판점, 편의점 등의 체인형 소매기업에 있어서 POS(point of sales), EDI(electronic data interchange), EOS(electronic ordering system)의 진전으로 수주, 발주업무의 효율화 및 물류합리화 등이 가능해졌다.

또한 1980년대 후반의 버블경제에 의한 호황으로 유통계열화는 강화되는 추세를 보였고, 종합양판점 등의 대형 소매기업도 성장을 계속했다. 반면 비효율적인 경영을 지속해 온 중소도매상인은 유통시스템으로부터 퇴장의 압력을 받게 되었다. 1985년의 "상업통계"에 따르면 도매 점포와 소매점포 수가 1982년을 대폭 하회, 이러한 경향이 그 후에도 대체로 계속되었다.

(6) 1990년대

이 시기 계속된 불황의 장기화는 소비자의 소비심리를 극도로 위축시켰고 일본의 유통시스템에 가격혁명을 가져왔다. 가격경쟁에 정평이 있는 디스카운터, 카테고리 킬러, 회원제 창고형 기업 등 신업태의 등장으로 제조기업 주도의 유통계열 시스템의 감축 및 조정이 요구되었다.

불황의 타개책으로 유통계열의 전면적 개편, 축소가 불가피해졌고, 유통계열화보다도 제판동맹[3]의 강화 경향이 현저해지고, 가전 양판점, 가전 디스카운트 스토아의 시대가 도래 하였다.

각 분야에서 선구적으로 유통계열화를 구축했고, 그 결과 업계를 선도하는 지위에 올랐던 기업들도 예외없이 자사의 유통계열화를 축소하고, 비계열의 대형소매점과의 거래를 확대하였다.

이 시기 100엔숍, 유니쿠로(캐쥬얼 브랜드), 무브랜드의 브랜드(no-brand brand)상품을 성공시킨 료힌계획(良品計劃), 백화점의 가구코너를 무력화하고 있는 오오쓰카가구 등 저가격과 생활제안형의 상품, 서비스를 제공하는 혁신적 전문점 체인이 등장하여 각광을 받았다.

한편, 1990년대는 외국 유통기업의 일본진출이 본격화하였다. 1991년 토이자러스, 1998년 회원제 창고형 소매기업인 코스트코, 2000년 12월 카르푸가 점포를 시작하였다. 2003년에는 월마트가 세이유의 주식을 취득하는 형태로 일본에서의 사업을 시작했다.

3) 과점 제조기업과 대형유통기업이 맺는 전략적 제휴로 도매상인의 입지가 축소되었다. 2000년대 들이서는 혁신적인 도매기업의 등장으로 제판동맹은 한계를 맞고 있으며, 제조기업도 판매협력의 대상을 바꾸지 않을 수 없는 상황이다.

15.4 최근의 유통구조 특징

(1) 전반적인 추세

최근에는 가격파괴가 진행되고, 엔고, 수입품 증가, 대점법 규제완화[4], 소비자의 저가격 지향, 디스카운트 스토아(가격할인 점포) 증가, 메이커의 저가격 상품 개발, 메이커의 가격지배력 저하 등이 전반적인 추세이다.

또 편의점 업태에서 나타나는 바와 같이 본부가 도매기능을, 점포가 소매기능을 가지고, 전체로서는 도매, 소매가 합체한 형태가 나타나고 있다.

소비자의 상품구입선으로는 대형 슈퍼나 디스카운트 스토아에서의 구입은 증가하는 반면, 일반 소매점이나 백화점, 중소 슈퍼에서의 구입은 감소하는 경향이다(1989-94 기간).[5]

소매업태별 상품판매액 비중을 살펴보면, 종합슈퍼, 백화점 등 종합형 소매업은 고전하는 반면(백화점 비중은 1991년 11.3%에서 2004년 8.4%, 종합 슈퍼는 같은 기간 11.3%에서 8.0%로 감소), 편의점, 전문 슈퍼(식료품 슈퍼, 의료품 슈퍼, 住 관련 슈퍼 등)의 성장은 현저하다(편의점 비중은 3.1%에서 6.9%, 식료품 슈퍼 11.3%에서 17.1%, 주 관련 슈퍼 2.0%에서 5.5%, 의료품 슈퍼 0.8%에서 1.5%). 또 100엔숍과 같은 균일 가격점의 등장 등 업태의 다양화도 진행되고 있다.[6]

이와 같은 가격파괴나 소매업태의 다양화가 진행되는 배경으로 소비의 양극화, 선별적 소비라는 소비행태의 변화를 주목할 필요가 있다. 장기간의 긴 경기침체와 최근 경기가 회복되었다고는 하지만 불안정한 경기 동

---

4) 2000년 6월부터 매장면적 1,000m^2 이상을 대상으로 대규모 소매점입지법(신대점법)이 시행. 1974년 3월부터 시행되었던 대점법은 1997년 12월부로 폐지. 신구 대점법의 차이는 지역상업자의 보호에서 주변지역의 생활환경 보호로 바뀌고, 점포규모, 영업시간 등 영업의 근간에 관계되는 사항이 자유화되었다.

5) 丸紅經濟硏究所(2002), 5쪽

6) 經濟産業省(2006), 27쪽

향 등으로 미래에 불안을 느끼는 일본 소비자의 소비행태에서 뚜렷한 양극화 현상을 보이고 있다. 즉 생활필수품에 대해서는 가급적 저가격품을 구입하려는 경향이 강해지는 한편, 자신이 가지고 싶은 것, 애착을 가지는 것에는 높은 금액을 지불하는 것을 꺼리지 않는 경향이 강해지고 있다. 즉 대량생산, 대량소비, 매스 마케팅의 시대에서 다품종 소량생산, 선별소비, 개별적 마케팅으로 옮아가는 추세가 명확해지고 있다.

(2) 백화점의 매출감소와 통합, 대형화

백화점 업계에서는 최근 한신-한큐, 미쓰코시와 이세탄, 다이마루-마쓰자카야가 경영통합을 발표하였다. 배경으로는 백화점 매출규모의 장기간 연속감소를 들 수 있다. 2006년 일본전국 백화점 매출규모는 7조 7,700억 엔으로 9년 연속 감소하였다. 원인은 경제력 있는 고객의 감소. 고령화 및 출산율 감소가 백화점 매출에 직접적으로 영향을 준 것으로 분석된다.

특히 고령자 인구의 급증이 예상되는 가운데, 고령자는 백화점보다 근처 슈퍼나 편의점에서 상품을 구매하는 경향이 커지고 있다. 이를 기회로 보고 슈퍼나 편의점에 힘을 기울이는 기업도 있다. 다이에를 손에 넣은 이온그룹, 이토요카도 매수한 세븐앤드 아이 그룹이 대표적이다.[7)]

(3) 편의점 판매액의 증가

편의점의 판매액은 1998년 약 6조 492억엔에서 2007년 약 7조 4,895억 엔으로 23.8% 증가하였고[8)], 소매업태별 상품판매액에서 차지하는 편의점 비중도 증가경향을 나타내고 있다.

(4) 점포의 대형화, 24시간 영업점이 증가

점포의 대형화가 진행되고, 연중무휴, 장시간 영업점이 증가하고 있다. 여기에는 최근 외자계의 하이퍼마켓, 슈퍼 센터, C&C(캐시 앤드 캐리), 회원제 홀 세일 클럽 등 대형점의 진출이 가속되고, 2000년 6월부터 시행

7) 파이낸셜 신문, 2007. 9. 13.
8) 經濟產業省(2007).

된 신대점법 등이 크게 영향을 주고 있다. 그 결과 판매부진에 의한 소매업의 도산이 증가하여, 2000년의 소매업 도산건수는 3,017사로 전후 두 번째로 높은 수준을 기록했다.

점포 대형화 사례로는 일본에 있는 몰형 대형 쇼핑센터 100여개 중 80% 이상을 차지하는 이온그룹을 들 수 있다. 이온그룹은 2008년 2월 현재 일본전역과 아시아 일부에 GMS(종합양판점) 606개, 슈퍼마켓 1,182개, 편의점(미니스톱) 3,082개, 전문점 4,504개를 거느리고 있다. 평일 400여만명, 주말과 휴일에는 1,000여만명이 이온그룹 점포를 이용하고 있다.[9]

〈표 15-2〉 2004년도 專門店 順位

순위	회사명(점포명)	업종
1	야마다전기	가전제품
2	요도바시 카메라	가전제품
3	코지마	가전제품
4	빅카메라	가전제품
6	베스트전기	가전제품
7	패스트리테일링(유니크로)	캐쥬얼 의류
8	다이소 산업	100엔숍
10	마츠모토 키요시	의약품
12	카인즈	HC/자동차용품

자료 : 김현철·최상철(2006), 42쪽

(5) 카테고리 킬러형[10]의 전문점 소매업태 급성장

카테고리킬러형의 소매기업인 100엔숍, 유니크로, 무인양품 등의 인기브랜드를 시장에 내 놓은 소매 이노베이터들은 매력적인 가격설정, 브랜드 파워, 상품과 서비스의 고품질과 고객에 대한 생활제안으로 일본 소매

9) 동아.com, 08. 6. 13
10) 〈표 15-3〉의 설명 참조

업계의 중심이 되고 있다. 일본뿐만 아니라 아시아를 중심으로 한 적극적인 글로벌 소싱을 전개하고 있는 점이 특징적이다.

(6) 드러그 스토아(약국)의 성장

1990년대에 급격하게 성장한 드러그 스토아는 성장노선을 계속 유지하고 있다. 향후 교외형 점포에서는 식품취급을 강화하는 등 보다 생활에 밀착된 편리한 전개를 검토하고 있다. 이 분야의 대표자인 마츠모토 키요시(マツモトキヨシ)의 2008년 3월기를 최종년도로 하는 중장기계획에서는 합계 1,000점포의 점포망을 구축(현재 약 600점)할 계획이다. 북해도, 동북에 기반을 둔 츠루하(ツルハ)도 2010년에 점포수 1,000점포(현재 약 386점) 실현을 계획 중이다. 마츠모토키요시는 매출이 2002년도 1.3% 증가, 츠루하도 5% 증가하였다.[11]

(7) 인터넷(internet), TV판매

최근에는 E-코머스, SCM 등 정보화의 진전에 따른 새로운 유통시스템이 보급하여, 메이커와 소매점, 소비자가 직결하는 움직임이 시작되었다.[12] 인터넷 점포의 좋은 점은 풍부한 상품구색, 상시 개설, 실제 점포에 비해 점포를 변화시키기가 용이하다는 점이다. 인터넷 점포는 유통재편에 영향을 줄 가능성이 크며[13] 이와 더불어 TV판매(홈쇼핑 등)도 크게 증가하고 있다. 2002년의 인터넷, 통신판매의 매출이 전년비 145.9% 증가하였다.

11) 21世紀の流通はどうなるか-近代組織小賣業崩壞後の小賣業サバイバル8, J-marketing.net, 生活總合硏究所, 2004. 7
12) 丸紅経濟硏究所(2002), 3쪽
13) IBM, 유통재편성과 그 과제, 2007. 11. 28 강연

〈표 15-3〉 소매업의 신업태 종류

업태	특징
디스카운트 스토아(DS)	실용품을 중심으로 저가격 판매. 저마진, 고회전, 경투자 등으로 저가격 실현
카테고리 킬러	DS의 한 형태. 취급상품의 범위를 한정. 상품구색을 풍부하게, 저가격 판매
파워 센터	카테고리 킬러를 수개사 모아서, 쇼핑몰의 형태를 취한 것
아웃렛 몰	메이커의 재고처분을 목적으로 메이커에 의해 만들어진 소매점포 집적하여 몰의 형태를 취한 것
오프 프라이스 스토어	메이커의 유명 브랜드 상품, 백화점, 전문점 등의 재고처분품 등을 폭넓게 갖추고, 정가의 30-40% 할인판매
홈 센터	일요목공용품 중심으로, 가정용품, 일용잡화, 자동차 관련 용품, 원예용품 등의 생활소재를 폭넓게 갖춘 점포
홀 세일 클럽	회원제를 채용하여 일반소비자에게 상품판매하는 도매점. 대량판매, 저가격
드러그 스토어	Health &Beauty Care를 컨셉으로 의약품을 중심으로 건강식품, 화장품, 위생용품, 유아용품, 일용잡화 등을 취급
100엔숍	부엌용품, 화장실 용품, 문구용품을 비롯한 일용잡화, 과자류를 중심으로 한 식품 등 다양한 상품을 100엔 균일로 판매

자료 : 丸紅経済研究所(2002), 12쪽

15.5 수입증가와 유통구조와의 관련성

(1) 중국을 중심으로 제품수입 증가

일본은 전통적으로 다른 선진국에 비해 수입에서 차지하는 식료, 원료, 원유 비중이 높고 제품수입의 비중은 낮다.[14] 그러나 최근에는 제품수입 비중이 증가하고 있는 바,[15] 수입국가별로는 대미, 대EU수입은 크게 감소하는 반면, 대동아시아 수입은 특히 대중수입이 급증하는 경향을 나타

14) 1990년 일본의 수입 중 공업제품 비중은 50.9%로 같은 해 미국의 78.6%, 카나다 84.4%, 독일 76.9%, 프랑스 78.4%, 영국 79.4%에 비해 크게 낮다(임천석(2003), 160쪽).

15) 2000년 61.6%, 2005년 58.6%(JETRO(2005), 127쪽)

내고 있다(〈표 15-4〉 참조).

〈표 15-4〉 제품수입 총액에서 차지하는 구미와 동아시아의 점유율(1995-2005)

(단위: %)

연	제품수입 총액	(A)對 구미(미국+EU25)			(B)對동아시아(중+아NIEs+ASEAN 4)			
		(A)	對미	對EU25	(B)	對中	對아NIEs	對 ASEAN4
1999	100.0	44.3	25.2	19.2	45.1	18.1	15.4	11.6
2000	100.0	40.6	22.8	17.8	48.9	19.6	16.7	12.5
2001	100.0	39.8	21.4	18.4	49.8	22.6	14.8	12.4
2002	100.0	38.2	19.9	18.4	51.4	25.1	14.2	12.0
2003	100.0	35.9	17.6	18.3	53.6	27.8	14.0	11.8
2004	100.0	33.8	15.9	17.9	55.4	29.4	14.2	11.8
2005	100.0	32.1	15.2	16.9	57.0	31.7	14.4	10.9

자료 : 재무성 무역통계에서 작성(일본무역진흥기구(2005), 127쪽에서 전재)

주요 대중수입품인 섬유제품의 경우 1998-2007년 기간 중 절대금액이 1998년 1,427,939만 엔에서 2007년 2,661,345만 엔으로 크게 증가하였고, 수입 중 중국의 비중은 1998년 58.8%에서 2007년 77.6%로 크게 늘어났다.[16]

(2) 수입경로

외국상품이 일본시장에 유통되는 경로를 〈그림 15-1〉에서 살펴보자. 먼저 외국의 현지기업이 일본에 수출하는 경우를 살펴보면, 첫째 일본의 소매점과 직접 거래하는 경우, 둘째 일본의 의류메이커, 도매점을 통해 소매점에 납품하는 경우, 셋째 일본기업의 현지 주재원에 의해 현지 메이커의 제품이 상사를 경유, 소매점으로 유통되는 경우를 들 수 있다. 다음으로 현지에 진출한 일본기업의 생산제품이 일본으로 수출되는 경로는 의류메이커(현지진출 일본기업의 관련기업)나 도매상을 거쳐 소매점으로

16) 日本繊維輸入組合(2005)

가는 경우, 혹은 현지일본기업이 소매상에 직접 수출하는 경우도 있다.

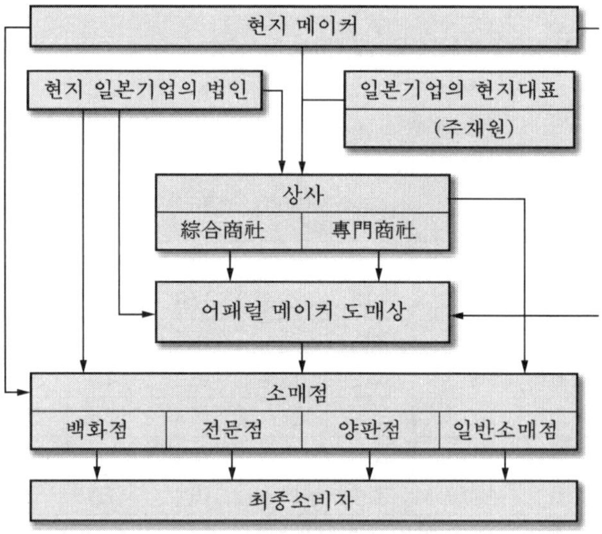

〈그림 15-1〉 일본시장의 수입품 유통경로

(3) 대중수입 증가의 메커니즘 분석(유통관련)

외국상품의 일본진출에 있어서 일본 특유의 복잡하고 다단계적인 유통구조가 장애가 된다는 견해가 일반적이다. 외국기업 또는 외국제품이 일본시장에 접근하는데 있어서 유통에 관해 느끼는 장애요인은 크게 유통구조적 측면, 거래관계적 측면, 제도적-정책적 측면, 사회적 측면으로 구분할 수 있는데, 외국기업이 독자적으로 일본시장에 진출하려고 할 때 일본의 유통구조를 전반적으로 조망하고 숙지하는 것 자체가 매우 어렵다. 그리고 복잡하고 긴 유통경로를 거치고 다분히 비용발생적인 유통관행에 적응하려면 그만큼 제품가격에 그 비용이 전가될 수밖에 없다.[17)]

이와 같은 외국상품의 일본진출의 어려움을 고려하였을 때 최근 일본의 수입에서 중국의 대일 수출이 크게 증가하는 원인은 무엇일까?

첫째, 1980년대 후반 이후 크게 증가한 일본기업의 대중투자를 들 수

17) 김양희・조병택(2002), 70-73쪽 참조

있다. 1980년대 후반에는 급격한 엔고에 의한 고비용 구조를 회피하기 위한 투자가 많았으나, 그 이후에는 중국 현지시장 진출과 일본으로의 역수입 목적의 투자가 증가하고 있다.[18)]

둘째, 1990년대 이후 일본경제의 장기불황으로 소비자의 저가격 지향, 가격파괴가 진행되면서 생산기업은 물론, 도・소매업의 유통주체가 저자격상품 구입을 선호하게 되고, 이것이 중국에서의 상품구입을 선호하는 주요 원인이 되고 있다.

셋째, 이상과 같은 일본기업의 중국에서의 생산 확대, 상품구입 확대과정에서 일본시장 수요에 맞도록 기술지도, 생산지도가 이루어지는 경우가 적지 않은 것으로 나타나고 있다. 많은 주재원의 상주와 바이어의 빈번한 중국 출장은 이를 위한 것으로 볼 수 있다.

이와 같은 원인과 형태에 의한 일본의 대중수입(중국의 대일수출)은 먼저 제휴 일본기업(혹은 현지 주재원)의 정보제공, 기술지도 등에 의해 일본소비자, 시장 환경에 적합한 상품의 개발을 훨씬 용이하게 하는 것으로 볼 수 있다. 또한 중국기업이 독자적으로 대일 수출을 시도하는 경우에 비해 일본의 유통장벽을 쉽게 통과할 수 있다.

15.6 한국의 대일수출 성공사례

(1) 대일수출 성공사례

1) 백화점 내 매장을 통한 판매

엘리샤코이의 비비크림이 소니 플라자 70여개 매장과 이쯔데모(백화점 내의 버라이어티 스토아) 전국매장에서 판매중이다.[19)]

---

18) 중국진출 일본기업은 한국진출 일본기업에 비해 일본시장으로의 수출에 중점을 두는 기업 비중이 월등히 높은 것으로 나타나고 있다(임천석(2003), 170쪽).

19) 상황버섯 추출물, 현삼/오지 추출물 등 한방성분과 천연허브 등의 식물성 성분을 주원료(MEDICAL Today, 2008. 1 .9).

2) NTT와의 共同마케팅을 통한 판매

LG초콜릿폰이 NTT도코모와의 적극적인 제휴 마켓팅을 통해 판매되었다. 이 제품은 일본 최대 이동통신업체 NTT 도코모가 판매하는 중고가 제품 8개 모델 중 판매순위 3위를 기록하였다.[20)]

3) 편의점을 통한 판매

삼진식품은 쵸코파이(찰떡)를 2005년부터 세븐 일레븐을 통해 판매하고 있으며, 2005년 이후 2007년까지 매출이 크게 확대되었다.

4) 홈쇼핑을 통한 대일수출

피부전문 중소기업 네오팜이 일본최대 홈쇼핑 채널인 QVC재팬에서 아토팜(아토피 전문제품)을 판매하였다. 새벽 2시 30분, 오후 2시 30분이라는 시청률이 낮은 시간대임에도 예상을 웃도는 1,000만원어치가 판매되었다.

생활가전업체 루펜리는 일본 홈쇼핑 채널을 통해 가정용 음식물 처리기를 판매하는 데 성공하였다. 방송 시작 후 25분 만에 1,500대가 모두 팔렸다.[21)]

5) 회원제 통신판매

SHINBEE사(1996년 설립)는 한방화장품 등의 제품을 회원을 대상으로 카탈로그 발송을 통한 통신판매 위주로 판매중이다. 초기에는 도매상, 백화점 등 일본에서의 판매실적이 없어서 판로개척에 어려움을 겪었으나, 한 백화점에서 판매대를 설치하여 고객에게 제품특징을 설명하는 방법으로 회원을 확보하여 통신판매를 확대하였다.

(2) 일본의 유통구조와 한국의 대일수출 분석

위에서 열거한 최근 일본시장 진출에 성공한 한국 상품의 경우, 전통적

20) Chosun.com, 2007. 11. 23

21) 중소제조업체에게 홈쇼핑은 제품의 장점을 직접 보여주며 소비자를 공략할 수 있다는 점이 매력적이다. 중소기업 제품도 기술만 좋으면 수출할 수 있다는 사례로 지적할 수 있다.(Chosun.com, 2008. 1. 21)

인 도매-소매 등의 경로보다 소비자에 근접한 백화점 매장, 전문 양판점, 편의점, 홈쇼핑 및 통신판매 등을 활용하였다는 특징이 있다. 이와 같은 시각에서 다른 대일수출 성공사례 발굴, 수출확대 가능성을 모색할 필요가 있다.

(3) 요약 및 결론

일본의 유통경로는 생산자 우위에 기인하는 유통계열화, 그룹 내 거래 등과 같은 특징 때문에 외국상품이 진입하기가 어려운 점이 있다.

그러나 최근 일본의 유통구조는 백화점의 매출이 크게 감소하는 반면, 편의점의 판매증가, 카테고리 킬러형의 전문점, 드러그 스토어의 성장, 인터넷·TV판매 호조 등 많은 변화가 나타나고 있다. 최근 성공한 한국기업의 일본시장 수출사례는 편의점, 홈쇼핑 판매 등 성장하는 새로운 소매업태의 활용이 대부분이다. 이러한 유통경로를 활용한 대일수출 가능성이 큰 것으로 생각된다.

또 중국의 대일 수출이 증가하는 사실에서 얻을 수 있는 시사점은 일본기업의 직접투자 유치 및 일본기업과의 제휴를 통해 일본소비자, 시장에 적합한 상품을 개발하고, 제휴 일본기업의 유통경로를 활용해 일본시장에 진출하는 것이 효과적임을 나타내고 있다. 또한 한국과는 다른 일본의 비즈니스 문화를 이해하고, 독창성 있는 상품개발을 통해 많은 일본 바이어에게 한국 상품에 대한 흥미를 제고시키는 노력이 절실하게 요구된다.

제4부

대외경제관계

16 chapter

일본의 무역

16.1 엔화 환율 추이

환율은 자국화폐와 외국화폐의 교환비율이며 한 나라 통화의 대외가치를 나타낸다. 1940년대 IMF체제의 성립에 따라 미국의 달러화가 기축통화로서의 역할을 하게 됨에 따라 각국 통화의 대외가치는 미국 달러화를 기준으로 표시되는 것이 보통이다. 한편, 환율은 달러표시 수출입 가격에 반영된다. 자국이 세계가격에 영향을 미칠 수 없는 소국이라면 자국 화폐가치의 절상은 달러표시 가격인상을 초래하여 수출에는 부정적으로 작용한다. 한편, 자국 화폐가치의 절상은 달러표시 수입가격이 불변이라도 자국화폐로 표시된 수입가격의 인하를 초래하므로 수입을 촉진하는 역할을 하게 된다.

2차 세계대전 후 일본 엔화의 환율은 대외무역의 재개에 따라 1949년 달러당 360엔으로 설정된 후 1971년 8월 미국의 금태환 정지 선언까지 고정되었다. 그 후 엔화는 일본의 무역수지 흑자, 경상수지 흑자의 확대에 따라 점차 평가절상 되었으며, 1985년까지는 대략 달러당 250엔 전후에서 안정되었다.

1985년 9월 G7재무장관회의에서 합의(플라자합의)된 미국달러화의 고평가 시정조치와 더불어 엔화는 대폭적으로 절상되었다. 1987년말 엔화는 달러당 123.5엔을 기록, 엔화가치는 플라자합의 이전에 비해 100% 이상 절상되었다.

1990년대 들어 엔화가치는 유럽환율체계(ERM)의 혼란을 계기로 다시 빠르게 상승하였으며, 1998년 3월에는 동경외환시장에서 한때 80엔대 밑으로 떨어지는 초엔고를 기록하기도 하였다.

한편 일본은 1990년대 이후 경기의 장기침체가 계속되고, 이에 따른 이자율 인하정책이 실시되었다. 반면 미국은 이 시기 유례없는 장기호황을 경험하면서 일본보다 높은 이자율 정책을 실시했다. 이와 같은 미국과 일본경제의 호불황, 이자율의 차이 등을 반영하여 엔화환율은 2001년말에서 2002년 초까지는 130엔대로 떨어지기도 하였다.

2003년 이후 엔화는 일본경제의 회복기조가 보다 확실해지고, 금리인상에 대한 기대감 등이 가세하여 100엔대 초까지 상승하였다. 그러나 엔화가치는 달러에 대해 2004년말 103.78엔에서 2005년말 117.48엔, 2006년말에는 118.92엔으로 다시 하락하였다.

일본경제의 경기회복이 비교적 선명해지고 있는데도 이와 같이 엔화가치가 하락하고 있는 것은 첫째, 일본의 금리인상에도 불구하고 미국과 유로권의 정책금리 인상으로 일본과의 금리차이가 여전히 존재하기 때문이다. 둘째, 엔캐리 트레이드의 영향이 지속되리라는 기대도 엔화가치 하락의 요인이 되고 있다. 엔캐리 트레이드란 낮은 금리의 엔화자금을 조달하여 높은 수익을 보장하는 미국, 유로권, 한국 등에 투자하는 거래이다. 이를 실행하는 과정에서 엔화를 매각하고, 투자대상 통화를 매입해야 하기 때문에 엔화약세의 요인으로 작용하게 된다. 이러한 엔화가치 하락이 일본제품의 가격경쟁력을 강화시켜 수출을 촉진한 것으로 평가된다.

달러가치는 최근 유로화에 대한 가치하락 등으로 추세적으로는 하락경향이 계속되었으며, 2007년 후반에는 서브프라임 문제에 따르는 미국경제의 불확실성 증가, 미국 이자율의 계속적인 인하 등으로 인해 달러가치 하락 추세는 계속되었다. 이를 반영하여 엔캐리 트레이드는 줄고, 가계부문의 해외투자도 둔화되면서 엔고 요인이 커짐에 따라 이를 반영하여 엔화가치는 2007년 하반기 이후 다시 상승하는 추세에 있다.

〈표 16-1〉 엔화 환율추이

	엔/달러	원/달러
1949	360(고정환율)	-
1973. 1	301.15	-
1975	305.15	-
1980	203.6	-
1985	200.6	-
1990	135.4	-
1995	83.19	-
2000	114.9	1259.7
2001	131.47	1326.1
2002	119.37	1200.4
2003	106.97	1197.8
2004	103.78	1043.8
2005	117.48	1012.7
2006	118.92	929.60
2007	113.12	938.2
2008. 1	106.63	943.9

주 : 특별한 명기가 없는 해의 환율은 동경외환시장, 은행간 직물, 연, 월말기준임
자료 : 엔화 환율은 일본은행 통계자료, 원화환율은 한국은행 통계자료

16.2 무역추이

제2차 대전 후 일본의 무역은 1960년대 중반까지는 만성적인 적자상태가 계속되었다. 무역수지가 흑자로 전환된 것은 1965년경부터이며, 이후 무역흑자도 확대되었다. 무역흑자는 1980년대 후반이후 1천억 달러에 달

하였다. 1960년대 후반 이후 일본의 무역흑자가 계속적으로 확대된 것은 직접적으로는 1970년대 초부터 본격적으로 추진한 자원절약적인 기술개발의 성과가 1980년대에 들어오면서 현저하게 나타났기 때문이다. 즉 수입액의 상당부분을 차지하던 공업원료의 수입이 크게 감소한 반면, 자원절약적인 기술혁신이 가격과 품질에서 수출경쟁력을 강화시킴으로써 수출액이 가속적으로 증가했기 때문이다. 이와 함께 고도성장기 이후 산업구조의 고도화 과정에서 형성된 자급도가 높은 일본산업의 풀셋형 구조에도 크게 기인하는 것으로 볼 수 있다.

〈표 16-2〉 일본의 수출입 추이

(단위: 백만 달러)

	수출	수입	무역수지
1950	924	886	38
1960	3979	3711	268
1970	18969	15006	3963
1980	126736	124611	2125
1985	174015	118029	55986
1990	280374	216846	63528
1995	442937	336094	106843
2000	480701(15.2)	381100(23.0)	99601
2001	405155(-15.7)	351098(-7.9)	54057
2002	415862(2.6)	336832(-1.1)	79030
2003	469862(13.0)	381528(13.3)	88335
2004	565039(20.3)	454669(19.2)	110,370
2005	598215(5.9)	518638(14.1)	79,577
2006	647290(8.2)	579294(11.7)	67,997

주 : ( )는 전년비 증가율
자료 : JETRO 통계

일본의 수출규모는 1979년 이후 1,000억 달러대에, 1986년 이후 2,000억 달러대에 1991년 3,000억 달러대에, 그리고 1995년 이후 4,000억 달러대에 진입하였다. 2004년에는 5,650억 달러로 5,000억 달러대에, 그리고 2006년의 수출은 6,473억 달러를 기록했다.

일본의 수입규모는 1980년 이후 1,000억 달러대에 1990년 2,000억 달러대에, 그리고 1995년 이후 3,000억 달러대에 2004년에는 4,547억 달러, 2005년 5,186억 달러로 빠른 증가세를 나타냈다.

무역규모는 최근 들어 크게 증가하고 있는 반면, 큰 폭의 수입증가세로 인해 1990년대 1,000억 달러에 달했던 무역수지 흑자는 최근 감소하는 추세가 나타나고 있다.

한편, 일본경제에서 수출이 차지하는 비중이 증가하고 있다. 2006년 일본의 GDP에서 차지하는 수출비중은 14.7%로 과거 최고기록을 갱신했다. 일본경제의 수출비중 증가는 중국 등 신흥시장에 대한 수출확대와 엔화약세 등에 따른 일본기업의 수출경쟁력 향상이 주요원인으로 볼 수 있다.

16.3 수출상품

2006년 일본의 수출상품을 상품의 용도별로 살펴보면 일반기계, 전기기계 등의 자본재가 53.2%로 가장 높고, 공업원료 21.5%, 내구소비재 19.0%의 순으로 나타났다. 내구소비재에 속하는 승용차는 단일상품으로서 14.6%를 차지하고 있다. 이와 같이 일본의 수출구성은 광의의 기계류가 70% 이상을 차지하는 구조로 되어있으며, 총수출 중 공업원료, 내구소비재의 비중이 증가하는 경향을 나타내고 있다.

〈표 16-3〉 일본의 수출상품

(단위 : 1,000달러, %)

	1999년	2000년	2001년	2002년	2003년	2004년	2005년	2006년
총액	417,441,934	480,701,008	405,155,047	415,862,257	469,862,172	565,038,784	598,215,206	647,290,458
식료 및 기타 직접소비재	1,878,273	1,968,415	2,785,374	1,941,580	2,106,299	2,387,421	2,663,520	2,873,719
공업용 원료	73,790,113	83,383,006	73,887,882	78,063,106	88,890,950	110,873,136	125,204,381	139,335,578
조원료	2,812,569	3,165,593	3,261,842	3,456,919	4,136,582	5,694,663	6,617,791	7,595,320
광물성연료	1,494,635	1,741,328	1,709569	1,627,016	1,750,364	2,477,191	4,570,243	5921,395
화학공업 생산품	30,024,524	34,555,535	30,153,165	32,471,659	38,036,512	47,140,242	52,122,420	57,192,686
금속	17,942,094	20,110,620	18,225,663	20,002,860	22,639,275	29,529,667	35,064,057	40,797,701
섬유품	6,276,815	6,698,071	5,926,170	5,706,503	6,053,850	6,745,618	6,567,014	6,585,072
자본재	241,435,912	289,459,579	233,085,035	230,021,622	263,601,991	321,316,023	329,420,493	344,193,750
일반기계	89,270,185	103,453,651	84,815,885	84,717,409	95,084,786	116,683,263	121,711,274	127,504,475
전기기계	90,975,341	116,471,850	87,421,371	87,207,621	102,049,731	122,375,830	123,173,484	128,803,369
수송기계	37,604,472	40,443,323	35,853,876	38,724,348	44,053,866	52,911,561	55,718,420	60,032,558
비내구소비재	3,399,518	3,602,260	3,139,341	3,223,363	3,478,275	3,904,640	3,883,384	3,946,767
섬유제품	679,085	777,889	674,943	669,181	730,821	853,603	747,397	723,475
내구소비재	82,451,602	83,909,367	74,900,518	84,312,979	90,868,316	101,063,030	108,711,157	122,948,155
가정용품	605,935	630,712	472,552	444,343	468,067	498,802	495,980	487,792
가정용 전기제품	2,404,478	2,266,145	1,700,352	2,033,161	2,302,197	2,795,494	2,504,306	2,185,145
승용차	54,621,845	57,015,057	53,077,329	62,437,676	67,958,730	74,619,769	79,989,120	94,338,310
이륜자동차류 자전차류	5,927,937	6,680,728	6,107,502	5,783,307	6,082,588	7,247,994	7,817,310	7,892,901
완구,악기류	14,141,044	11,899,721	9,047,371	8,889,552	8,601,504	9,166,325	10,538,309	9,810,493
기타	14,486,515	18,378,382	17,356,898	18,299,606	20,916,339	25,494,533	28,332,272	33,992,489

자료: JETRO통계

16.4 수입상품

다음으로 2006년 일본의 수입을 살펴보면 공업원료(연료 포함) 50%, 자본재 25.3%로 이 두 분야가 수입의 중심을 차지하는 반면, 내구소비재와 비내구 소비재를 합친 소비재의 비중은 낮다. 2000년대 공업원료의 비중은 증가하는 반면 다른 분야 비중은 감소추세를 나타내고 있다.

〈표 16-4〉 일본의 수입상품

(단위: 1000달러, %)

	1999년	2000년	2001년	2002년	2003년	2004년	2005년	2006년
총액	309,745,028	381,100,394	351,098,034	336,831,959	381,527,643	454,668,993	518,637,785	579,293,603
식료 및 기타 직접소비재	43,592,878	45,422,845	42,840,183	41,634,886	43,865,311	49,198,976	50,067,438	48,160,595
공업용 원료	120,824,159	159,272,946	143,876,561	135,015,035	159,951,531	197,702,438	243,058,870	289,694,363
조원료	19,433,536	21,863,245	18,766,290	17,286,665	19,431,511	24,369,300	28,253,793	37,207,839
광물성연료	49,920,819	77,381,025	70,573,659	65,284,410	80,272,771	98,635,507	132,204,464	160,495,581
화학공업생산품	22,071,921	25,391,402	24,511,059	24,599,598	28,216,452	33,438,144	37,645,831	40,491,861
금속	11,200,199	14,614,992	11,314,286	9,746,699	11,978,413	17,852,322	20,705,675,	25,207,757
섬유품	3,657,946	3,968,765	3,799,280	3,596,246	3,978,534	4,391,504	4,567,382	4,820,658
자본재	84,214,226	105,673,460	95,230,890	92,564,925	104,220,385	123,747,450	133,618,449	146,546,755
일반기계	32,912,280	42,083,304	38,352,687	36,657,623	40,683,024	48,039,668	51,954,682	54,022,251
전기기계	36,037,663	48,969,227	43,287,691	40,630,658	46,172,462	56,202,249	59,561,924	66,838,276
수송기계	8,309,649	6,107,045	5,200,190	7,346,355	8,374,399	8,857,355	9,980,331	11,183,313
비내구소비재	26,562,844	31,012,523	30,187,945	28,239,898	30,985,467	34,601,503	37,133,752	38,746,008
섬유제품	17,132,007	20,603,249	20,084,173	18,364,943	20,234,185	22,636,341	23,692,706	24,933,895
내구소비재	26,781,552	31,090,742	30,097,190	29,933,549	33,246,572	38,260,413	42,078,904	42,948,242
가정용품	1,015,163	1,140,661	1,094,933	1,102,878	1,256,586	1,391,655	1,407,095	1,452,360
가정용전기기기	3,946,899	4,791,000	5,064,988	5,158,766	5,506,757	6,381,469	7,466,142	7,090,424
승용차	6,195,403	6,978,781	6,266,300	6,254,710	6,974,062	8,176,577	8,138,658	7,639,754
이륜자동차류 자전차류	771,280	932,403	962,037	1,016,114	1,206,554	1,206,554	1,363,618	1,435,223
완구, 악기류	3,754,073	4,252,719	3,762,276	3,643,277	3,883,839	4,303,789	5,487,413	6,246,733
기타	7,769,369	8,627,878	8,865,266	9,443,666	9,258,379	11,158,212	12,617,373	13,197,640

자료 : JETRO통계

(1) 공업제품 수입비중

전통적으로 일본 수입의 큰 특징은 수입에서 원, 연료가 큰 비중을 차지하는 반면, 여타 선진국과 비교시 공업제품 수입비중이 낮다.[22] 이와

22) 1990년의 경우 일본의 공업제품 수입비중(공업제품 수입액/수입총액)은 50.9%로 같은 해 미국은 78.6%, 캐나다 84.4%, 독일 76.9%, 프랑스 78.4%, 영국 79.4% 등에 비해 크게 낮다(조병택 · 이영준(1992)참조).

같이 수입 중에서 원, 연료의 비중이 높은 것은 일본이 석유 및 식량 등을 해외에 크게 의존하는 반면, 소비재는 국내산업의 육성, 발달로 인해 수입의존도가 낮기 때문이다.

한편 1990년대의 약 10년간 공업제품 수입비중은 꾸준히 증가하여 왔으나, 그 비중은 수입대상 국가·지역별로 큰 차이를 나타내고 있다. 〈표 16-5〉에는 1990년부터 2001년까지 일본의 주요 국가·지역별 공업제품 수입비중이 나타나 있다. 세계 전체 수입에서는 1990년 50.3%에서 2001년 61.4%로 11.1%포인트가 상승하였다. 한편 지역별로는 대EU수입의 경우 1990년 88.1%로 이 시기에 이미 높은 수준에 달하였다. 반면 대아세안 수입에서의 공업제품 비중은 1990년의 23.9%에서 2001년 59.9%로, 대중수입에서의 공업제품 비중은 1990년 50.8%에서 2001년 84.0%로 지난 10여년간 큰 폭의 상승을 기록하였다. 이로써 2001년 시점에서 대중수입중의 공업제품 비중은 대아시아 NIEs 수입중의 공업제품수입 비중과 큰 차이가 없다. 이러한 사실은 1990년대를 통해 아세안, 중국의 산업화가 급진전하고, 일본이 이들 지역에서 공업제품의 수입을 크게 확대시키고 있음을 나타낸다.

〈표 16-5〉 일본의 주요국별 공업제품 수입 비율

(단위: %)

	세계	미국	EU	아시아 NIEs	아세안 4개국	중국
1990	50.3	62.0	88.1	73.4	23.9	50.8
1995	59.1	66.4	87.4	80.3	47.6	77.3
1999	62.4	72.7	85.9	82.7	59.6	81.7
2000	61.1	73.3	86.8	83.6	59.6	82.7
2001	61.4	72.5	87.0	84.1	59.9	84.0

주 : 아시아NIEs는 한국, 타이완, 홍콩, 싱가포르, 아세안 4개국: 타이, 말레이시아, 인도네시아, 필리핀

자료 : 일본무역진흥회 인터넷 통계자료에서 전재

(2) 상품별 수입비중

일본의 수입은 상품별 수입비중에서도 최근 큰 변화가 나타나고 있다. 〈표 16-6〉은 일본의 상품별 수입추이를 나타내고 있는데, 수입 중에서 기계기기의 비중이 빠르게 증가하고 있는 점이 눈에 띈다. 기계기기의 비중은 1990년 17%에서 그 후 빠르게 상승하여 2001년에는 31%를 차지하였다. 그런데 기계기기는 부품수가 많고 각 공정의 분할이 가능한 제품이며, 각 생산단계의 효율적인 배치와 기업 내 조직, 기업 간 관계가 경쟁력을 크게 좌우한다. 이러한 기계의 특징 때문에 일본을 비롯한 다국적기업은 각국 간의 임금격차나 인프라의 정비 상황의 차이 등을 이용하면서 국제적 생산, 유통 네트워크를 구축하고 있다.[23] 따라서 기계기기와 같은 공정의 분할이 가능한 제품의 수입이 증가하고 있는 사실은 일본과 이들 지역과의 생산 분업이 확대, 심화되고 있음을 의미하는 것으로 볼 수 있다.

〈표 16-6〉 일본의 상품별 수입추이

(단위: 백만 달러, %)

		1990	1995	1999	2000	2001
수입	식료품	31,572(0.13)	51136(0.17)	44150(0.14)	46250(0.12)	43394(0.12)
	원료품	28467(0.12)	32958(0.10)	22326(0.07)	24615(0.06)	21404(0.06)
	광물성 연료	56732(0.24)	53387(0.16)	49921(0.16)	77381(0.20)	70574(0.20)
	화학제품	16045(0.07)	24643(0.07)	23126(0.07)	26576(0.07)	25673(0.07)
	섬유제품	12804(0.05)	24537(0.08)	20814(0.07)	24602(0.06)	23911(0.07)
	비금속광물 제품	5375(0.02)	6228(0.02)	4450(0.01)	4976(0.01)	4470(0.01)
	금속 및 동제품	16221(0.07)	19960(0.06)	14249(0.05)	18187(0.05)	15058(0.04)
	기계기기	40,863(0.17)	84,965(0.27)	96,948(0.31)	120,291(0.32)	109,465(0.31)
	기타	26720(0.11)	38281(0.11)	33761(0.11)	38223(0.10)	37149(0.11)
	합계	234,799(100)	336094(100)	309745(100)	381100(100)	351,098(100)

자료 : 일본무역진흥회 인터넷 통계자료, 비중은 필자 계산

23) 木村福成(2003) 106쪽

한편 국가별로는 공업제품의 수입비중이 크게 증가하고 있는 대중수입에서도 최근 기계기기의 비중이 상승하고 있다. 일본의 대중수입은 1992년의 경우 식료품 16%, 의류 29%, 기계기기 7%, 잡제품이 12%를 차지[24]기계류의 비중이 다른 품목에 비해 크게 낮았다. 이에 대해 2002년 1-6월기의 일본의 대중수입 구성에서는 섬유제품의 비중이 24.1%로 2001년 상반기(26.9%)에 비해 2.8% 포인트 감소한 반면 기계기기의 동 비중은 33.9%로 수입품 중 가장 큰 비중을 차지하였다.

〈표 16-7〉 1999년, 2002년 1-6월 일본의 대중수입품 구성

(단위: %)

품목	1999년	2002년 1-6월
식료품	12.3	10.5
원료품	2.9	2.2
광물성연료	3.1	2.9
화학제품	3.1	2.9
섬유제품	30.7	24.1
비금속광물제품	2.1	2.1
금속 및 동제품	3.6	3.5
기계기기	24.1	33.9
기타	18.0	18.0

자료 : 大藏省貿易統計, JETRO, 『2002년 상반기 일중무역』, 2002.8.20 발표 인터넷 자료

16.5 일본의 수출국가 및 지역

다음으로 1990-2006년 기간 중 일본의 지역별 수출을 〈표 16-8〉에서 살펴보면 미국은 압도적으로 높은 비중으로 일본의 1위 수출국가 자리를 차지하고 있다. 그러나 미국의 비중은 1990년 31.5%에서 그 이후 점차 감소하여 2006년에는 22.5%로 하락하는 경향을 나타내고 있다.

한편, 동 기간 중 중국의 비중은 1995년 5.0%이었던 것이 그 이후 빠

24) 제트로백서, 무역 편, 1993년 판, 240쪽

르게 증가하여 2001년부터는 일본의 제2위 수출대상 국가가 되었으며, 중국비중도 2006년에는 14.3%에 달하였다. 또한 1-6위 사이를 미국을 제외한 동아시아 지역 국가가 차지하게 되어, 일본의 수출에서 차지하는 동아시아 비중이 커지고 있다.

같은 기간 한국의 비중은 1990년 6.1%에서 2004년 7.8%로 증가하였으나 그 이후는 거의 고정되어 있다.

〈표 16-8〉 일본의 수출상대국(상위 10개국)

순위	1990	1995	2000	2001	2002	2003	2004	2005	2006
1	미31.5	미27.3	미29.7	미30.0	미28.5	미 24.6	미22.5	미 22.6	미 22.5
2	독 6.2	한 7.1	대 7.5	중 7.7	중 9.6	중 12.2	중 13.1	중 13.4	중 14.3
3	한 6.1	대 6.5	한 6.4	한 6.4	한 6.9	한 7.4	한 7.8	한 7.8	한 7.8
4	대 5.4	홍 5.2	중 6.3	대 6.0	대 6.3	대 6.6	대 7.4	대 7.3	대 6.8
5	홍 4.6	싱 5.2	홍 5.7	홍 5.8	홍 6.1	홍 6.3	홍 6.3	홍 6.0	홍 5.6
6	영 3.8	중 5.0	싱 4.3	독 3.9	싱 3.4	독 3.5	태 3.6	태 3.8	태 3.5
7	싱 3.7	독 4.6	독 4.2	싱 3.6	독 3.4	태 3.4	독 3.4	독 3.1	독 3.2
8	태 3.2	태 4.5	영 3.1	영 3.0	태 3.2	싱 3.2	싱 3.2	싱 3.1	싱 3.0
9	호 2.4	말 3.8	말 2.9	태 2.9	영 2.9	영 2.8	영 2.7	영 2.5	영 2.4
10	카 2.3	영 3.2	태 2.8	네 2.8	말 2.6	네 2.5	네 2.4	네 2.2	네 2.3

주 : 미: 미국, 독: 독일, 한: 한국, 대: 대만, 홍: 홍콩, 중: 중국, 태: 태국, 싱: 싱가포르, 영: 영국, 네: 네덜란드, 카: 캐나다, 말: 말레이시아, 호: 호주

자료 : JETRO 통계

16.6 일본의 수입국가 및 지역

다음으로 수입에서도 미국이나 동아시아 지역의 비중이 높으나 수출에서 양지역이 차지하는 비중 보다는 적은 것으로 나타나고 있다. 이는 수입의 경우 원유를 비롯한 광물성 자원의 수입이 중동지역, 호주, 동남아시아 등에 크게 의존하고 있기 때문일 것이다.

한편 수입에서 보이는 또 하나의 큰 특징은 미국의 비중이 1990년 22.3%에서 2006년에는 11.8%로 크게 감소한 반면, 같은 기간 중 중국의

비중은 5.1%에서 20.5%로 급증하였으며 2002년 이후 중국이 미국을 제치고 일본의 제1위 수입국이 되었다. 중국 비중이 급증하는 것은 이 기간 중 일본의 대중 직접 투자가 크게 증가하고, 중국에서 생산한 제품의 일본으로의 역수입이 크게 증가하는 등 일중경제의 긴밀화를 반영하는 것으로 볼 수 있다.

〈표 16-9〉 일본의 수입상대국(상위 10개국)

순위	1990	1995	2000	2001	2002	2003	2004	2005	2006
1	미 22.3	미 22.4	미 19.0	미 18.1	중 18.3	중 19.7	중 20.7	중 21.0	중 20.5
2	인 5.4	중 10.7	중 14.5	중 16.5	미 17.1	미 15.4	미 13.7	미 12.4	미 11.8
3	호 5.3	한 5.1	한 5.4	한 4.9	한 4.6	한 4.7	한 4.8	사 5.5	사 6.4
4	중 5.1	호 4.3	대 4.7	인 4.3	인 4.2	인 4.3	인 4.3	아 4.9	아 5.5
5	한 5.0	대 4.3	인 4.3	호 4.1	호 4.2	호 3.9	호 4.1	호 4.7	호 4.8
6	독 4.9	인 4.2	아 3.9	대 4.1	대 4.0	사 3.8	사 4.1	한 4.7	한 4.7
7	사 4.5	독 4.1	호 3.9	말 3.7	독 3.7	아 3.7	아 4.0	인 4.0	인 4.2
8	아 3.9	캐 3.2	말 3.8	아 3.7	사 3.5	대 3.7	독 3.8	대 3.5	대 3.5
9	대 3.6	말 3.1	사 3.7	독 3.6	아 3.4	독 3.7	대 3.7	독 3.5	독 3.2
10	캐 3.6	아 3.0	독 3.4	사 3.5	말 3.3	말 3.3	말 3.1	태 3.0	태 2.9

주 : 미: 미국, 독: 독일, 한: 한국, 대: 대만, 홍: 홍콩, 중: 중국, 태: 태국, 사: 사우디아라비아, 아: 아랍수장국연합, 인: 인도네시아, 캐: 캐나다, 말: 말레이시아, 호: 호주

자료 : JETRO 통계

16.7 국가별 무역

(1) 일-미무역

일본의 미국과의 무역추이, 내용을 살펴보면 2006년 일본의 대미수출은 1,457억 달러, 대미수입은 680억 달러로 약 770억 달러의 흑자상태에 있다. 2000년대 이후 미국과의 수출입 규모는 큰 변화가 없다.

일본의 대미수출품 구성은 2006년의 경우 자본재 48.5%, 내구소비재 35.7%, 공업용원료 10.6%, 식료 3.7% 순으로 자본재와 내구소비재가 압도적인 비중을 차지하고 있다. 반면 같은 해 대미수입은 자본재 46.8%,

공업용원료 23.7%, 식료 16.1%, 내구소비재 4.6%로 대미수출에 비해서는 공업용원료의 비중이 크고, 내구소비재 비중은 상당히 낮다.

〈표 16-10〉 일-미 무역상품

(수출)

(단위: 달러, %)

	2000	2002	2004	2006
총액(1,000달러)	142911163	118549595	126838842	145650923
공업용 원료	9.6	9.8	10.6	3.7
자본재	56.7	49.1	52.2	48.5
비내구소비재	0.6	0.6	0.6	0.5
내구소비재	28.8	35.8	31.8	35.7
기타	22.4	29.5	25.4	30.3

(수입)

(단위: 달러, %)

	2000	2002	2004	2006
총액(1,000달러)	72432078	57634481	62434936	68070636
식료 및 기타 직접소비재	17.0	18.8	18.7	16.1
공업용 원료	21.8	20.8	23.3	23.7
자본재	46.8	45.7	44.6	46.8
비내구소비재	5.1	5.3	5.5	5.8
내구소비재	6.2	5.3	4.7	4.6
기타	3.1	4.0	3.3	3.0

자료 : JETRO 통계

(2) 일-중무역

일본의 중국과의 무역추이, 내용을 살펴보면 2006년의 일본의 대중수출은 약 929억 달러, 대중수입은 약 1,185억 달러로 약 256억 달러 적자상태에 있다. 한편 일중무역은 상당히 빠르게 증가하고 있다. 수출은 1999-2006년 기간 중 약 4배 증가하였고, 수입은 약 2.8배 증가하였다.

2006년의 수출구성을 보면, 자본재 56.0%, 공업원료 33.4%로 그 대부분이 생산과 관련된 기계류, 부품, 소재 등으로 되어 있는 반면, 내구소비재 비중은 4.3%로 아주 낮다.

수입구성은 자본재 36.1%, 비내구소비재 21.5%, 공업원료 18.2%, 내구소비재 15.6%로 자본재와 비내구 소비재 비중이 크다. 또 1999-2006년 기간 중 변화상황은 자본재 비중이 2000년 22.0%에서 2006년 36.1%로 급증하고 있는 반면, 비내구 소비재는 33.4%에서 21.5%로 크게 감소하고 있다. 동 기간 중 내구소비재도 약간의 증가경향을 보였다.

수입구성을 개별품목별로 보면, 1990년대 초 큰 비중을 차지하고 있던 식료품, 의료품의 비중이 크게 하락한 반면, 당시 낮은 비중을 차지하던 기계류 수입비중이 빠르게 증가하고 있다.

〈표 16-11〉 일-중 무역 상품

(수출)

(단위: 달러, %)

	2000	2002	2004	2006
총액(1,000달러)	30427526	39865578	73818019	92851689
공업용 원료	38.5	34.9	31.5	33.4
자본재	52.4	53.9	57.9	56.0
비내구소비재	0.8	0.7	0.6	0.6
내구소비재	4.7	5.8	4.7	4.3
기타	3.1	4.3	4.9	5.3

(수입)

(단위: 달러, %)

	2000	2002	2004	2006
총액(1000달러)	55303392	61691604	94227211	118516332
식료 및 기타 직접소비재	10.9	9.6	8.0	6.9
공업용 원료	18.5	16.3	17.5	18.2
자본재	22.0	28.6	34.6	36.1
비내구소비재	33.4	28.5	23.7	21.5
내구소비재	13.2	15.1	14.5	15.6
기타	2.1	1.9	1.8	1.7

자료 : JETRO 통계

일-미, 일-중 무역구성을 비교해 보면 다음과 같은 차이를 발견할 수 있다. 먼저 수출에서는 대미수출에서 내구소비재 비중이 높으나, 대중수출에서는 공업원료, 자본재 비중이 높다. 수입에서는 대미수입에서 자본재, 공업원료, 식료비중이 높은 반면, 대중수입에서는 내구소비재, 비내구소비재 비중이 높다

(3) 일-아시아 NIEs(한국, 타이완, 홍콩, 싱가포르) 무역

2006년 일본의 대 아시아 NIEs 수출은 약 1500억 달러, 수입은 약 567억 달러를 기록했다. 1999-2006년 기간 중 수출입 규모는 수출이 1.17배, 수입이 1.57배로 큰 변화가 없다.

2006년 일본의 수출구성을 보면 자본재 52.7%, 공업원료 32.1%, 내구소비재 6.0%를 차지하였다. 1999-2006년 기간 중의 변화로는 공업원료 비중이 증가한 반면, 자본재 비중은 감소경향에 있다.

동년 일본의 수입구성에서는 자본재 51.3%, 공업원료 30.1%, 내구소비재 5.9%의 순이며, 1999-2006년 기간 중 공업원료 비중은 증가경향에 있고, 자본재 비중은 거의 고정되어 있다.

〈표 16-12〉 일-아시아NIEs무역

(수출)

(단위: 달러, %)

	2000	2002	2004	2006
총액(1,000달러)	114976755	94277122	139489925	150301162
공업용 원료	24.5	26.9	27.3	32.1
자본재	63.4	58.9	60.1	52.7
비내구소비재	1.0	1.3	1.1	0.96
내구소비재	5.6	6.1	5.1	6.0
기타	4.6	5.9	5.7	7.3

(수입)

(단위:달러, %)

	2000	2002	2004	2006
총액(1,000달러)	46625478	35387274	46600126	56695306
식료 및 기타 직접소비재	6.7	7.2	6.2	4.1
공업용 원료	24.2	23.8	27.6	30.1
자본재	53.0	51.8	50.6	51.3
비내구소비재	3.9	2.7	1.7	1.3
내구소비재	9.1	8.9	7.6	5.9
기타	3.3	5.6	6.3	7.2

자료 : JETRO통계

(4) 일-아세안 무역

2006년 일본의 대아세안 수출은 525억 달러, 수입은 645억 달러를 나타냈다. 2006년 수출구성은 자본재 60%, 공업원료 29.9%이며, 내구소비재의 비중은 낮다. 수입에서는 공업원료가 53.0%로 가장 높고, 자본재, 내구소비재의 순으로 나타나고 있다. 1999-2006년 기간 중 공업원료 비중은 증가하는 반면, 자본재 비중은 하락하는 추세를 나타냈다.

〈표 16-13〉 일-아세안 무역

(수출)

(단위: 달러, %)

	2000	2002	2004	2006
총액(1,000달러)	45493187	38840673	51453822	52539672
공업용 원료	23.2	24.5	26.1	29.9
자본재	65.9	64.0	62.1	60.0
비내구소비재	0.5	0.6	0.5	0.4
내구소비재	6.4	6.1	6.1	4.8
기타	3.7	4.5	4.9	4.8

(수입)

(단위: 달러, %)

	2000	2002	2004	2006
총액(1,000달러)	48843426	42337793	55091319	64496063
식료 및 기타 직접소비재	8.6	9.8	7.5	6.8
공업용 원료	43.4	42.9	46.0	53.0
자본재	35.2	33.1	33.8	28.2
비내구소비재	2.3	2.4	2.2	2.0
내구소비재	7.7	8.6	7.5	6.7
기타	2.8	3.1	2.9	3.3

자료 : JETRO통계

(5) 종합

이상의 사실을 제품을 기준으로 종합하면 공업용원료는 대중수출에서 그 비중이 가장 높으며, 아NIEs, 아세안 지역에 대한 수출에서도 그 비중이 높다. 반면 대미수출에서는 공업원료의 비중이 낮다. 이는 중국 및 여타 아시아 국가의 산업화가 대일 의존적으로 진행되어 온 사실을 반영하는 것으로 볼 수 있다.

자본재 수출은 모든 지역에 대해서 높은 비중을 차지하고 있다. 이는 모든 국가, 지역에서 일본의 자본재 수입이 선호되고 있음을 나타낸다.

비내구소비재의 수출비중은 모든 나라, 지역에 대해 낮게 나타나고 있다. 이는 일본이 이미 비내구소비재에서는 경쟁력이 거의 없음을 나타낸다고 하겠다.

내구소비재 수출은 미국에 대해서는 높은 비중을 차지하나, 여타 국가, 지역에 대해서는 낮은 비중을 나타낸다. 이는 내구소비재의 경우 주요 시장이 미국인 반면, 여타 아시아 국가에서는 아직은 일본 내구소비재에 대한 수요가 미미한 수준에 있음을 의미한다.

일본의 수입에서는 식료 및 기타 직접 소비재 수입에서는 대미수입에서 가장 높은 비중을 차지하였으나, 여타 국가의 수입에서는 그 비중이 높지 않다. 자본재 수입은 대미, 아시아NIEs수입에서 높은 비중이나 대중 수입에서는 앞의 국가들에서 보다는 낮은 비중이나 그 비중이 점차 증가하고 있는 점이 눈에 띤다. 비내구재 수입은 대중수입에서는 높은 비중을 차지하는 편이나 여타 국가, 지역에서의 수입에서 차지하는 비중은 낮은 편이다. 내구소비재 수입비중은 대중수입에서 가장 높은 수치이며, 여타 국가, 지역에서의 수입비중은 10% 미만에 그치고 있다.

17
chapter

일본의 해외직접투자

17.1 해외직접투자 추이

(1) 금액추이

일본의 해외직접투자는 1960년대까지는 활발하지 못했다. 그 이유는 1960년대까지는 외화부족으로 해외투자가 엄격히 제한되어 있었고, 일본 경제의 고도성장으로 국내에도 풍부한 투자기회가 있었다. 또 해외투자에 필요한 경영 노하우, 특수기술 등이 기업에 충분히 축적되지 못했다. 이 시기 일본의 해외직접투자는 남미와 아시아와 같은 개발도상국 비중이 높았으며, 자원개발이 큰 비중을 차지했다. 반면 제조업에 대한 투자는 극히 한정적이었으며 그것도 이 시기 많은 개도국이 수입대체화 정책으로 국내시장의 보호조치를 강화함에 따라 이들 국가의 국내시장 확보가 주요 목적이었다.

다음으로 1960년대 후반에서 70년대 초까지는 아시아지역을 중심으로 해외직접투자가 활발히 이루어졌다. 1970년대 초는 제1차 해외투자 붐이라고 불릴 정도로 일본의 해외투자가 활발했다. 이 시기의 투자확대 요인은 국내적 요인으로는 1960년대의 고도성장의 결과 노동인력 부족에 따른 임금상승, 공해 등의 문제가 발생했고, 1971년의 닉슨쇼크를 계기로 한 급격한 엔고가 일본상품의 국제경쟁력을 약화시킴에 따라 많은 일본기업이 저임금 노동력을 활용할 목적으로 타이완, 한국 등으로 진출했다. 투자 유치국의 입장에서는 경제발전 촉진을 위해 외국기업의 직접투자 유치를 적극적으로 추진했다.

1973년에 발생한 1차 석유위기로 인해 해외직접투자는 부진상태에 들어갔으나, 선진국과의 사이에 발생한 무역마찰과 이에 따른 수출 곤란을 회피할 목적으로 미국 등 선진국에 대한 투자는 크게 증가했다.

일본의 해외직접투자는 1980년대 중반 이후 다시 급격하게 상승했다. 1986-1989년까지 4년간 명목해외투자액은 1951-1981년까지 누계액의 두 배에 달했으며, 1989년 말 시점에서 일본의 해외직접투자 잔고는 미국, 영국에 이어 3위를 기록하였다. 이 시기 일본의 해외직접투자 급증이유는 전술한 1985년 9월의 플라자 합의 이후 진행된 급격한 엔고와 미국, 유럽 등 선진국의 보호주의와 EC통합에 대한 대응, 여기에 개도국의 자유화와 양호한 경제발전 등을 배경으로 하였다. 이 기간의 해외직접투자는 일본 국내 호황의 장기화, 저금리, 주가 및 지가의 급상승 등과 같은 소위 거품경제의 팽창 등 복합적 요인에 기인한 기업의 여유자금을 배경으로 부동산, 금융, 보험 등의 비제조업 분야를 중심으로 선진국에 대한 투자가 증가하였다. 제조업에서는 전기기계, 수송기계 등의 기계분야에 대한 투자가 크게 증가하였다.

〈표 17-1〉 시대별 일본의 해외직접투자 요인 변화

1950년대, 1960년대	1970년대	1980년대	1990년대 전반
· 자원개발형 투자 · 수입대체형 공업화 정책에 대응 · 무역마찰에 대응(섬유)	· 시장확대전략(자본수출능력의 확대) · 무역마찰에 대응(철강, 칼라TV, 공작기계)	· 시장확대전략 · 엔고에 대응(가격경쟁력의 강화, 아시아에서의 생산 확대) · 무역마찰에 대응(자동차, VTR)	· 비용 삭감(엔고대응, 국제조달, 기업 내 무역의 확대) · 지역경제권에 대응(EU, ASEAN, NAFTA 등의 자유화, 원산지 규제에 대응)

자료 : 임천석(1997), 50쪽

(2) 지역별 직접투자 추이

한편, 일본의 해외투자의 지역별 비중을 살펴보면 1970년대까지는 아시아의 비중이 높았다. 이는 당시의 해외직접투자의 주요 목적이 자원개발 등에 치중되어 있었고, 지역도 일본에서 비교적 가까운 아시아지역이 선호되었다. 한편 1980년대에 들어서는 북미(주로 미국)와 유럽에 대한 투자가 크게 증가하였다. 이 시기는 일본의 무역수지 흑자 확대에 따른 미국과의 무역마찰 심화로, 자동차 등의 현지생산 필요성이 높아지면서 자동차 분야를 중심으로 한 대미직접투자가 추진되었다. 한편 대 유럽 직접투자는 1990년대 이후 EU통합이 본격화되는 경우 역외에서의 수출품은 역내생산품에 비해 높은 관세부과 등으로 불리한 취급을 받을 것을 것에 대비하여 1980년대 후반 이후 EU현지투자가 활발하게 추진되었다.

한편 1985년 플라자 합의에 의한 급격한 엔고가 진행되면서 1980년대 중반 이후 아시아 지역에 대한 직접투자가 크게 확대되었다. 초기에는 한국, 타이완 등 아시아NIEs국가에 대한 투자가 중심을 이루었다. 그런데 1980년대 말 아시아NIEs국가의 대미수출 확대에 따른 대미무역 흑자 증가를 반영하여 아시아 각국의 통화가치가 급증하고, 아시아 NIEs국가의 임금이 급상승하면서 이 지역 국가들이 가지고 있었던 저임금의 우위성이 상실되었다. 이에 따라 일본기업의 아시아 지역에서의 투자대상은 한국 등과 같은 아시아 NIEs에서 태국, 말레이시아 등과 같은 아세안으로 이동하게 되었다.

〈표 17-2〉 일본의 지역별 해외직접투자 추이(금액)

(단위: 백만 달러)

	1970	1975	1980	1985	1990	1995	2000
북 미	192	905	1596	5495	27192	23218	12483
중 남 미	46	372	588	2616	3628	3879	5282
아 시 아	167	1100	1186	1435	7054	12360	6006
중 근 동	28	196	158	45	27	154	19
유 럽	335	333	578	1930	14294	8585	24485
아프리카	14	192	139	182	551	380	56
대 양 주	123	182	448	525	4166	2816	703
합계	904	3280	4693	12217	56911	51392	49034

	2001	2002	2003	2004	2005	2006	2007
북 미	6550	8449	10680	4386	13168	10188	17,385
중 남 미	7715	5746	5262	6371	6402	2547	9,482
아 시 아	6630	5669	6399	9388	16188	17167	19,388
중 근 동	20	37	17	4	542	242	958
유 럽	10600	15428	12623	12963	7509	18029	20,456
아프리카	218	194	105	115	25	899	1,101
대 양 주	554	1335	1006	1869	943	723	4,204
합계	37297	36858	36092	35548	45461	50165	73,483

주 : 2004년까지는 기업의 보고기준. 2005년, 2006년은 국제수지, net, flow 기준
자료 : JETRO 통계

〈표 17-3〉 일본기업의 대아시아 국별 직접투자

(단위: 백만 달러, %)

	1990	1992	1994	1996	1998	2000	2002	2004	2006
한 국	284	225	400	416	304	817	626	845	1517
타이완	446	292	278	521	224	511	375	479	491
홍 콩	1785	735	1138	1487	639	946	208	639	1509
싱가포르	840	670	1054	1115	655	457	752	715	375
인도네시아	1105	1676	1759	2414	1116	420	529	311	744
타 이	1154	657	719	1403	1405	932	504	1184	1984
말레이시아	725	704	742	572	521	232	80	125	2941
필리핀	258	160	668	559	381	465	410	317	369
중 국	349	1070	2565	2510	1076	1008	1766	4567	6169

주 : 2004년까지는 보고 및 신고기준, 2006년은 국제수지기준(net, flow)
자료 : 일본무역진흥기구(JETRO) 인터넷 통계자료

1990년대 들어서는 아세안과 더불어 중국에 대한 투자가 급증하였다. 특히 중국에 대한 직접투자는 2000년대 들어 더욱 가속되는 추세를 나타내고 있다. 반면 아세안 지역에 대한 투자는 이전에 비해 상대적으로 부진한 현상을 보이고 있다. 중국에 대한 투자는 1990년대 초까지는 중국정부의 개방정책 미비, 사회간접자본 부족 등의 원인으로 인해 소극적인 자세를 보였으나, 1993년 덩샤오핑의 남순강화를 계기로 중국정부의 개방정책에 대한 신뢰가 커지면서 급증하기 시작했다. 2000년대 들어서는 중국의 WTO가입과 국내시장의 개방 확대 등에 따라 중국에 대한 투자가 다시 급증하는 경향을 보이고 있다. 특히 중국에 대한 투자진출에 다소 소극적인 자세를 보이던 대기업의 투자가 2000년대 들어 크게 증가하고 있는 점도 주목된다.

17.2 해외투자 분야

일본의 해외직접투자분야는 제조업에서는 기계, 전기, 수송기계 등의 기계업종에 집중되고 있다. 비제조업에서는 금융, 보험의 비중이 가장 크고, 상업, 서비스업, 운수업에 대한 투자도 큰 편이다.

〈표 17-4〉 해외직접투자분야

	1980	1985	1990	1995	2000	2002	2004
제 조 업	1706	2352	15486	18907	11741	14689	13750
식 량	54	90	821	841	258	222	1088
섬 유	91	28	796	1045	222	200	172
목재 및 펄프	78	15	314	364	152	240	119
화 학	314	133	2292	2156	1922	1916	3530
철 . 비 철	493	385	1047	1553	741	633	1391
기 계	102	352	1454	1876	1411	1288	1108
전 기	309	513	5684	5381	3056	3920	2039
수 송 기	176	627	1872	2011	3141	4915	3601
기 타	89	208	1207	3680	837	1355	702
비 제 조 업	2777	9536	40620	31513	37043	21860	21010
농 임 업	39	12	153	138	27	7	38
어 수 산 업	34	42	59	56	132	56	24
광 업	565	598	1328	1072	675	366	2054
건 설 업	37	94	300	399	91	121	280
상 업	797	1550	6158	5338	3638	3694	1884
금 융 . 보 험	380	3805	8047	5466	8452	12801	11613
서 비 스 업	251	665	11291	10730	1763	1836	2360
운 수 업	-	1240	2169	2287	21884	1503	2386
부 동 산 업	-	1207	11107	6027	378	1449	370
기 타	675	322	8	-	2	27	-
합계	4693	12217	56911	51392	49034	36858	35548

자료 : JETRO 통계

이 중 제조업의 투자는 섬유에서 점차 기계업종 중심으로 변화하고 있다. 그 원인은 (1) 기계제품이 선진국과의 무역마찰의 주요한 원인이며. 직접투자를 통한 외국에서의 현지생산, 판매, 그리고 제3국에 대한 수출이 선진국 시장을 유지, 확대하는 수단이기 때문이다. (2) 기계업종의 구조적 특징이 조립, 가공 산업으로 생산 공정의 분리가 가능하고, 각 생산 공정을 여러 나라에 이전하는 것이 용이하기 때문이다. 이를 통해 일본과 투자 진출국과의 분업체제가 구축되어 국제간에 기업 내 무역, 공정간 분업이 확대되고 있다. (3) 전기기계 제품은 다종다양한 상품으로 구성되며, 제품의 차별화가 용이(소득, 기후 및 생활환경에 따라 다양한 수요)하다. 따라서 각국별로 다양하고, 상이한 제품을 생산할 수 있다.

17.3 최근의 해외 직접투자 동향[25)]

(1) 금액기준으로 증가

최근 일본의 대외직접투자 잔고는 2004년 이후 연속 증가하여, 2005년, 2006년 과거 최고수준을 갱신하였으며, 2006년 말 대외직접투자 잔고는 53.4조 엔을 기록했다. 이와 같이 최근에 일본기업의 해외진출이 활발한 이유는 첫째, 중국 등 해외 현지시장의 소비수요가 왕성하거나 향후 수요 확대가 예상되기 때문인 것으로 나타나고 있다. 둘째, 상대국 투자환경의 변화, 기업의 사업내용 변화에 따른 투자의 제고, FTA 진전에 따른 지역 전략의 변화를 들 수 있다.

(2) 업종별 투자동향

① 제조업

2005년에서 2006년에 걸친 업종별 직접투자에서는 제조업의 비중이

25) 해외투융자정보재단(2007), 4-14

57%에서 69%로 12% 포인트나 증가한 점이 눈에 띤다. 제조업 중에서는 수송기계, 전기기계가 중심을 이루었으며, 유리, 토석, 석유, 화학, 의약에서도 큰 규모의 투자가 이루어졌다. 특히 M&A에 의한 외국기업 투자가 급증하고 있다.

〈표 17-5〉 업종별 직접투자 (net)

	금액 (억엔)		비중(%)		전년대비 증가금액(억엔)
	2005	2006	2005	2006	
제조업	28,866	40,166	57.2	68.7	11300
식료품	1,873	1,189	3.7	2.0	-684
섬유	455	212	0.9	0.4	-243
목재·펄프	953	488	1.9	0.8	-465
화학·의학	3,755	5,134	7.4	8.8	1,379
석유	552	3,404	1.1	5.8	2,852
고무·피혁	925	1,288	1.8	2.2	363
유리·토석	270	3,174	0.5	5.4	2,904
철·비철·금속	1,480	2,092	2.9	3.6	612
일반기계기구	1,454	1,935	2.9	3.3	481
전기기계기구	4,809	8,220	9.5	14.1	3,411
운송기계기구	9,461	10,022	18.7	17.1	561
정밀기계기구	1,552	1,649	3.1	2.8	97
비제조업	21,593	18,293	42.8	31.3	-3,300
농·임업	25	48	0.0	0.1	23
어·수산업	-51	33	-0.1	0.1	84
광업	1,507	1,835	3.0	3.1	328
건설업	166	-69	1.8	-0.1	-235
운송업	916	1,757	3.9	3.0	841
통신업	1,954	-3,937	10.6	-6.7	-5,891
금융·보험업	5,340	6,353	20.1	10.9	1013
부동산업	10,145	6,533	1.9	11.2	-3,612
서비스	-938	-946	-1.6	-1.6	-8
서비스	1,194	226	0.4	0.4	-968
합계	50,459	58459	100.0	100.0	8,000

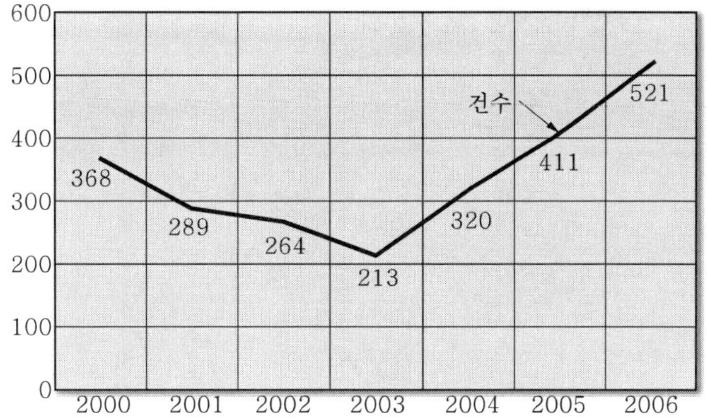

자료 : 리코프[M&A전문지 MARR] 2007년 8월호

〈그림 17-1〉 일본기업에 의한 대외 M&A건수 추세

② 비제조업(서비스업)

한편, 일본의 직접투자에서 차지하는 비제조업(서비스 산업) 비중은 2005년 42.8%에서 2006년 31.3%로 제조업의 직접투자에 비하면 크게 낮은 수준이다. 통상백서에서는 서비스 산업의 경우 교육산업, 소매업, 이용업 등에서 소규모 직접투자 사례가 소개되고 있다. 2006년에는 도소매와 운송 분야에서 비교적 큰 규모의 해외투자가 실행되었다. 이 분야는 일반적으로 발전도상국에서는 외자의 진입을 금지하는 분야이나, 중국의 WTO가맹에 따른 시장개방, 2007년부터 인도가 부분적으로 소매업을 외자에 개방하는 등의 규제완화가 이 분야 해외투자가 증가하는 원인이 되고 있다.

일본기업의 투자사례로서는 가전 대량판매점인 베스트 전기의 인도네시아 진출, 상사의 중국에서의 식품도매업 추진, 대기업 편의점의 해외출점 등을 들 수 있다.

〈표 17-6〉 대기업 편의점의 해외점포수

	세븐일레븐 제펜 (2006년 6월 말)		패밀리마트 (2007년 7월 말)		미니스톱 (2007년 7월 말)		로손 (2007년 3월 말)	
해외점포수	미국	6,157	한국	3,612	한국	996	중국(상해)	291
	대만	4,588	대만	2,035	필리핀	172		
	태국	4,055	태국	496				
	한국	1,513	중국	115				
	중국	1,277	미국	12				
	말레이시아	854						
	멕시코	709						
	캐나다	463						
	싱가포르	368						
	호주	366						
	필리핀	291						
	노르웨이	100						
	스웨덴	77						
	터키	73						
	덴마크	59						
	푸에르토리코	14						
계		20,964		6,270		1,168		291

자료 : 각사 홈페이지

③ 자동차

일본의 자동차 생산은 1999년 이후 해외생산이 계속 증가하여, 2007년에는 해외생산이 국내생산을 초과할 것으로 예상된다(2006년 국내생산 1,148만대, 해외생산 1,097만대). 자동차의 해외생산은 2006년 혼다가 북미에서 7번째 공장을 인디아나주에 건설하기 위해 5.5억 달러의 투자 안건이 발표되었다. 북미지역은 일본기업에게 있어 가장 중요한 시장으로 앞으로도 안정적인 투자활동이 전개될 것으로 예상된다. 한편 아시아 지역에서의 일본기업의 직접투자잔고는 2006년 말 1.8조 엔을 기록 했다(표 17-7). 아시아 자동차 산업에서 일본기업이 큰 비중을 차지하고 있는데, 일본기업 생산이 각국 총생산에서 차지하는 비중은 인도에서 약 50%, 중국 약 25%에 달한다. 아시아 지역에서 2006년 직접투자가 가장 크게 증가한 지역은 인도로, 전년비 97% 증가하였다. 일본의 주요 자동차 기업은 인도에서 생산을 하고 있으며, 일부 기업은 인도에서 생산한 차를 유럽이나 중동으로 수출할 계획을 가지고 있다(표 17-8).

〈표 17-7〉 수송기계기기의 대외직접투자액

(단위: 억 엔)

	2005(net)	2006(net)	증 감	2006(잔액)
아 시 아	2,350	3,144	794	18,166
중 국	1,137	1,330	193	5,375
A S E A N	1,114	1,459	345	9,845
인 도	177	348	171	1,681
북 미	5,299	4,273	-1,026	50,799
미 국	5,026	3,892	-1,134	47,547
중 남 미	811	-2,705	-3,516	4,779
브 라 질	326	559	233	2,833
대 양 주 (오세아니아)	313	-98	-411	797
서구(서유럽)	224	4,733	4,509	18,702
동유럽·러시아	272	17	-255	1,171
중 동	-6	X	-	63
아 프 리 카	-31	475	506	1,023
합계	9,461	10,022	561	95,500

주 1: 유출은 +, 유입은 -로 표시
주 2: ×는 보고건수가 3건을 충족하지 않은 항목
주 3: 각 년의 합계는 각 지역, 나라의 ×를 더한 합계이며 표에서 각 지역의 합계와는 반듯이 일치하는 것은 아님
자료 : 일본은행 홈페이지

④ 자원

최근의 석유를 포함한 1차 산품 가격의 급등으로 일본기업의 자원 분야에 대한 해외투자도 증가하고 있다. 〈표 17-9〉, 〈표 17-10〉은 2005년, 2006년 광업 분야에서의 직접투자 실적이다. 광업 분야에 대한 투자가 2년 사이에 300억 엔 정도 증가하였다.

〈표 17-8〉 일본기업의 인도에서의 증산, 신규투자 계획

	실시년	개 요
혼다	2009	제2공장 가동으로 소형차 생산. 초기 6만대에서 최종 20만대로 투자액은 580억엔.
스즈키	2009	2006년에 제2공장 가동. 2009년 생산능력 96만대. 투자액 약 2000억엔.
토요타 (다이하쓰)	2010	제2공장 건설로 생산능력을 현재의 2배인 20만대로 총투자액은 400억~500억엔
닛산	2009	르노 및 로컬기업인 마힌드라·마힌드라와 제휴하여 현지생산 예정. 소형차를 최종적으로는 약 40만대 생산. 투자액 약 1,100억엔.
부품 재료기업	2007	·古河전공:스프링합작공장 건설(2008. 9 가동예정, 총투자액 23억엔)
	2008/09	·제이텍트:합작공장 설립. 파워스티어링 생산(투자액 약 20억엔)
	2007	·칼소닉칸세이:부품합작회사 설립(투자총액 2.5억엔).
		·요로즈:서스펜션(2007. 6 현재, 검토 중)
	2009	·미쓰이화학:자동차용 수지재료공장 설립

자료 : 海外投融資情報財團(2007), 10쪽

지역별로는 대양주(호주)에 대한 투자가 가장 높았는데, 그 배경으로는 세계적인 석유가격 급등으로 대체연료인 석탄에 대한 수요확대를 반영한 것으로 볼 수 있다. 한편, 석유, 가스개발에 대해서도 세계 도처에서 시추, 개발을 위한 투자가 진행되고 있다.

〈표 17-9〉 일본기업의 대호주 자원관련 투자안건

	실시년	개 요
신일본제철 외	2007	석탄광산에 새로운 채굴설비 등 도입(210억엔)
미쓰비시 상사	2009~	철광석광산개발(총사업비 3000억엔)
雙日	2010	철광석 일관사업(총사업비 1200억엔)
신일본제철 외	2007	철광석 적출항 확장(총투자액 1030억엔)
스미토모(住友) 금속광산 외	2006	동광산 개발(총투자액 200억엔, 일본측 39억엔)
이데미쓰(出光)흥산	2006	석탄광산 조업개시(약 30억엔)(2005년 개발결정)
신일본제철, 신일본금속	2006	원료탄 개발(약 300억엔),2009년 출하예정
미쓰이마쓰시마(三井松島)산업	2006	32.5% 권익보유의 탄광(일반탄)의 증산투자(83억엔)

자료 : 海外投融資情報財團(2007), 12쪽

〈표 17-10〉 주요한 석유, 천연가스 개발사업

	대상국	개 요	투자액
탕그 LNG프로젝트	인도네시아	BP가 주도권. 일본지분은 45.8%. LNG를 760만톤/년 생산. 2008년말 생산개시 예정	약 50억 달러
사하린 석유·천연가스 개발프로젝트	러시아	사하린 I(원유 25만bbl/일, 천연가스 약 800만톤/연). 2005년 10월 석유생산 개시. 석유자원 개발, 이토츄,마루베니 등 일본지분 50%. 사하린 II는 환경문제를 이유로 러시아가 사업허가를 취소함.	약 120억 달러
동시베리아=태평양사하린	러시아	시베리아 원유를 총연장 4,200km, 수송능력 8000만톤/년의 석유파이프라인으로 태평양 해안까지 수송.	
카샤간 유전	카자흐스탄	ENI(이태리)가 주도권. 일본지분 8.33%(인펙스 북카스피 해 석유(주)). 2008년 석유생산 개시 예정.	
카스피해ACG 유전개발	아제르바이잔	BP가 주도권. 일본지분 약 14%(인펙스서남카스피 해). 2008년의 생산예정량은 100만 bbl/일	
후라-지 유전 개발	브라질	쉐브론(미)이 주도권. 일본지분 18.3%(EJPL사). 2009년부터 10만bbl/일을 생산 예정.	
서호주 석유·가스 탐광	호주	3광구의 지분을 20%, 20%, 35% 취득(국제석유개발제석 홀딩즈).	
이쿠시스 가스전 개발	호주	국제석유개발 홀딩즈가 주도권(76%지분). 2012년 중반부터 LNG 600만톤/년을 생산 예정	약 7,000억엔
리비아 탐광	리비아	국제석유개발이 주도권(지분 85%). 이 이외에 미쓰이석유개발(15%). 국제석유개발은 리비아에서 석유탐광 안건을 4건 보유.	

자료 : 海外投融資情報財團(2007), 12쪽

18 chapter

일본의 대외경제정책

18.1 다층적 대외통상정책

일본은 1990년대 중반까지도 GATT/WTO를 중심으로 한 다자간 무역체제의 우월성을 지지해 왔으며, 미국이 주도하는 NAFTA, 유럽 국가중심의 EU의 확대, 진화 속에서도 양자 간 내지 지역 간 FTA(자유무역협정)의 설립, 가입에는 소극적으로 임해 왔다. 그 이유는 당시 일본은 아시아 국가보다도 미국, 일본 등 역외지역 선진국에 대한 수출비중이 크고 이들과의 경제관계 및 협력관계 유지가 더 중요하였기 때문이라고 평가된다. 그러나 1990년대 후반 이후 세계 각 지역에서 지역무역협정의 움직임이 활발해지면서 일본의 통상정책은 다자간 통상정책 중시에서 양자 간 협상도 중시하는 소위 다층적 통상정책으로 전환되었다. 2002년 1월에 체결된 싱가포르와의 FTA는 이와 같은 정책변화의 시발점으로 평가할 수 있으며, 이러한 일본의 대외통상정책 변화는 다음과 같은 대내외적 요인에 의해 촉진되었다고 볼 수 있다.

첫째, FTA를 통해 다자간 무역자유화는 물론 상호 자극을 유발하는 파급 효과를 기대할 수 있다. 둘째, 일본이 선행적으로 FTA를 통해 고도의 통상규범을 책정한다면, 다자간 협상에서 동일한 규범을 책정할 때 협상의 주도권을 확보할 수 있다. 셋째, 일본은 해외직접투자를 통한 현지생산 거점화 전략을 전개하고 있어, 해당국가와 FTA를 체결한 3국 기업에 비해 불이익을 감수해야 하는 상황을 회피할 필요가 있다. 넷째, FTA 상대국의 자본, 인적자원, 기술 및 노하우를 도입하여 국내기업과의 경쟁을 촉진함으로써 일본경제의 활성화, 법·제도의 개혁을 추진한다는 의도에서 비롯되었다고 할 수 있다.

일본은 FTA를 중심으로 지역연대 및 경제협력관계를 전개하면서도 WTO체제의 다자간 협상의 중요성을 배제하지 않고 있다. 즉 일본은 무차별 원칙, 다자간 협상을 기본으로 하는 WTO체제와 동 원칙의 예외로 규정된 FTA간의 긴장관계를 인식하고 있는 것이다. 그 이유는 WTO가 FTA를 통한 무역창출효과는 긍정적으로 평가하고 있으나, FTA가 무역왜곡 효과를 확대시키는 요인으로 작용하는데 대해 주의할 것을 권고하고 있기 때문이다.

이와 같이 일본은 FTA를 중심으로 양자 간 협상을 전개하면서 한편으로는 다자간 협상기관인 WTO의 이점을 최대한 활용해 나간다는 중층적 통상정책을 추진하고 있다. 특히 일본은 WTO체제의 최대수혜국이라고 불릴 만큼 큰 이익을 누려왔으며, 미국과 EU 등과의 협상력 강화를 통한 국제적 위상 확립의 차원에서도 WTO의 존재는 중요하다고 할 수 있다. 따라서 일본은 향후에도 WTO내에서의 자국의 역할 정립과 활동 폭을 적극적으로 넓혀 나갈 것으로 전망된다.[1]

1) 정성춘(2007), 46-50

WTO

- 세계자유무역체제를 유지하는 기반
- 다자간 교섭의 공통규칙 제정과 분쟁해결 방식 정비
- 새 라운드에서는 관세인하 뿐만 아니라 반덤핑 개선, 환경문제에 대한 대응 등을 다룸

지역간 협력

- 특정국가, 지역과의 연대 강화
- NAFTA, EU 등 지역통합 움직임
- 아시아 에서는 APEC, ASEM 등 유연한 협력체제

양국간 협력

광범위한 연대강화, 일-싱가포르 FTA 등

자료 : 경제산업성(2002), 통상백서, 125 쪽

〈그림 18-1〉 일본의 다층적 대외정책 구조도

18.2 대아시아 통상정책

일본은 GATT, WTO와 같은 다자간 무역체제와 APEC 등과 같은 동아시아 역내국가에 국한하지 않는 경제협력체제에는 적극적으로 임해온 반면, 1990년 마하티르 당시 말레이시아 총리가 제안한 EAEC(East Asia Economic Caucus: 동아시아 경제회의)등과 같은 동아시아 역내국가만으로 구성된 경제협력체 구성에는 부정적인 자세를 취해왔다. 이 제안은 아메리카 대륙에서의 NAFTA, 유럽에서의 EU 등과 같은 세계 경제의 블록화 추세에 대응하여 동아시아에서도 지역 내의 국가가 경제협조를 꾀하자는 취지로, 동남아시아 국가연합(ASEAN) 6개국과 한국, 일본, 중국이 그 대상에 포함되어 있다. 반면 이 구상에는 미국 등과 같은 역내경제에 큰 영향을 미치고 있는 국가가 배제되어 있는데, 미국 등은 강하게 반대 입장을 표명했다.

한편, 1997년에 발생한 아시아 통화위기는 일본에게 역내 경제협력(통합)의 중요성을 재인식시키는 계기가 되었다. 왜냐하면 앞의 여러 장에서도 살펴본 바와 같이 일본은 최근 들어 동아시아와의 무역, 직접투자가 크게 증가하고 있으며, 1990년대 이전과는 비교할 수 없을 정도로 이 지역과의 국제 분업 관계가 긴밀해지고 있다. 따라서 향후 1997년 발생한 아시아 외환위기와 같은 긴급 상황이 발생할 경우 이것은 아시아와 불가분의 관계에 있는 일본경제에도 심대한 부정적 영향을 미치게 될 것이기 때문이다.

이와 같은 상황 및 인식의 변화가 일본 통상정책의 기본적인 방향을 다자주의에서 양자간 경제협력 확대로, 그리고 대미관계 최우선에서 동아시아 연대를 중시하는 방향으로 변화시키는 결과를 가져왔다.

한편, 중국의 급속한 경제발전으로 동아시아에서 중국의 위상이 높아지고 있는 가운데, 중국은 아세안과의 FTA체결을 적극적으로 추진하고 있다. 중국의 아세안에 대한 FTA추진은 2001년 10월 중국·아세안 정상회담에서 향후 10년 이내에 FTA를 체결하기로 합의한 후 신속하게 진행되고 있다. 또 한미 FTA체결 합의 이후에는 한국과의 FTA 체결에도 적극적인 자세를 나타내고 있다.

이와 같은 중국의 지역 내에서의 위상강화와 경제협력체 구성에서의 적극적인 자세는 일본의 역내 통상전략에도 영향을 미치고 있는 것으로 보인다. 2006년 경제산업성은 기존의 아세안 +3(한중일)에 인도, 호주, 뉴질랜드 3국을 추가한 아세안 +6 구상을 발표하였다. 일본이 이러한 제안을 한 이유는 아시아 역내 FTA 논의에서 중국을 견제하면서 일본의 영향력 확대를 시도하려는 것으로 생각된다.

이하에서 제시하는 와타나베 토시오 교수의 최근 논문요약과 일본과 인도, 일본과 호주와의 정상회담 뉴스는 위에서 언급한 최근 일본의 중국견제와 아세안+6 구상을 잘 나타낸 사례로서 음미해 볼 필요가 있다.

(1) 해양세력과 대륙세력-동아시아 외교의 기초개념(와타나베 토시오 교수)[2]

일본의 고립과 2차 대전에서의 패배원인은 해양국가인 미국 등과의 단절에 있었다. 반면 2차 대전 후 일본의 발전은 미국과의 동맹결성을 통한 해양국가동맹의 형성이 그 기초가 되었다. 동아시아 공동체론은 앞으로 일본이 해양세력으로서 살아갈 수 있을지 여부를 점치는 시금석이라고 할 수 있다. ASEAN+3(한중일) 형태의 공동체는 중국(대륙)이 주도하는 중국의 지역패권주의이다. 중국은 다른 패권국이 등장하는 것을 원하지 않으며, 미-일 이간을 기도하고 있다.

따라서 일본이 동아시아 공동체에 참가하려면 이에 견딜 수 있는 전략이 구상되어야 한다. 이 구상의 중심적인 요점은 일본이 해양세력으로서 계속 갈 것인가, 아니면 대륙국가와의 연대 하에 살아갈 것인가를 선택해야 한다는 점이다.

(2) 일본・인도 정상회담 FTA 연내 체결 추진(조선일보, 2007. 8. 23)

일본과 인도는 양국 간 자유무역협정(FTA)을 올 연말까지 체결하기로 했다고 AP와 AFP 통신이 22일 보도했다. AP와 AFP는 인도 관리들의 말을 인용, 지난 21일부터 2박 3일 일정으로 인도를 방문 중인 아베 신조(安倍晋三) 일본 총리가 22일 만모한 싱(Singh) 인도 총리와 정상회담을 갖고 "올 12월까지 양국 간 자유무역협정 또는 경제협력약정(EPA·FTA와 동일한 효력)을 맺고 경제협력도 강화하기로 했다"고 보도했다. 당초 양국은 FTA를 내년 연말까지 체결한다는 계획이었다. 양국은 FTA 체결을 통해 현재의 상호교역 규모(80억 달러·약 7조 5,000억원)를 3년 안에 200억 달러까지 늘린다는 계획이다. 카말 나스(Nath) 인도 통상산업부

2) 渡辺利夫(2008), 참조.

장관은 이날 "글로벌 경제의 중심은 대서양에서 인도양과 남중국해로 옮겨가고 있다"면서 "양국간 자유무역협정이 체결되면 90% 이상의 상품이 무관세 혜택을 받을 것"이라고 말했다.

일본은 특히 작년 연말 인도의 거대한 신흥시장을 겨냥해 인도정부에 공식 제안했던 델리~뭄바이 구간 1,400여 km의 산업회랑(回廊) 건설 프로젝트에 향후 5년간 100억 달러 이상을 투자할 것으로 알려졌다. 일본 정부는 이 산업회랑 투자를 통해 혼다 등 자국 기업들의 인도 진출을 적극 지원한다는 방침이다.

(3) "중국 포위 위한 전략적 파트너십 구축" 日·호주, 인도에 '러브콜'(조선일보, 2007. 8. 22)

남아시아의 '맹주(盟主)'인 인도를 향한 일본과 호주의 '러브 콜'이 뜨겁다. 아베 신조(安倍晋三) 일본 총리가 8개월 만에 두 번째 양국 정상회담을 갖기 위해 21일 인도 방문을 시작했고, 호주는 인도와 자유무역협정(FTA) 체결에 나섰다.

호주 일간지인 오스트레일리언(The Australian)은 "존 하워드(Howard) 총리 정부가 인도와 FTA 체결을 추진하고 있다"며 "알렉산더 다우너(Downer) 외무장관이 마련한 방안이 이미 내각의 승인을 받았다"고 20일 보도했다. 호주 정부의 방침은 인도에 호주산 우라늄을 공급키로 합의한 지 일주일 만에 공개됐다. 호주 일각에서는 인도가 핵확산금지조약(NPT) 비가맹국이라는 점을 들어 우라늄 공급에 반대하는 목소리가 제기돼 왔었다. 전문가들은 "호주가 미국, 일본과의 3각 동맹 체제에 인도를 포함시켜 중국 포위를 위한 전략적 파트너십을 구축하려는 포석"이라고 분석했다.

인도는 중국이 스리랑카와 파키스탄·세이셸군도 등에 군사 기지 임대와 군함 지원 같은 방식으로 '저돌적으로' 진출하는 데 대해 부담스러워하고 있다. 이에 일본은 올 4월 자국 가나가와(神奈川)현 남쪽 태평양 해상에서 미국과 호주 외에 인도까지 포함시킨 사상 첫 연합군사훈련을 실시했다. 일본은 최근 인도와 국방장관 회담에서 상호군사협력 강화에 합의했으며 경제연대협정(EPA·일종의 FTA) 체결 교섭도 진행 중이다. 미 백악관 국가안보회의(NSC)의 데니스 와일더(Wilder) 아시아담당 선임보좌관은 "인도는 일본, 호주와 함께 중국을 견제하는 아·태 지역 '민주주의 국가 라인업'의 핵심"이라고 말했다.

18.3 일본의 FTA 추진의 개략과 특징[3)]

(1) FTA추진의 개략

일본은 현재까지 싱가포르, 멕시코, 말레이시아, 필리핀, 칠레, 타이, 부르네이와 FTA를 체결하였으며, 현재 한국, 인도네시아, 인도, 베트남, 호주, ASEAN 등과 교섭을 진행 중에 있다. 이를 상세히 살펴보면 일본은 2002년 1월 싱가포르와 FTA를 체결하였고, 같은 해 11월 발효되었다. 2004년 9월에는 멕시코와의 FTA가 체결되었다. 이후에 일본은 지역 간 FTA형태로 ASEAN과 협의를 추진함과 동시에 ASEAN주요국과의 양자간 FTA협상이 시작되었다. ASEAN국가 중 말레이시아와의 FTA가 2006년 7월에 발효되었고, 이어서 필리핀, 태국, 브루나이의 순으로 FTA가 체결되었다. 2006년 11월에는 인도네시아와의 합의가 도출되었다.

이는 일본정부가 ASEAN과의 경제관계를 강화하려는 의도로도 볼 수 있지만, 동시에 중국의 ASEAN 접근에 위기감을 느끼면서 이를 견제하기 위한 외교적 수단으로 활용하려는 의도도 있는 것으로 볼 수 있다. 현재 ASEAN 주요국과의 양자 간 협상은 거의 마무리 단계에 도달하였고, ASEAN전체 국가와의 FTA협상도 제 8차까지 진행되었다.

2006년 들어 일본정부는 동아시아 역내국가를 포섭하기 위한 FTA뿐만

3) 정성춘(2007), 42-44

아니라 동아시아 역외국가와의 FTA를 활발하게 추진하고 있다. 2006년에는 칠레, GCC국가와의 협상이 시작되었고 2007년에는 인도, 호주, 스위스와의 협상도 시작되었다. 이러한 역외국과의 FTA추진은 칠레의 동, GCC의 석유, 호주의 석탄, 철광석, 천연가스와 같이 천연자원 확보가 주요 동기가 되고 있다. 또 인도와의 FTA는 향후 장래성이 높은 시장에의 접근을 확대하기 위한 것뿐만 아니라 중국을 견제하기 위한 목적도 작용하고 있다.

2006년 경제산업성은 기존의 ASEAN+3(한중일)에 인도, 호주, 뉴질랜드 3국을 추가한 ASEAN+6구상을 발표하였고, 이의 교섭을 2008년에 교섭을 개시해 2010년 체결을 제안하였다. 일본이 이러한 제안을 한 이유는 아시아 역내 FTA논의에서 중국을 견제하면서 동시에 일본의 영향력 확대를 도모하려는 것으로 볼 수 있다.

〈표 18-1〉 일본의 FTA추진 현황

상태		국가, 지역
발효, 타결	7	싱가포르, 멕시코, 말레이시아, 필리핀, 칠레, 타이, 부르네이
교섭 중	8	인도네시아, 인도, 베트남, 호주, 스위스, 한국, GCC, ASEAN
검토 중	3	동아시아 전체, 한중일, 남아프리카

자료 : 經濟産業省(2007)

(2) 일본의 FTA 전략 특징

일본이 추진하는 FTA는 자국의 경제, 산업구조와 경쟁력 수준, 지역전략, 대외관계 등을 다면적으로 고려해, 자국의 실정에 맞는 매우 현실적인 FTA정책을 추진하고 있는 것으로 평가되고 있다. 그 특징은 다음과 같이 정리할 수 있다.

첫째, 제조업분야에서는 적극적인 시장개방을 유도하면서도 농업, 서비스업 분야와 같이 경쟁력이 취약하다고 평가되는 분야에서는 방어적인 FTA를 추진하고 있다. 한 예로 일본은 아세안과의 FTA체결에서 공산품에서는 대부분의 관세를 즉시 철폐한 반면에 농수산물 분야에서는 관세

철폐 예외품목으로 지정하는 등 제한적인 개방을 시행하였다.

둘째, 일본은 FTA의 대상국가로 아세안을 포함하여 동아시아를 중시하는 특징을 보이고 있다. 아세안을 중심으로 FTA를 추진하는 이유는 향후 경제발전 가능성과 무역장벽이 높기 때문이다. 따라서 이 지역과의 FTA 체결을 통해 아세안 시장진출을 확대시킬 수 있다. 또한 아세안 지역에는 자동차를 비롯한 많은 산업분야에 많은 일본기업이 진출해 있다. 따라서 이 지역과의 FTA 체결을 통해 일본과 이 지역간 분업관계의 효율화 및 일본기업의 글로벌 경쟁력을 높이는 효과를 기대할 수 있다. 한편, 최근 빠르게 진행되고 있는 중국경제의 부상 및 중국의 아세안 등과의 FTA 추진 등에 대응하기 위한 것도 일본이 아세안을 중심으로 역내 국가와의 FTA 체결에 적극적으로 나서는 이유로 볼 수 있다.

셋째, 일본은 FTA보다 經濟連携協定(EPA:Economic Partnership Agreement)이라는 용어를 선호하면서 포괄적인 경제연대협정을 강조하고 있다. 이는 일본의 EPA가 상품무역의 자유화뿐만 아니라 투자와 서비스의 자유화, 다양한 규범의 조화, 상대국의 개발지원 등 포괄적인 경제연계를 중시한다는 것으로 해석할 수 있다. 이와 같이 일본의 FTA 정책에서 EPA가 강조되는 것은 FTA협상과정에서 그 지역에 이미 진출해 있는 자국기업의 소재, 부품수입에 대한 관세철폐, 투자, 지적재산권 및 반경쟁적 행위에 관한 규범의 강화, 제조업 관련 서비스 투자의 규제완화, 상대국의 비즈니스 환경의 정비, 투자보호 규범 정비 등을 통해 일본기업의 원활한 기업 활동을 지원하는데 많은 관심을 가지고 있다.[4)]

4) 정성춘(2007), 44-46

18.4 일본과 주요국과의 FTA추진 현황[5)]

(1) 일-싱가포르

2000년 3-9월 산관학의 공동검토회의를 거쳐 2002년 11월 발효되었고, 2007년 3월 개정의정서에 서명하였다.

〈협정의 개요〉

a. 상품무역

일본은 싱가포르에서 수입되는 제품의 94%를 싱가포르는 대일수입 전품목을 무세(맥주 등 주류 4품목의 관세를 철폐)로 하기로 함.

b. 기준인증

전기통신기기 및 전기제품을 대상으로 상호 승인

c. 지적재산권

일본에서의 심사결과를 싱가포르 지적재산청에 제출하면 싱가포르의 특허를 쉽고 저렴하게 취득할 수 있음.

〈효 과〉

a. 발효전후의 무역동향(2002년과 2005년의 비교)

일본의 대싱가포르 수출은 이 기간 동안 1조 7745억 엔에서 2조 345억 엔으로 14.6% 증가하였다. 싱가포르의 대일 수출은 6,267억 엔에서 7,390억 엔으로 17.9% 증가.

일본에서 맥주의 대싱가포르 수출이 싱가포르의 관세철폐 조치에 의해 무역금액기준으로 26.1% 증가하였고, 싱가포르에서 플라스틱 제품의 대일 수출이 125.7% 증가.

---

5) 經濟産業省(2007)을 참조

b. 투자면의 주요 효과는 싱가포르의 대일투자가 건수, 금액 모두 크게 증가하였다. 동 기간 중 투자금액은 약 400% 증가.

(2) 일-멕시코

2002년 11월 교섭을 시작하여 2004년 9월 서명, 2005년 4월 협정이 발효.

〈협정의 개요〉

a.상품무역

농수산물, 광공업품의 포괄적인 관세철폐 및 인하

b. 서비스

상대국의 서비스 제공자에 대한 내국민대우 및 최혜국대우

c. 투자

투자의 허가단계를 포함한 내국민대우 및 최혜국대우, 퍼포먼스 요구의 금지 등(네거티브리스트 방식). 송금자유의 확보, 분쟁처리규정의 정비.

d. 정부조달

내국민대우 및 투명성의 확보

e. 경쟁정책

당국간의 정보교환, 규제집행활동상의 협력, 조정

f. 비즈니스 환경정비

양국에 대한 권고권을 가지는 민간인도 참가 가능한 '비즈니스환경정비위원회'의 설치

g. 2국간 협력

무역투자촉진, 기반산업육성, 중소기업지원, 과학기술, 인재육성, 지적재산, 농업, 관광, 환경에 있어서의 2국간 협력의 추진

h. 분쟁처리

협정의 해석, 적용에서 발생하는 양국 간의 분쟁을 우호적이고 공정하게 해결하기 위한 중재재판을 포함하는 규칙, 수속의 책정

〈협정물품의 무역 분야의 내용〉

▶농림수산품

a. 돼지고기

종가세율 반감의 특혜수입양의 설정. 초년도 38,000톤에서 5년째 80,000톤으로 확대

b. 오렌지 주스

종가세율 반감의 특혜수입양의 설정. 초년도 4,000톤에서 5년째 6,500톤(농축환산)으로 확대

c. 소고기

당초 2년간 시장개척분 10톤(무세), 3년째 이후는 3년째 3,000톤에서 5년째 6,000톤으로 확대. 관세율은 협정 후 2년째에 협의.

d. 닭고기

당초 1년간 시장개척분 10톤(무세). 2년째 이후 2,500톤에서 5년째 8,500톤으로 확대. 관세율은 협정발효 후 1년째에 협의.

e. 오렌지 생과

당초 2년간 시장개척분 10톤(무세). 3년째 이후 2,000톤에서 5년째 4,000톤. 관세율은 협정발효 후 2년째에 협의.

▶광공업품

a. 총론

거의 전품목에 대해 관세를 10년 이내에 철폐하기로 합의.

b. 철강분야의 멕시코측 자유화 약속

예외 없이 모든 철강제품에 대해 10년 이내에 관세를 철폐. 그중 전자, 가정용전기제품, 자본재, 자동차에 사용되는 품목에 대해서는 즉시 철폐.

c. 자동차 분야의 멕시코측 자유화 약속

협정 발효시부터 승용차 및 대형차를 제외한 버스, 트럭에 대해 전년의

멕시코 내 판매대수의 5%의 신규의 무세분을 설정하고 7년째부터는 완전자유화(멕시코 내에 생산거점을 가지는 기업에 대한 기존무세분은 별도로 유지함).

〈효 과〉

a. 무역동향(2004-2005년도)

일본의 대멕시코 수출이 5,900억엔에서 8,600억엔으로 45% 증가, 멕시코의 대일 수출이 2,400억 엔에서 2,900억 엔으로 22% 증가. 2005. 4-12 기간 중 일본의 대멕시코 자동차 수출액이 2004. 4-12기간에 비해 42.7% 증가(8,500만 달러에서 약 8억 3,500만 달러)

b. 무역 이외분야의 효과

• 투자

자동차를 중심으로 멕시코에 신규, 추가투자 기업이 증가. 동기간 약 250% 증가.

• 자동차 판매

마쓰다가 2005년 10월부터 판매개시. 이스즈자동차가 2005년 11월부터 판매개시. 닛산자동차는 현지생산 확대. 타이어 기업인 브리지스톤이 3번째 공장 신설 등.

(3) 일- 말레이시아

2004년 1월 1회 교섭회합을 시작하여 2006년 7월 발효.

〈협정의 개요〉

a. 상품무역

말레이시아측은 모든 자동차, 동부품, 거의 모든 철강제품 등의 관세를 철폐. 일본 측은 거의 전 광공업품의 관세 및 대부분의 농수산품에 대한 관세를 철폐

b. 서비스

한정된 분야에서 최혜국대우를 부여. 제조업 관련 서비스 등에 있어서는 WTO 이상의 수준에서 자유화 약속

c. 투자

내국민대우, 최혜국대우, 투자보호 등을 규정. 이들에 반하는 규제의 리스트화. 많은 분야에 있어서의 자유화의 현상유지 의무

d. 세관수속

양국간의 정보교환, 협력의 추진

e. 경쟁정책

자국에 있어서의 반 경쟁행위에 대한 적절한 조치. 2국간 협력의 실시

f. 지적재산

지적재산권의 정당한 보호의 확보, 권리의 집행강화. 제도강화를 위한 협력 메커니즘을 설치하고, 병행하여 협력을 실시.

g. 권고권을 가지는 관민에 의한 위원회를 설치

h. 2국간 협력

교육, 인재양성, 과학기술 및 환경 등 7분야에서의 2국간 협력의 추진

〈상품무역 분야에서의 합의 내용〉

▶광공업품

a. 자동차, 자동차 부품

• 말레이시아에 의한 시장접근의 개선

- 현지조립차(CKD)용 부품관세를 즉시철폐
- 현지조립차용 부품 이외의 자동차 부품은 2008년에 0-5%까지 인하, 2010년에 철폐
- 2,000cc 초과 3,000cc 이하의 승용차, 3,000cc 초과의 다목적차, 20톤 초과 트럭, 버스는 2010년까지 단계적으로 철폐.
- 3,000cc 초과 승용차는 2008년에 0-5%까지 인하, 소멸하고 2010년까지 철폐

- 이 이외의 모든 승용차는 2015년까지 단계적으로 철폐.

b. 자동차 분야의 협력

양국정부는 각각의 산업계의 참가를 얻어, 말레이시아의 자동차, 자동차 부품산업의 시장 확대를 목적으로 이들 산업의 경쟁력 향상을 위해 공동의 사업을 실시

c. 철강

말레이시아는 합의된 조건에 따라 직접투자에 이용되는 수입품에 대해 수입관세를 면세하고, 모든 철강제품의 관세는 10년 이내에 철폐

d. 일본이 수입하는 광공업품의 관세는 실질적으로 모두 즉시 철폐

▶농수산품

대부분의 농수산품의 관세는 협정 발효일로부터 10년 이내에 철폐

a. 팜유, 망고 등은 즉시 관세철폐. 바나나는 관세할당 설정. 일정물량에 대해서는 무세, 할당수량 1,000톤. 마늘, 오징어 등은 5년간에 철폐, 건조 버섯, 그레이프 후르츠 등 7-10년내 철폐. 오렌지, 녹차 등은 15년 이내 단계적 철폐.

b. 임산품

합판 이외의 임산품은 즉시 관세철폐

c. 수산품 중 새우는 즉시 관세철폐

d. 제외 또는 재협의 품목

미맥, 미맥조제품, 소고기, 돼지고기, 사탕, 파인애플, 대두유, 쇼트닝 등

e. 사과, 배, 감의 관세 즉시철폐

(4) 일-필리핀

2004년 2월 교섭을 시작하여 2006년 9월 2006년 9월 서명.

〈협정의 개요〉

a. 상품무역

필리핀측은 모든 자동차· 자동차 부품, 전기·전자 제품, 동부품 등의

관세를 철폐

b. 서비스(주로 필리핀측)

내국민대우, 최혜국대우 등을 규정. 이에 반하는 규제의 항목(rist)화를 약속. 많은 분야에서 규제의 현상유지

c. 인적 이동(일본측)

간호사, 개호사의 유자격자는 일본의 국가자격을 취득하기 위한 취로를 허가(체재는 각각 3년 및 4년으로 한정). 일본에서 양성 코스를 수강하고, 개호복지사 자격을 취득하는 규정도 개설. 국가자격 취득자는 계속하여 취로를 허가.

d. 투자(주로 필리핀측)

내국민대우, 최혜국대우, 투자보호 등을 규정. 이에 반하는 규제의 항목(rist)화를 약속. 많은 분야에서 규제의 현상유지.

e. 경쟁정책

자국에 있어서의 반경쟁 행위에 대한 적절한 조치. 2국간 협력의 실시

f. 지적재산권의 적정한 범위의 확보, 권리의 집행을 강화. 제도강화를 위한 협의 메커니즘을 설치 및 협력 실시.

g. 비즈니스 환경정비

권고권을 가지는 관민에 의한 위원회를 설치.

h. 2국간 협력

무역투자촉진, 인재양성, 에너지, 환경 등 9분야에서의 2국간 협력을 추진.

〈협정물품의 무역 분야 합의사항〉

▶농림수산품

[일본 측 조치]

① 제외 또는 재협의 품목

미맥(쌀, 보리), 미맥조제품, 지정유제품, 우유, 돈육, 정제당, 캇사바 전

분, 사고파인애플 통조림, 합판, 수산IQ품목 등

② 사탕

- 조당(미정제 당): 협정 발효 후 4년째 재협의
- 당밀: 관세할당(할당량 적용 세율은 정상 세율의 50% 수준). 3년째 2,000톤에서 4년째 3,000톤으로
- 마스코바트 당 : 관세할당(할당량 적용 세율은 정상 세율의 50% 수준). 3년째 300톤에서 4년째 400톤

③ 계육(닭고기)

- 계육(뼈가 붙은 다리살 제외):관세할당(할당 적용세율은 11.9%에서 8.5%로 삭감). 1년째 3,000톤에서 5년째 7,000톤으로 증가.

④ 파인애플

- 파인애플: 관세할당(할당량 내는 무세)

⑤ 바나나

- 작은 종류의 것은 협정 발효 후 10년 사이에 관세철폐
- 기타의 것에 대해서는 동계관세: 20%에서 18%(10년간)
  하계관세: 10%에서 8%(10년간)

⑥ 수산물

- 참치, 다랑어: 협정 발효 후 5년간에 관세철폐

[필리핀측 조치]

일본 측의 수출관심 품목(포도, 사과, 배 등)의 관세를 즉시 철폐.

▶광공업품

a. 총론

광공업품 분야에서 일본, 필리핀 모두 거의 전 품목에 대해서, 협정발효일로부터 10년 이내에 관세를 철폐.

b. 각론

① 필리핀 측에 의한 자유화

- 철강: 일본으로부터의 수출량 63%에 대해 관세를 즉시 철폐(10년 이내에 70%에 관한 관세를 철폐)
- 자동차 및 부품: 3,000cc 초과 승용차, 버스, 트럭 등은 원칙 2010년, 늦어도 2013년에 관세 철폐. 3,000cc 이하 승용차는 단계적으로 관세 삭감 후, 2009년에 재협의.
- 자동차 부품: 현지 생산 하고 있지 않은 현지조립용 부품은 관세 즉시철폐. 기타 부품은 즉시 내지 10년 이내에 관세철폐. 현지생산이 있는 것은 늦어도 2013년에 관세철폐.
- 전기·전자제품 및 동부품: 예외 없이 협정 발효일로부터 10년 이내에 관세를 철폐(프라즈마 TV 등 고부가가치 제품은 즉시 철폐)
- 섬유 및 의류: 거의 전 품목의 관세를 상호 즉시 철폐

② 일본 측의 자유화

거의 전 품목에 대해 관세를 즉시 철폐.

(5) 일-칠레

2004년 11월 공동연구회 설치를 결정, 2007년 3월 협정에 서명

〈협정의 개요〉

▶광공업품

거의 모든 광공업품에 대해 10년 이내에 관세 철폐. 일본에 의한 시장접근의 개선; 정제동 수출품에 대해 10년간에 단계적으로 관세철폐. 칠레에 의한 시장접근의 개선; 자동차, 일반기계, 전기전자제품은 즉시 관세 철폐.

▶농수산품

- 일본에 의한 시장접근 개선; 은연어는 10년간 단계적으로 관세 철폐. 와인(병)은 12년간에 단계적으로 관세철폐. 우육, 돈육, 계육 등은 관세할당을 설정. 임산품은 즉시, 또는 단계적으로 관세 철폐.
- 칠레에 의한 시장접근 개선; 일본 관심 품목의 관세 철폐(녹차, 감, 일본 술 등)

(6) 일–태국

2004년 2월 교섭 개시, 2007년 4월 양국 정상간에 서명.

〈협정의 개요〉

a. 상품무역

태국측은 모든 자동차 부품, 철강제품 등의 관세를 철폐. 또 향후 자국이 체결하는 FTA에 있어서 다른 주요 자동차 제조국에 대해 자동차 관세에 관해 일본에 대해서 보다 유리한 대우를 할 의도가 없음을 표명(서명시의 공동성명). 일본측은 거의 전 광공업품 및 대부분의 농림수산품에 관한 관세를 철폐.

b. 서비스 무역(주로 태국측)

- 투명성 확보를 위해 규제의 항목을 작성. 태국은 향후의 FTA에서 제3국에 부여하는 대우를 일본에게도 부여하도록 고려. 제조업 관련 서비스의 외자규제를 완화.

c. 인적 이동

일본은 안마사, 태국 요리사의 입국, 취로조건을 완화. 향후 개호복지사의 도입을 검토, 협의. 태국은 태국에서의 일본인의 체재, 노동허가 취득에 관한 조건을 완화.

d. 투자(주로 태국측)

내국민대우, 투자보호 등을 규정. 태국은 향후 FTA에서 제3국에 부여하는 대우를 일본에도 부여하도록 고려.

e. 경쟁정책

자국에 있어서의 반경쟁행위에 대한 적절한 조치. 2국간 협력의 실시

f. 지적재산권의 적정한 범위의 확보, 권리의 집행을 강화. 제도강화를 위한 협의 메커니즘을 설치 및 협력 실시.

g. 비즈니스 환경정비

권고권을 가지는 관민에 의한 위원회를 설치.

h. 2국간 협력

무역투자촉진, 인재양성, 에너지, 환경 등 9분야에서의 2국간 협력을 추진. 우선은 철강, 자동차, 식품, 省에너지, 섬유 등 7분야의 협력 프로그램을 실시.

〈협정물품의 무역 분야의 합의 내용〉

▶광공업품

a. 총론

광공업분야에서 일-태국 쌍방은 거의 전 품목에 대해 협정 발효일 부터 10년 이내에 관세를 철폐.

b. 특정분야

[타이측의 시장접근 개선]

(i) 자동차 본체

엔진이 3,000cc를 초과하는 승용차에 대해서는 현행 80%의 관세를 3년간에 60%까지 인하. 2009년에 2010년 이후의 추가 자유화 등을 위한 협의를 시작함(서명시의 공동성명)

(ii) 자동차 부품

원칙적으로 5년 후에 관세철폐. 관세율이 20%를 넘는 품목은 초년도에 20%까지 인하, 5년 후 관세철폐. 민감품목(엔진, 엔진부품 5품목)은 7년 후에 관세철폐.

(iii) 철강, 철강제품

모든 품목(현행 1-15%)에 대해 10년 후까지 관세철폐. 이중 전 수출의 약 반이 즉시 철폐. 여타 품목은 늦어도 10년 후까지 관세철폐. 열연강판은 수출액의 약 60%를 즉시 철폐하고 기타 품목에 대해서는 현행 세율 유지, 10년 후에 철폐. 열연강판 이외에 대해서는 일부품목의 관세를 즉시 철폐. 그 이외의 품목에 대해서도 각각 5년 후, 6년 후, 9년 후, 10년 후에 관세철폐.

[일본 측의 시장접근 개선]

(i) 섬유 및 의복

거의 전 품목에 대해 상호 관세 즉시 철폐.

(ii) 신변용 잡화류

관세 즉시 철폐(5품목)

(iii) 석유 및 석유화학제품

대부분의 품목에 대해 관세 즉시 철폐. 기타 품목의 관세는 매년 균등하게 인하, 협정발효 5년 후에 철폐.

▶농수산품

a. 총론

대부분의 농수산품에 대해 협정 발효일부터 10년 이내에 관세를 철폐.

b. 특정분야

[일본에 의한 시장접근 개선]

(i) 태국 측의 주요 관심품목

- 계육(뼈 없는)은 5년 후에 11.9%에서 8.5%까지 인하.
- 바나나: 관세할당 설정[무세 범위를 4,000톤(1년째)에서 8,000톤(5년째)]
- 파인애플: 관세할당 설정[무세범위를 100톤(1년째)에서 300톤(5년째)]
- 새우, 새우조제품: 즉시 발효(현재 1-5.3%)

- 다랑어, 참치 조제품은 5년간에 철폐(현재 9.6%)

(ii) 기타 품목

• 관세철폐

- 즉시철폐: 아스파라가스, 오쿠라, 망고, 망고스틴, 도리안, 야채 및 과실류 제품의 일부, 오리고기, 통나무, 제재 등
- 5년간에 철폐: 파, 오이 등
- 7-10년간에 철폐: 복숭아, 사과 등 과일류 일부, 마요네즈, 드레싱, 소스 등
- 15년간에 철폐: 오렌지, 오렌지 과즙 등

• 관세삭감

-토마토소스, 콩기름의 일부

• 관세할당의 설정

-돈육 조제품의 일부 등

[태국에 의한 시장접근의 개선]

- 사과, 배, 복숭아 등 일본의 수출관심 품목에 대해 관세 즉시 철폐.

19
chapter

한일경제관계

19.1 한일무역

(1) 정체상태에 있는 한일무역

한일무역은 1965년 한일국교정상화 이후 본격적으로 증가하였다. 양국간 무역은 1965년 2억 1,100만 달러 수준에서 1990년에는 약 312억 달러로 그리고 2007년에는 827억 달러로 비약적인 확대를 하였다.

그러나 한일간 무역규모, 확대 속도 등을 인접하고 있는 중국과 연결시켜 살펴보면 한일무역은 상대적으로 크게 정체되고 있다고 평가할 수 있다. 한국의 대중수출은 1990년 6억 달러에서 2000년 185억, 2007년 820억 달러를 기록했다. 2007년의 수출금액은 1990년 대비 136.7배가 증가하였고, 2000년에 비해서는 4.4배 증가하였다. 반면 한국의 대중수입은 1990년 23억 달러에서 2000년 128억 달러, 2007년 630.3억 달러를 나타냈다. 2007년의 대중수입은 1990년 대비 21배, 2000년에 비해서는 4.9배 증가하였다.

또 일본의 중국과의 무역을 살펴보면, 일본의 대중수출은 1992년 117억 달러에서 2000년 304억 달러, 2007년 1,090억 달러를 기록했다. 2007년의 대중수출은 1992년 대비 9.3배, 2000년에 비해서는 4.9배 증가하였다. 일본의 대중수입은 1992년 170억 달러에서 2000년 553억 달러, 2007년 1,276억 달러를 기록했다. 2007년의 대중수입은 1992년에 비해 7.5배, 2000년에 비해서는 2.3배 증가하였다.

〈표 19-1〉 한일, 한중, 일중 무역추이

(수출)

(단위: 억 달러, 배)

	1990	2000	2007
한→일	126	204(1.6)	264(2.1)
한→중	6	185(30.8)	820(136.7)
일→중	117*	304(2.6)	1,090(9.3)

(수입)

(단위: 억 달러, 배)

	1990	2000	2007
한←일	186	318(1.7)	563(3.0)
한←중	23	128(5.6)	630(27.4)
일←중	170*	553(3.3)	1,276(7.5)

주: *는 1992년

(2) 무역분야

먼저 한국 2007년 1-11월 기간 중의 대일 수출에서는 전자·전기제품의 비중이 37.1%로 가장 높고, 철강금속제품 16.2%, 광산물 14.4%, 기계류 11.4%, 화학공업제품 9.1%, 농수산 4.5%, 플라스틱, 고무, 가죽 3.0%, 섬유류 2.5%, 생활용품 1.2%, 잡제품 0.5%를 차지했다.

같은 기간 한국의 대일수입에서는 기계류 26.7%, 전자·전기제품 25.4%, 철강금속 제품 20.3%, 화학공업제품 18.6%, 플라스틱, 고무, 가죽 4.7%의 비중을 나타냈다.

〈표 19-2〉 대일무역 상품구조

품목명	수출				수입			
	2006		'07. 1-11		2006		'07. 1-11	
	금액	비중	금액	비중	금액	비중	금액	비중
농 림 수 산 물	13	4.9	11	4.5	4	0.8	5	0.9
광 산 물	45	17.0	34	14.4	8	1.6	8	1.5
화 학 공 업 제 품	24	9.1	22	9.1	98	18.8	96	18.6
플라스틱·고무·가죽	7	2.8	7	3.0	22	4.3	24	4.7
섬 유 류	7	2.6	6	2.5	4	0.8	4	0.8
생 활 용 품	3	1.3	3	1.2	4	0.7	4	0.8
철 강 금 속 제 품	35	13.3	39	16.2	98	18.8	104	20.3
기 계 류	28	10.6	27	11.4	126	24.3	137	26.7
전 자 전 기 제 품	100	37.6	89	37.1	144	27.7	130	25.4
잡 제 품	2	0.8	1	0.5	11	2.1	1	0.2
합 계	265	100	239	100	519	100	513	100

자료 : 국제무역연구원(2007), 12쪽

(3) 한일무역 불균형 확대

양국 간 교역의 확대는 한국의 대일무역적자 확대로 연결되는 구조를 유지하고 있다. 한국의 대일무역적자는 1990년의 경우 50억 달러 정도에 그쳤으나 2000년대 들어 양국간 무역이 보다 확대되면서 2007년에는 300억 달러를 초과하는 수준에 달하였다.

〈표 19-3〉 한일무역 추이

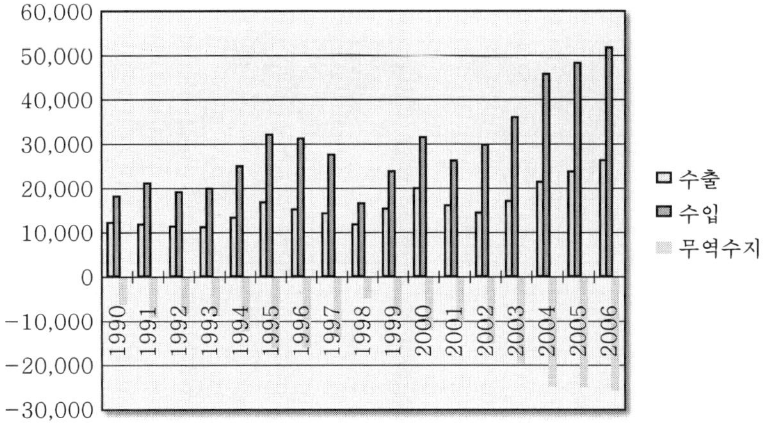

	1990	1991	1992	1993	1994	1995	1996	1997	1998	1999	2000	2001	2002	2003	2004	2005	2006
수출	12638	12356	11599	11564	13526	17049	15767	14771	12238	15862	20466	16506	15143	17276	21701	24027	26534
수입	18574	21120	19458	20016	25390	32606	31449	27907	16840	24142	31828	26633	29856	36313	46144	48403	51926
무역수지	-5936	-8764	-7859	-8452	-11867	-15557	-15682	-13136	-4602	-8280	-11362	-10127	-14713	-19037	-24443	-24376	-25392

한국의 대일무역 적자발생 원인을 〈표 19-2〉에서 업종별로 살펴보면 기계류가 110억 달러로 가장 크고, 화공제품 74억 달러, 철강금속제품 65억 달러, 전자전기제품 41억 달러, 플라스틱, 고무, 가죽 17억 달러 등이다. 제품별로는 〈표 19-4〉에서 보는 바와 같이 최근 5년간 반도체 관련제품, 철강 관련제품, 플라스틱 제품 등에서 가장 큰 폭의 적자가 발생했다. 반면 〈표 19-5〉에 나타난 바와 같이 석유제품, 평판디스플레이, 금형 및 주단조품, 의류 등은 흑자를 기록했다.

〈표 19-4〉 대일 무역적자 10대 품목

(단위: 억 달러)

	2002 (a)	2004	2006 (b)	2006 증가 (c=b-a)	'07.1-9	전년동기증가 (d)	증가계 (c+d)
반도체제조용장비	-4.4	-19.7	-22.2	-17.8	-22.1	(-5.9)	-23.7
철강판	-15.3	-21.8	-26.0	-10.7	-17.0	(3.7)	-7.0
반도체	-15.6	-15.5	-18.3	-2.7	-13.4	(0.8)	-1.9
합금철선철 및 고철	-3.4	-9.4	-14.1	-10.7	-12.3	(-2.9)	-13.6
플라스틱제품	-3.1	-9.0	-13.7	-10.6	-12.2	(-2.2)	-12.8
선박	-2.8	-5.5	-6.4	-3.6	-9.4	(-4.2)	-7.8
광학기기	-5.8	-8.4	-7.3	-1.5	-9.0	(-3.3)	-4.8
유리제품	-3.2	-6.3	-10.4	-7.2	-8.6	(-1.1)	-8.3
강반제품	-3.1	-6.4	-8.8	-5.7	-8.1	(-1.6)	-7.3
기타화학공업제품	-5.5	-6.3	-8.7	-3.2	-7.7	(-1.3)	-4.5

자료 : 국제무역연구원, 전게서

〈표1 9-5〉 대일 무역흑자 5대 품목

(단위: 억 달러)

	2,002	2,004	2,006	07.1-9
석유제품	20.1	28.9	36.2	20.1 (-7.1)
평판디스플레이	-0.9	-3.3	27.2	12.1 (-10.6)
금형	1.5	2.7	3.6	2.5 (-0.4)
주단조품	1.0	1.4	2.7	2.2 (0.1)
의류	5.0	3.8	2.6	1.9 (-0.1)

자료 : 국제무역연구원, 전게서

가공단계별로는 반제품(가공된 산업용 원자재가 주종으로 반도체제조용 장비, 중후판, 열연강판 등)과 부품 등 중간재에서 큰 폭의 적자가 발생했다. 최종재의 자본재에서도 2006년 55억 달러. 2007년에도 거의 같은 규모의 적자가 발생했다.

또 기술수준별로 볼 때 고위, 중고위, 중저위 기술품목은 모두 적자이나 저위기술품목만 소폭의 흑자를 기록했다.[6]

6) 국제무역연구원, 5-13쪽 참조

(4) 양국간 무역비중의 감소

일본은 한국에게 있어 중요한 수출입시장의 위치를 가져왔으나, 한국의 주요 무역선이 과거의 미국, 일본 등 선진국 중심에서 중국, 아세안 등으로 확대되면서 그 비중은 상대적으로 감소하고 있다. 1990-2006년간 한국 무역에서 일본의 비중은 먼저 수출에서의 일본비중은 19%에서 8%로 크게 감소하였다. 반면 같은 기간 한국의 수입에서 차지하는 일본비중은 27%에서 16%로 감소했다.

일본의 무역에서도 한국비중이 현저하게 감소하고 있다. 일본의 수출에서 한국비중은 7%대를, 수입에서는 5%수준을 유지하고 있다.

19.2 일본의 대한직접투자

(1) 추이

일본의 대한투자는 한국공업화의 초기단계에 중요한 역할을 하였다. 1962년부터 1992년 기간 중에는 일본의 대한직접투자가 건수, 금액 모두에서 1위를 차지하였다. 특히 1972-1981년 기간 중에는 건수, 금액에서 각각 77.9%, 58.0%를 차지하는 등 일본이 한국에 대한 외국인 직접투자에서 압도적인 비중을 차지하였다. 1980년대에 들어와서도 일본은 거의 전 기간에 걸쳐 50%가까운 수준을 유지하였다. 그러나 외국인의 대한직접투자 중 일본의 비중은 1991-1999년 20.5%, 2000-2006년 18.7%로 1990년대 이후에는 일본비중이 현저하게 축소되고 있다.

이와 같이 일본의 대한직접투자가 1990년대 이후 크게 감소한 이유는 일본기업의 대아시아 투자가 한국 등 아시아 NIEs국가의 임금 급상승, 노사분규 격화 등 투자환경의 악화로 아세안, 중국 등 후발개도국으로 전환되었기 때문이다. 실제로 일본의 대아시아 투자는 1990년대 이후 태국,

말레이시아 등 을 중심으로 하는 아세안 지역과 중국, 홍콩 등에 치중되고 있다. 이러한 가운데 한국에 대해서는 액정, 반도체, 철강, 자동차 등 한국의 주력산업 분야에서 투자가 증가하고 있다. 이러한 요인을 배경으로 일본의 대한투자는 2004년, 2006년에는 20억 달러를 상회하기도 하였다.

〈표 19-6〉 일본의 상위 10개국 해외직접투자 추이

(금액: 백만 달러)

		1980	1990	2000	2001	2002	2003	2004	2005	2006	2007
미국		1484	26128	12349	6461	8215	10577	4677	12126	9297	15672
아시아	홍콩	156	1785	946	348	208	396	639	1782	1509	1131
	한국	35	284	617	563	626	284	845	1736	1517	1302
	싱가포르	140	840	457	1147	752	322	715	557	375	2233
	태국	33	1154	932	884	504	629	1184	2125	1984	2608
	중국	12	349	1008	1453	1766	3143	4587	6575	6169	6218
유럽	독일	110	1242	320	422	381	694	661	270	1128	880
	네덜란드	41	2744	2764	4521	3295	6869	8058	3315	8497	12440
	영국	186	6806	19176	3968	4412	1785	1789	2903	7271	3026
호주		431	3669	548	521	1273	927	1845	640	466	4140

주 : 2005년 이후는 국제수지 기준, 넷, 프로우 기준
자료 : JETRO통계

(2) 투자분야

일본기업의 업종별 대한직접투자 추이(1962. 1-2007. 6 누계기준)를 살펴보면, 제조업이 5,619건, 108억 달러로 전체의 54%를 차지하고 있다. 최근의 투자특징은 제조업 부문에서의 공장 설립형 투자가 확대되고 있고, 특히 IT분야를 중심으로 일본으로부터 대규모 투자가 증가하고 있다. 2004년 일본 기업에 의한 주요한 대형 대한투자 안건을 보면, 삼성전자, LG, 현대 자동차 등 한국 측의 수요 기업의 급성장에 견인된 것으로, 반도체, LCD, 자동차 부품 산업 및 이들과 관련한 부품, 소재 관련의 유력 일본기업이 빠짐없이 투자를 단행하고 있는 것을 알 수 있다. 또 미쓰비시 레이온과 호남석유화학이 2006년에 합병회사를 설립하기로 하였고, 삼

성과 소니 양사는 2007년 7월에 액정패널 합병회사인 S-LCD에 대하여 최첨단 시설의 제2공장 설립에 합의하였고, 총 19억 달러의 투자를 양사가 50%씩 분담하기로 하였다.

〈표 19-7〉 일본의 대한국 업종별 직접투자 추이

(단위: 건, 백만 달러)

업종	2002년		2003년		2004년		2005년		2006년		누계	
	건수	금액	건수	금액	건수	금액	건수	금액	건수	금액	건수	금액
농축수산광업	3	8	4	2	-	-	1	2	2	0.1	116	43
제조업	194	570	195	339	231	1991	241	643	235	1798	5619	10799
서비스업	269	824	292	201	320	270	359	1231	335	307	3,819	8,699
전기가스 수도설비	8	2	6	0.4	4	2	10	2	12	4	176	279
전체	474	1,404	497	542	555	2,262	611	1,879	584	2,108	9,730	19,821

〈표 19-8〉 2004년 일본의 대형 대한투자 안건

(단위: 백만 달러)

투자유리	투자품목	프로젝트 규모	투자지역
아사히유리	유리	320	경북
HOYA	포토마스크	52	경기
스미토모화학	편광필름, 칼라필터 포토레이지스트	500	경기
SONY	디스플레이패널	925	충남
알바크	반도체, LCD제조기계	26.7	경기

자료 : 任千錫(2007), 299쪽

19.3 대일 경제관계의 재인식

(1) 한국의 수출 경쟁력 기반으로서의 대일수입

한국의 국별 수입은 금액기준으로 일본이 계속해 1위를 유지해 왔다. 한국에 있어서 일본으로부터의 수입은 한국의 필요 때문이기는 하였으나 큰 부담이 되어 왔던 것도 사실이다. 또, 한국은 오랫동안 거액의 대일 적자를 계상해 왔다. 대일적자 감소를 위해 한국은 자본-중간재 산업의 육성을 위해 여러 가지 노력을 해 왔다. 실제, 최근의 한국 자동차의 해외에서의 높은 평가나 한국의 수입에서 차지하는 자동차 부품의 금액이 작은 점 등에서 볼 때, 자동차 분야에서는 상당 정도 국산화에 성공했다고 생각된다. 또, 반도체 분야에서는 가공형 기술 축적의 성과로서 제조장치 개량이 진전되고 있기는 하지만 전체적으로는 전기・전자에서는 부품을 중심으로 아직 수입이 많고, 자본 투입재로서 이용되는 일반 기계에서는 최근에 있어서도 여전히 수입의 증가가 계속 되고 있다. 특히 IT부문은 그 생산 사이클이 짧기 때문에 설비 갱신이 빈번하고 설비의 기술혁신도 빠르기 때문에, 설비 기계의 수입은 높은 수준을 유지하고 있다. 이러한 기계, 부품의 대일 수입에 기인하는 한국의 대일 적자는 근년 확대하고 있고, 그것을 문제시하는 경향도 있다.

그러나 한국의 수출 경쟁력 향상에 있어서 수입의 역할을 재인식할 필요가 있을 것이다. 한국의 산업화 과정에서는 규모의 경제 효과를 추구하여 경쟁력을 강화하는 것이 한국기업의 주요한 전략이었다. 한국 기업이 설비 투자에 의해서 생산 확대를 시도할 때 국산기계의 개발을 기다릴 수 없는 경우가 많아, 해당 분야의 산업용 기계의 대일 수입으로 대처하는 것이 많았다. 1997년 경제위기 후에는 IT분야 등과 같이 제품의 라이프 사이클이 한층 짧아지고 있다. 이러한 가운데 모든 부품을 국내에서 개발·생산할 필요는 없고, 또 그러한 시간적인 여유가 없는 것이 사실이다. 일본으로부터의 기계, 부품, 소재의 수입은 한국 기업이 해당 분야에서의 국산화에 들여야 할 시간이나 자원 투입을 절약해 준다. 또, 이미 발달한 일본의 동 산업의 성과를 한국 기업이 유효하게 활용할 수도 있다. 한국의 독자 기술개발이나 가공형 공업 육성, 그리고 기계 부품 분야의 강화 등은 이상적인 경쟁력 강화책이지만, 실제로 그 대응에 상당한 시간이 걸린다. 대일 수입의 중심은 한국의 수출 제품의 생산에 필요 불가결한 일반 기계, 전기 기계 및 동 부품이며, 이러한 일본으로부터의 자본재, 중간재의 수입이 차선책이라고는 해도 한국의 수출 경쟁력을 가능하게 한 요인의 하나였던 것은 틀림없는 사실이다.

(2) 최근의 일본의 대한IT투자, 산업내 무역의 증가

위에서는 한국의 수출경쟁력의 유지, 강화에 대해 일본의 기계, 부품의 수입을 어떻게 살릴지가 중요하다는 점을 살펴보았다. 근래에는 수입뿐만 아니라, 이들 산업의 한국유치도 활발해지고 있다. 한국에 있어서는 수입·산업 유치를 일체로 해서 일본을 보다 전략적으로 활용하는 중요성이 더욱 더 높아지고 있다.

최근 특히 IT분야를 중심으로 일본으로부터 대규모 투자가 증가하고 있다. 지금까지는 일본의 대한투자는 소액 안건이 많은 것이 그 특징이 되고 있었지만, 최근의 양상은 이전과 비교해 크게 바뀌고 있다. 앞으로도 한국이 비교우위 분야를 한층 더 육성해 가면, 일본 기업의 한국 진출도 더욱 증가할 것으로 예상된다.

한편, 일본 기업의 한국 진출 확대나 거기에 기계, 부품에서의 한국의 경쟁력의 상승에 의해 한일간의 산업내 무역은 한층 더 활발하게 될 것으로 예상된다. 특히 기계기기, 부품을 중심으로 한 부문에서는 한층 더 산업내 무역 확대의 가능성이 높다고 생각된다.

(3) 향후 정책방향

한국은 1960년대 이래 민족자본 중심의 수출 주도 경제성장책을 실시했다. 수출지역, 수출금액 모두 큰 성장을 보여 오늘날에는 기술·자본 집약도가 높은 자동차, IT, 전자 부품 등의 수출국으로서 세계적인 명성을 얻기에 이르렀다. 경제위기 후의 빠른 회복이나 그 후의 경기 침체기에도 수출을 통해서 벌어들인 국제수지의 흑자는 큰 역할을 했다. 특히, 대 중국 무역을 통해서 획득한 무역흑자는 대세계 흑자에 거의 필적해, 한국의 국제수지 흑자에 크게 일조했다.

한국기업의 경쟁력 강화 과정에서는 설비의 비약적 확대를 통한 규모의 경제 추구가 빈번히 행해졌지만, 설비 확장에 수반하는 기자재 수요나 생산 과정에 있어서의 핵심적인 중간 투입재의 국산화는 설비·생산 확대의 속도를 따라 갈 수 없었다. 이것을 보충하기 위해 일본으로부터 기계나 중간 투입재의 수입을 했다. 대일수입에의 의존은 한국내에서 자주 비판을 받는 거액의 대일적자를 낳았지만, 반면 한국의 급속한 수출 확대를 가능케 하는 중요한 한 요인이 된 것도 주목할 필요가 있다. 경제위기 후에도 대일적자는 계속 증가했지만, 이 기간에도 대일수입의 중요성은 변함없이 유지되었다고 할 수 있다.

경제위기 후, 한국기업은 그 환경 변화에 적절히 대응했다고 생각할 수 있다. 성장을 계속한 중국시장에 주목해 수출, 직접투자를 통해서 이익을 얻었다. 또, 일본으로부터의 자본, 중간재 수입도 적절히 조합해 이용했다.

그러나 앞으로를 전망할 때 가장 중요한 과제는 대 중국 경쟁력, 환언하면 중국에 대해서 한국이 비교우위를 어떻게 유지해야할 것인가의 문제다. 중국에 한정하지 않더라도 한국 기업이 대외 비즈니스로 이익을 얻으려고 하면, 경쟁상대에게는 없는 비교우위를 가지지 않으면 안 될 것이다.

독자 기술개발이나 가공형 공업 육성, 그리고 기계, 부품 분야의 강화 등은 하나의 이상적인 경쟁력 강화책이지만, 제품의 라이프 사이클이 해마다 짧아지는 상황에서는 잘 맞지 않고, 시간이 걸린다. 반도체 제조 등의 분야에서 이러한 형태의 혁신이 보이기도 하지만, 그 외 대다수의 산업에 있어서 주어진 시간적 여유는 적다. 따라서 앞으로도 일본으로부터의 자본재, 중간재의 수입이 차선책이기는 하지만 여전히 한국의 수출 경쟁력을 유지하는 요인의 하나가 될 것이다.

마지막으로, 대 중국투자와 대일수입의 활용에 관한 보다 구체적인 제언을 하면서 본장을 매듭짓기로 한다. 첫째, 대중투자 확대에 따른 한국 내 산업공동화를 방지함에 있어서의 일본의 경험을 고려할 필요가 있다. 한국의 대 중국 투자에서는 한국 내 생산 시설의 폐지나 대폭 축소를 자주 볼 수 있지만, 이것은 한국 내에서의 고용의 감소를 야기함과 동시에 국내에 있어서의 숙련 축적을 약화시키지 않을 수 없다. 이러한 산업공동화의 폐해를 피하기 위해서는 일본의 경험이 참고가 된다. 일본의 중국 진출 기업을 모방하여, 중국에서는 대량생산, 조립공정을, 일본 내에서는 연구 개발, 제품 개발, 시제품 제작, 주요 부품의 생산에 집중한다고 하는 공정간 분업을 한중간에서 실시하는 것이 하나의 해결책이 될 수 있다. 산업내 무역의 추이를 보면 한중간의 공정간 분업은 이제 막 시작된 상태이지만, 위에서도 말한 것처럼, 공정간 분업은 제품간 분업에 비해 공동화가 일어나기 어렵다고 하는 이점이 있다.

둘째, 상술한 수요 파악의 구체책인 대 중국 진출기업, 수출기업의 대 중국 마케팅 강화로, 중국에 특화한 R&D센터 등을 통한 고부가가치화가 필요하다. 2006년부터 시작되는 중국의 제11차 5개년 계획에서는 지금까지의 외자기업 중심의 수출주도형 성장전략을 국내기업 중심의 내수주도 중심의 전략으로 변경한다고 선전되고 있다. 따라서 한국 기업도 살아남기 위해서는 중국 기업이나 소비자의 요구를 파악할 수 있도록 중국에 특화한 연구 개발과 제품 개발이 시급한 과제이다.

셋째, 한일 FTA를 통한 일본의 기계설비 부품의 안정적이고 저렴한 공급이다. 지금까지의 분석에서 밝혀진 것처럼, 한국산업의 국제 경쟁력을 유지하는 것으로서 매년 수백억 달러에 달하는 일본으로부터의 기계

설비 부품의 수입은 중요하다. 향후도 한국의 수출 경쟁력의 유지, 강화를 위해서 일본의 기계설비 부품을 보다 전략적으로 활용하는 중요성이 크고, 이것들을 보다 저가로 안정적으로 조달하는 것이 중요한 과제이다. FTA가 실현되면 수입부품에 부과되는 관세가 감면되는 것 외에 양국의 기준 인증제도의 조화, 상호 승인에 의한 수입수속의 간소화에 의해서 경비가 삭감되어 수입가격을 크게 인하할 수 있다.

한일 FTA의 효과는 이에 그치지 않는다. 양국 시장이 일체화함에 따라 양국 기업은 규모의 경제 효과를 기대할 수 있다. 그것을 기초로 한일 기업간의 전략적 제휴, 기술자의 이동이 활발하게 되어, 일본기업의 대한 직접투자의 확대나 한국과 일본을 포괄하는 기업내 무역을 한층 촉진할 가능성이 높다. 또 한국기업의 일본 진출도 활발해질 것으로 예상된다. 양국은 FTA의 이러한 효과를 보다 적극적으로 평가할 필요가 있으며, 이런 측면에서 2004년 가을 이후 중지된 상태에 있는 한일 FTA 교섭의 재개와 합의가 바람직하다.

넷째, 신시대를 향한 한일 기술협력이 기대된다. 기술 변화에 근거한 자동화, 부품 생산의 모듈화가 진행되어, 개발도상국의 참가가 용이하게 되고 있다. 세계시장에서의 경쟁은 치열해지고 있으며, 향후 한국과 일본이 지향하는 신산업 분야에서도 서로 중복하는 분야가 많아질 것이다. 그러나 일본, 한국 모두 출산율 하락, 고령화가 급속히 진행되고, 젊은층의 3D(Dangerous, Dirty, Difficult)산업 기피 경향이 강해지고 있다. 이러한 경제 환경의 변화는 한일간에 기반기술을 중심으로 한 기술협력의 필요성을 높이고 있다고 생각된다.

일본에서는 1990년대의 장기 불황이나 대기업의 중국 등에의 해외 이전 증가, 후계자난, 3D 산업 기피 등 때문에 중소 사업소가 큰 폭으로 감소했다. 중소기업은 부품이나 기반 산업에 속하고 있는 것이 많아 오타구(大田區), 히가시오사카(東大阪)등의 중소기업의 감소는 이들 산업의 약체화를 나타내는 것이라고 생각된다. 앞에서 본 것처럼 최근 일본의 대한 수입에서 기계기기 부품의 비중이 높아지고 있고, 한일간에 산업내 무역이 활발해지고 있는 것도 일본이 해외와의 산업, 기술 협력을 필요로 하고 있는 점을 나타내는 것으로 이해할 수 있다. 향후 양국이 지향하는 신산업 분야에서는 중복 하는 부분도 많으나 한일간의 공존, 분업을 의식하면서 투자, 기술 협력 등 전략적 제휴가 활발해질 가능성이 있다. 또, 한국에서도 소자녀화, 고령화나 3D산업 기피가 현저한데, 일본의 중소기업 대책은 한국에게도 중요한 참고가 되며, 이 분야에서 한일협력의 확대도 기대된다. 또, 아시아 시장의 공동 개척을 시야에 넣은 기술협력도 생각할 수 있다. 중국을 포함한 다른 아시아 국가의 산업화, 수출화 과정에서도 역내의 선진국인 일본, 한국으로부터 기계 설비, 소재, 부품을 수입해 최종 제품을 수출하는 패턴이 정착하고 있다. 한국은 IT기술에 강점이 있고, 일본은 기계적 기술에 강점이 있다. 아시아 시장에서 각각의 강점을 살리면서 한일 기업이 서로 협력하여 신기술을 개발하는 방법을 생각할 수 있다.

[부 록]

1. 〈표 2-1〉, 〈표 2-2〉의 직업해설

(1) さ　かん【左官】건물의 벽 등을 바르는 직인
(2) あし　だ【足駄】비오는 날 신는 굽이 높은 下駄(げた)
(3) さし　もの【指物】戰國時代 이후 무사가 전장에서 쓰는 깃발을 세우는 나무 막대. 가구, 옷장, 상자 등
(4) とぎ　し【研師 · 研ぎ師】도검류나 거울을 연마하는 직인
(5) さや　し【鞘師】칼집을 만드는 직인
(6) ずし【廚子】[1] 仏像・舍利・経巻 등을 안치하는 戶棚形의 仏具. 문이 양쪽으로 열리며, 옷칠이나 금박을 입힌 것이 많음 [2] 古代의 貴族住宅에서 쓰던 가구로 文具 · 書物 등 신변잡기 등을 수납
(7) くわ【鍬】農具의 하나로 평평한 철판에 손잡이가 붙은 것. 밭을 일구거나 평평하게 할 때 쓰임.
(8) しぼり　ぞめ【絞り染・絞り染め】染料가 침투하지 않도록 천의 여러 부분을 실로 단단히 묶고 染料에 적시면 흰 부분이 남게 되는 염색법.
(9) ゆぎ【靫・靭】〔補説〕 활을 넣어 등에 매는 통상의 도구.
(10) くし【櫛・梳】《「串(くし)」와 같은 語源》머리카락을 빗거나 머리에 끼워서 장식하는 도구.
(11) はかり　ざ【秤座】江戶時代에 幕府의 특별허가를 얻어 全國의 저울의 製造・検定・頒布を獨占하였던 기업.
(12) あか　もの【赤物】열매가 숙성하면 붉어지는 식물의 열매로 식용.
(13) そば　や【蕎麥屋】메밀국수나 우동을 만들어 파는 가게, 혹은 그 업을 하는 직인.
(14) ゆ　ば【湯葉 · 湯波 · 油皮】두유를 끓일 때 표면에 엷은 황색의 피막을 걷은 식료품.
(15) うま　もち【馬持・馬持ち】말의 임대업
(16) ばく　ろう【博労・馬喰・伯樂】소, 말의 품질을 판정하거나, 그 매매, 중개를 하는 직업

2. 일본 역사연표

연도	사 건
630	제1회 견당사 파견
645	대화개신(大化改新)
710	나라로 천도
794	쿄토(京都)로 천도
894	견당사 폐지
1192	카마쿠라 (鎌倉)막부 개시
1274	몽고 침입
1333	카마쿠라 막부 멸
1378	무로마치(室町) 막부
1404	勘合무역(日明무역) 개시
1543	포루투갈인, 철포(총) 전래
1573	오다노부나가(織田信長,) 무로마치 막부를 멸망시킴
1590	토요토미히데요시(豊臣秀吉), 전국을 통일
1600	세키가하라 전투
1603	토쿠가와 이에야스(德川家康) 에도에 막부를 열다
1615	토요토미씨 멸망, 무가제법도
1635	참근교대 제정
1639	쇄국의 완성
1853	페리, 우라가(浦賀)에 내항
1854	미일화친조약
1867	대정봉환(大政奉還), 왕정복고
	명치유신
1869	판적봉환(版籍奉還)
1871	폐번치현(廢藩置縣), 이와쿠라 사절단 출발
1894	청일전쟁
1904	러일전쟁
1910	한국합방
1923	관동대지진
1931	만주사변
1937	중일전쟁
1941	태평양전쟁

1945	히로시마, 나가사키에 원폭투하, 패전
1951	샌프란시스코 강화조약
1965	한일국교재개
1973	석유위기
1995	한신, 아와지 대지진

참고문헌

〈국내서적〉

▌저 서

김양희 · 조병택(2002), "한일FTA와 일본의 유통장벽", 대외경제정책연구원.

노구치 유키오(1996), 「여전히 전시체제하에 있는 일본의 경제구조」, 비봉출판사.

미야모토 마타오 외, 정진성 역(2001), 「일본경영사」, 한울아카데미.

미와 료이치, 권혁기 역(2002), 「일본경제사」, 보고사.

배성홍(2006), "일본경제 부활의 충격", 매일경제신문사.

서정해 · 이기동 · 정진성(1999), 「일본의 산업」, 한국방송대학교 출판부.

아베글렌, 이지평 역(2007), 「10년 장기불황을 이겨낸 일본경영의 힘」, 청림출판.

이균(2007), "일본경제 근대화의 발자취", 한국학술정보.

이마이 히로시 외(2004), 「21세기 아시아 경제」, 임천석 · 민경식 역, 두남.

임천석(1993), "일본자동차산업의 경쟁력 강화와 하청분업 생산의 역할", 대외경제정책연구원.

______(1997), "일본경제의 구조변화에 관한 연구", 대한상공회의소.

정성춘(2007), "한국의 주요국별, 지역별 중장기 통상전략: 일본", 대외경제정책연구원.

정성춘 · 김양희 · 이홍배 · 이형근 · 김은지(2006), "일본경제의 구조변화와 한국에 대한 시사점", 대외경제정책연구원.

정진성 · 손일선 · 김삼수(2004), 「일본의 기업과 경영」, 한국방송대학교 출판부.

정진성 · 조성원(199), 「일본경제론」, 한국방송대학교 출판부.

▌논 문

고선규(2003), "일본 관료조직의 구조와 한계", 세종연구소.

국제무역연구원(2007), "대일무역역조 원인분석 및 개선대책".

산업연구원 인터넷 자료

신동령(2002. 4. 20), "한일양국의 기업지배구조의 차이가 기업재무에 미치는 영향에 관한 연구", 한일경상학회 2002년도 춘계학술대회 발표 논문.

신장철(2002. 4. 20), "일본 코포리트 거버넌스의 실태에 관한 고찰", 한일경상학회 2002년도 춘계학술대회 발표 논문.

임천석(2003), "일본의 수입구조 변화와 한국의 대일수출-한일FTA와 관련하여", 한일경상논집.

______(2006), "일본경제의 대중관계 확대와 일본산업의 구조변화 연구", 일본학보.

조선일보

한국경제신문
한국은행 인터넷 통계

〈일본서적〉

大野健一(2005),「途上國ニッポンの歩み－江戸から平成までの経濟發展」, 有斐閣.
經濟産業省(2004).
経濟産業省(2007a),「商業販賣統計年報」.
經濟産業省(2007b),「経濟連携の取組(EPA)について」.
日本貿易振興機構 經濟分析部(2004).
中小企業廳,「中小企業白書」
南亮進(1981),「日本の経濟發展」, 東洋経濟新報社.
三井トラスト・ホールディングス(2004), 調査レポート, 夏.
日本興業銀行調査部(1989),「日本産業讀本」.
叶 芳和編著(2003),「産業空洞化はどこまで進むのか」, 日本評論社.
藤本隆宏・新宅順二郎(2005),「中國製造業のアーキテクチャ分析」, 東洋経濟新報社.
日本電機工業會(2007), 2007年度電機機器の生産見通し(詳細版).
三菱總合研究所(2006. 3),「日本産業讀本 제8판」, 東洋經濟新報社.
海外投融資情報財団(2007), 日本企業の對外直接動向.
任千錫(2007),「韓國の成熟先進國化と對外競爭力の確立」, 奥田聰編　経濟危機後の韓國-成熟期に向けての社會, 經濟的課題, アジア経濟研究所.
山澤逸平(1989),「日本の経濟發展と國際分業」, 東洋経濟新報社.
伊藤雅俊, 網野善彦、齋野善之(2000),「商いから見た日本史」, PHP研究所.
山本七平(1989日本人とは何か, 上.
安場保吉, 齊藤修　編(1983),「プロト工業化期の經濟と社會」, 日本経濟新聞社.
武光　誠(2002),「藩と日本人」, PHP新書.
渡辺利夫(2008),「新脱亞論」, 文芸春秋.
毎日新聞(2005. 1. 4), エコノミスト.
三井トラスト・ホールディングス(2004),「日本の産業構造変化の軌跡と最近の動向-GDP統計に見る製造業の底力-」, 調査レポート, 夏.
伊丹敬之(2004),「日本企業の戰略と行動；空洞化はまだ起きていない」, NTT出版.
丸紅経濟研究所(2002),「日本の流通市場の現狀と展望」.
JETRO(2005),「日本の貿易動向」.
日本纖維輸入組合(2005. 10),「中國-アジア専門委員會　中國西部地區視察調査ミッション報告書」.
일본무역진흥회 인터넷 통계
일본은행 인터넷 통계
일본자동차 공업회 인터넷자료

찾아보기

▌저자 약력

• 임 천 석

〈학　력〉
건국대학교 무역학과 졸업
일본 히도쓰바시(一 橋)대학 대학원 경제학연구과 석사과정
일본 히도쓰바시(一 橋)대학 대학원 경제학연구과 박사과정(경제학 박사)

〈경　력〉
현재 건국대학교 상경대학 국제무역학과 교수
대외경제정책연구원(KIEP) 연구위원
한일경상학회 부회장
한국관세학회 상임이사
한국일본학회(일본정경사회학회) 회원

[주요 저서 및 논문]

〈저　서〉
일본 자동차산업의 경쟁력 강화와 하청분업생산의 역할(1993), 대외경제정책연구원
일본경제의 구조변화에 관한 연구(1997), 대한상공회의소
21세기 아시아경제(2004), 두남출판사

〈논　문〉
일본경제의 대중관계 확대와 일본산업의 구조변화 연구(2006), 일본학보
에도시대의 경제, 사회적 특징과 상공업의 발달(2007), 상경연구
韓國の成熟先進國化と對外競爭力の確立-對東北アジア經濟關係を中心に-,"經濟危機後の韓國-成熟期に向けての社會, 經濟的課題-"奧田聰編(2007), アジア經濟研究所
한미FTA와 일본의 대응(2008), 일본학보

일본의 경제발전과 대외관계

2014년 2월 20일 중판인쇄
2014년 2월 25일 중판발행

저 자 임 천 석

발행인 유 성 열
발행처 **청목출판사**
서울특별시 영등포구 신길로 40길 20
전화 (02) 849-6157(代)·2820
FAX (02) 849-0817
등록 제318-1994-000090호

파본은 바꾸어 드립니다. 값 18,000원

http : //www.chongmok.co.kr

ISBN 978-89-5565-279-6